中國歷代思想家【六】

主編者：中華文化復興運動總會
王壽南

嵇康．王弼．葛洪．郭象．道安
慧遠．竺道生．寇謙之

臺灣商務印書館　發行

嵇康

何啓民　著

目次

嵇康

一、嵇康傳略

嵇康，字叔夜，譙國銍縣（安徽省滁縣境）人。關於他的姓氏，傳說很多。有的說，嵇，本姓奚，由於避怨，從會稽上虞（浙江省上虞縣），搬遷隱居於銍縣的嵇山旁，才改爲嵇氏的。不僅他的姓氏，就是他的家世，也撲朔迷離，不太清楚。我們從殘存的嵇氏譜中，知道他的父親是嵇昭，字子遠，官督軍糧，治書侍御史，這在漢魏間，是一官品第六已上，內掌舉劾，並分掌侍御史諸曹，出則督導平州郡盜賊，運漕及軍糧事，是一清貴的職位。而《元和姓纂》則稱後漢太子嵇蕃，字茂齊，生含，廣州刺史，武昌，生康，魏中散大夫，生紹，晉侍中，更是謬誤百出。因爲嵇蕃只是嵇紹的從兄，嵇喜之子，而嵇喜則是嵇康之兄。從這些記載中，我們可以了解到嵇康家世是不會很高的。即使他的父親真是督軍糧、治書侍御史的嵇昭，對他也沒有多少的影響，因爲嵇康生於魏文帝黃初四年（西元二二三年），很早就做了孤兒，靠了母親孫氏，及兄嵇喜的養育之下，才逐漸長成。一方面，由於嵇家經濟環境尚不太差，再則母兄念他從小是孤兒，故而對他是寵愛有加，百依百順。他們本是儒學世家，這在當時，是一個相當普遍的情形。而嵇康又從小就是天資聰慧，超出凡童，個性又強，不理會別人的批評和想法，雖然沒有經過名師的正規教導，卻是博聞強記。他不僅學問好，而且形貌不凡，身長七尺八寸（當今一．八八六公尺，或六．一八呎），風姿特異，見到他的，莫不稱譽不止。然而他的個性，是不講究別人如何看法的，隨便任性，聽其自然，不加任何修飾，卻更顯出他的純真。以他各方面的傑出不凡，故而他雖不追求名譽，而名譽卻自己來了。不知是否這些條件的具備，被選爲魏的長樂亭主壻。長樂亭主，是沛穆王林的孫女，嵇康乃一變而成爲魏親戚，與何晏也成了親戚，他們之間的關係，有如左圖：

這次婚姻，對於嵇康的未來，是一個重要的關鍵。因爲景初三年（二三九年）春，明帝崩，太子芳立，曹爽秉政，何晏進用。而明年爲正始元年（二四〇年），時嵇康方十七歲。考嵇康之女生於正始十年（二四九年），可以推算嵇康之結婚，及因此而被選爲郎中，拜中散大夫，莫不在正始的十年間。因爲嵇康所做的這兩個官，郎中，比三百石，第八品，無員；中散大夫，六百石，第七品，無員，皆爲冗散閒官，無職事，可以看出來這全然是由於嵇康與魏宗室婚姻的結果。就嵇康短暫的政治生涯來說，事功是談不到的。可是由於他本身所具備的優越條件，成爲當代最具吸引力的青年才俊，爲世人所共仰，當然不少仰慕他的人，而嵇康的交往是有選擇性的，綜其一生（二二三—二六二年），有紀錄可考的，不過阮咸、劉伶、王戎、山濤、公孫崇、趙至、袁準、山欽、阮籍、孫登、郭遐周、郭遐叔、阮德如、張叔遼、呂巽、呂安、向秀等十七人。至交，更只有二郭、阮德如、呂安、向秀等三五人。由於他是如此的自高身價，桀傲不羣，又處在一個政爭最爲激烈的時候，自然容易因得罪人而爲人中傷，難以保持他生命的安全了。

正始十年春正月，太傅司馬懿乘大將軍曹爽兄弟隨帝朝高平陵，帶兵先據武庫，屯洛水浮橋，發動一次奪權的政變。政變獲致完全的成功，曹爽、何晏等並被殺害。嵇康亦因此辭官而去，閒居不出，幾乎有十三年的時間（二四九—二六二年），與他有往來的，不過前述十七人中的一部分，而他活動的地區，也不過是河東（山西夏縣北）、潁川（河南禹縣）、汲縣（河南汲縣），居住較久的，則是洛邑（河南洛陽）和山陽（河南修武）。嵇康的家族既非豪富，做官又不久，而且官位不高，收入不會很多，在任時固然可以維持，卻又不能長期賦閒，故而在正始十年以後閒散的十三年時間，毫無疑問地，境遇必然是很困難的。他多才多藝，能鍛鐵，常鍛鐵以排遣這段難過的日子，表露出他孤寂的心境，卻始終沒有用它視爲獲取生活之資的意思。當時大將軍司馬師極爲寵信的鍾會，曾帶了大批的隨從，志高意得地前去探視嵇康，嵇康只顧自己鍛鐵，不理會鍾會的來到。鍾會乘興而來，沒有料到落得如此地掃興，將去，嵇康問鍾會：「聽到了什麼而來？見到了什麼而去？」鍾會回答說：「是聽到了什麼而來，也看到了些什麼而去。」嵇康在正始十年以後，既絕望於政途，對當權的司馬氏作消極的抗議，只想過過清貧的日子，教養教養子孫，與親友往來敘敘舊情，酒一杯，琴一曲，也就心滿意足了。所以山濤推薦他來接替自己的職位時，卻收到了他的絕交書，除了表白他不適於做官外，更聲稱他時常非薄湯、武、周、孔，以譏刺當道。由於他的處世態度太令當道失望，遂而假借他好友呂安的事件，將他牽連在內。鍾會在朝廷公開指責他說：「今日皇道開明，四海歸心，風俗醇厚，邊遠之區，沒有不順的頑民，街巷之中，也沒有不滿的議論。只有嵇康這個人，上不肯臣服於天子，下不肯侍奉於王侯，輕薄而傲慢，不願爲世界盡一分力量。既無益於社會，又傷風敗俗，過去，太公曾經誅華士，孔子也殺了少正卯，都是由於這兩個人自負他們的聰明才資，惑亂人心。而今如不殺嵇康，將會產生很壞的影響，有妨礙於統治。」遂而將他幽禁起來。消息傳了出去，數千太學生，來請求赦免嵇康。而當時才俊之士，甚且自動地願意隨他入獄。經過勸導之後，這些人才漸漸散去。這些事情發生了之後，當然更遭當道之忌。終於在常道鄉公景元三年（二六二年），嵇康被殺害，時年四十歲。

二、嵇康思想的背景

嵇康的時代（二三六—二六二年），天下雖爲曹魏所有，而內部政爭正烈，司馬氏在相當短暫的時間中，既奪軍權，再奪政權，爲了達到他最後奪取天下的野心，必須排除所有的殘餘阻力，以增加成功的機會，故而同時開始其消滅異己的努力，嵇康之終罹其禍而被殺，不過何進被殺後再一個例子而已。

正是由於這個原因，嵇康的某些思想和行爲的偏激，如同前面所提到的，在他青年入仕之初，即棄官而返回家園，鍛鐵而意不在以此爲業，飲酒而意豈在與親友暢敘舊情，既不理世務，也不事生產，山濤推薦他出來做官，卻得到他的絕交信，聲稱他的不適於做官，而又好非薄湯、武、周、孔，鍾會也批評他，說他上不肯臣服於天子，下又不肯侍奉於王侯，輕薄而傲慢，不願爲世界盡一分力量，既無益於社會，又傷風敗俗，自負他的聰明才資，惑亂人心。透過嵇康的政治背景，和當時的政治環境，對嵇康的所以如此才可以理解。

然而這些雖然關係了嵇康的政治生涯，甚至於他的生命，卻並不足以說明嵇康的全部。嵇康所帶給後世的，是有關於他的一些論著，而這些論著，才是表露出他思想中的真正重要部分。而談到這點，同樣地，須先要了解嵇康的這個時代。只是，它不再是從他的政治環境，而是從思想方面著眼。

談到這個時代的思想家時，自然都得談到他們這個時代的思想背景。然而對每一位思想家來說，他們雖然同是生長在這一個時代，卻不能用全然相同的背景來加以解釋，每一個人都有他們各自的精神面貌，每一個人也都有他們各自不同的承襲，和他們對這一個時代的感受。因此在談到嵇康的思想背景時，自也有它必須加以強調的地方。不過就大的方面，即是任何一個這時代的思想家，都不能擺脫這一時空所加予每一個的當然影響方面來說，這也就是：從東漢一變而為魏晉的巨大變化。

話得從漢武帝（西元前一五七—前八七年）說起，他罷黜了百家，獨尊儒術，固不論他是否真的崇信儒術經學，至少在表面上，他真的是做到了這點。他並為博士設置弟子五十人，以及如弟子若干人，一年後考試，按照成績分發任用，由於這一辦法，使得漢廷不必採用強制的手段，而天下自然向風，因為他替天下打開了祿利的路子，很自然地受到社會的普遍重視。自此到西漢末年，不過一百多年的時間，一經說至百餘萬言，從經學大師學的，多的有千餘人，而京師太學，諸生亦有一萬餘人。王莽既以儒生而終篡漢位，儒術經學的公私傳授，到此遂而達空前的高峯。而經學的本身，亦因設置博士，立於學官，有了家法門戶，如《詩》有魯（出於申公）、齊（出於轅固）、韓（出於韓嬰）三家；《書》有歐陽（生）、大夏侯（夏侯勝）、小夏侯（夏侯建）三家，同出於伏勝；《禮》有大戴（戴德）、小戴（戴勝）二家，同出於高堂生；《易》有施（讎）、孟（喜）、梁丘（賀）、京（房）四家，同出於田何；《春秋》則為《公羊傳》，有嚴（彭祖）、顏（安樂）二家，同出於胡母生、董仲舒。

有了家法門戶，而後有了章句，用以教授弟子。而章句之末流，卻成爲煩瑣的碎辭，如前面所稱的一經說至百餘萬言，在如此情形下，所加予學子的，只是在章句中馳逐，迷於枝葉，而難識大體。

五經的有章句，在既有家法以後。而漢人講經，自一開始，就出於非純粹儒家的觀點，不僅大儒董仲舒如此，就是孔孟，亦多有陰陽災祥的色彩。到了東漢，由於光武帝的崇尚圖讖，爲了利祿，經師也多講圖讖，經學遂而成爲一門神秘的、混雜的、又復是煩瑣的學問，除了相互攻訐，爭論不休以外，去道日遠，去聖也日遠。

古學的出現，雖然使得經學內部的紛爭愈多也愈烈，然而它在掃除陰陽讖緯，及講求義理，不再拘泥於章句上，是有貢獻的。「古學」是對於「今學」而言的，劉歆於西漢哀帝時，欲將中秘書中古文經典，諸如《左氏春秋》、《毛詩》、《逸禮》、《古文尚書》立於學官，而後經學開始有了今古文之爭。古文經學家所講求的，是義理，而非章句。他們的反圖讖，也是很顯然的。至於經學中講陰陽五行，古學諸家所作淨化的努力，則感不夠，我們也無權要求古文經學家能徹底地做到這些，因爲這不是一時之功，且亦需要一新的環境，和極大的魄力。故對於劉歆尚講五行災異這一事實，應予以適度的諒解。因爲，即使是揚雄、王充，尚不能完全擺脫象數符瑞的思想。

就一般而論，古文經學家對於其他諸子之學，似亦較之今文經學家，抱有較寬容的態度。馬融曾注《老子》、《淮南子》，並且博通百家之言。古代思想之中，最與術數無關的，是道家。古文經學家不大講術數，非以其必與道家具有若何之關係，然而，古文經學家多有好道家之說的，可能也是事實。或許由於經學本身的不能滿足他們，或許由於表示博學多文，導致他們對諸子之學的探討。他們用批判的眼光，看當時的今文經學，他們不講章句，他們近諸子之學，然就東漢一朝來說，「經學」始終是學術思想的主流，「今文經學」更是「經學」的正統。在一般人看來，章句雖煩瑣，究竟講的是「經」的本身；而不用章句，專講大義，則可能離經背道。因漢儒講經，不離章句，章句雖不理想，漢儒之精神卻在於是，固不能純以後代之眼光來看。而經學的真正改革，仍須從經學的內部做起，章句不一定壞，壞的只是它的末流趨於煩瑣，如能不煩瑣，則章句自也有它可取的地方。經學的改革運動，即章句的刪削，早在王莽時就已開始，浮辭雖多省減，猶有一二十萬言，且只有歐陽《尚書》、齊《詩》、嚴氏《公羊》，未見普及。到了東漢末年的鄭玄、劉表，成績較好，影響較大，然而也不過是對於漢經學的正統——章句之學，所作的最後努力，和最後的掙扎而已。

然而，章句之學一天不打倒，經學一天得不到解放；經學的權威性一天不打倒，真正的學術自由空氣一天不能出現。它雖然已到了該變的時候，如果沒有外力的影響，要它變，仍然是困難的。而逼使這根深柢固的學術思想主流變，且不得不變的，第一是董卓所引發的一連串變亂。不過十年時間，長安城固爲之一空，爲漢政治文化中心的洛陽，同樣因兵燹而殘破難用了。漢室君臣，被驅遷徙往來，苟息於彊敵之下，無復寧日，無暇，更無力於儒學之倡導，甚至連圖書典籍，亦一時喪失殆盡。主持、推動漢家學術思想主流經學的兩京，既遭受到如此極度的摧殘，而不是暫時性的中斷，此一變化，使天下所共仰的京師，對於地方，不再有控制、拘束，和影響力了。而促使學術思想不得不變的第二個原因，是曹操的用人政策。董卓等之亂，毀滅了文化中心的兩京，學術思想正統的儒學，失去了領導，力量雖猛，一時尚沒有能影響到地方，基層大眾還是崇尚儒術和經學的。曹操雖未明白地反對經學，排除儒術，但他嚴格的法治政策，好權術，嚴刑罰，禁誹謗，和不重視經學，尤其在幾次的求才令中，一次比一次露骨表示，他的用人唯才，而不計品德，明白地輕視儒家所最講求的孝悌節義，影響所及，較之董卓之亂，還要深遠得多。數百年來人們的精神依託，而今被曹操破壞了，他卻並沒有能夠拿出一套來代替它。在這動亂的時代，使得人們一方面是彷徨，沒有信仰，也無所依賴；另外一方面，卻也解脫掉數百年來思想上的鎖鍊和羈絆，人們開始可以盡量地去想，沒有人會來干涉。前此在獨尊儒術政策的陰影下，諸子之學不過是一道暗流，而今得以重見天日。學術思想自由的空氣，不僅帶給人們可以自由思想的權利，也帶給了人們自由思想、盡情思想、和創新思想的信心。

這是一個大轉變，由於這一個大轉變，不僅儒術經學喪失了它們多少年來的主流地位，而清談和玄學也由是興起。

兩漢的經學既有家法門戶，甚至有今古文之爭，爲了了解經師們經義的優劣，學識的高低，唯有透過比較，始有可能。早在東漢光武帝，已在正旦朝賀時，令羣臣能說經的，更相難詰。肅宗建初四年，更有白虎觀講論五經異同，相互論難的記錄。以論難爲手段，談論經義，可說是已有相當的歷史了。

而稍後，又產生了一股新的潮流，新的談論潮流，它是與論難全然不同的，也是全然沒有干連的，另外一種形式的談論。像符偉明的幅巾奮褒，談辭如雲；像孔公緒的清談高論，噓枯吹生。他們所談的，是偏重於人物的品評，然而談論的本身，卻是文辭佳妙，音制特美，源源不絕，引人入勝。它所給予人的印象，自然也就特別深刻，而易於爲人所傳播了。

在某些事理的討論上，論難的方式是必須的，然而在趣味的保持上，以期獲得更多的羣眾上來看，美音制，是更爲有效的。辭清語妙的談論，雖談的是人物，而談論的本身，即爲顯示其人才能的一種。在重視學識才能的漢魏之交，美音制的談論，與乎論難的合流，是一個必然的發展趨勢，因爲如此一來，更可以表現其人的學識才能。而說經，則因經學失去了它本身在學術思想中獨占的地位，也漸次地轉而爲說理了。

而這也就是一般所謂的清談，它的另外一個名稱則是談玄。玄的意思是道，是天道、地道和人道。道的意思是理，是萬事萬物所以然的理。當我們理解到玄的意義時，才能認清這門學問到底是講的什麼。它追求萬物之所然，追求萬理之所稽。它所講求的，只是天之道、地之道、人之道，而不是天、地、人。道既是理，因之，玄只是要明其理，而不必明其事。現實的一切，對它來說，都是毫無意義的。

而玄的特點，不僅在它講天之道、地之道、人之道，也在於它藉談論而進行，藉談論而建立。而在談論的過程中，推翻別人的，同時樹立自己的理論。因之，我們可以說，談論是求理的手段，而求理，則是談論的目的。就因爲玄和談論是分不開的，所以有的人稱這種談論爲談玄。當然，談玄是大有異於日常生活裏的談天說地，想到那裏說到那裏，不負責任的說，而是必須經過思考，加以組織，使它合乎邏輯，而不得自相矛盾，非但要推翻別人的理論，且須自立城圍，防備別人的來攻，談玄，自然而然地走上了論難的路子。它具備了以下三個特點：

⑴它純粹爲求理而求理，不與現實的一切發生任何關係。

⑵它透過談論而產生，這種談論的實質是論難，論難所得的最後之理，只是最勝義，而非理源所歸。

⑶由於一切爲論難，技巧的受重視，漸次地超過內容，結果是不能，也不可能產生偉大的思想。

然而清談之所以爲清談，不僅由於它的本質是論難，它的目的在求理，也在於它講求辭清語妙。唯有透過辭清語妙，才能顯示論難之不完全等於清談，自也不能用論難之名來取代或稱呼清談。

清談的課題，一般說來，不出以下三點：

⑴書：如《易》、《老》、《莊》等，因爲這些書，具有足夠發人深省，復待闡發的有關天道、地道、和人道問題的存在，內容的豐富，可以供給各方面所需要的題材。

⑵注：如以上三書的注，這些注，雖對文義已有相當的闡發，尚可以作進一步的發揮；或賦予新義，而新義的本身，即屬一很好的課題。

⑶論：如才性四本、聲無哀樂等論。當然，從《易》、《老》、《莊》三書中某一點加以發揮，擴大推演，都可以成爲專論，甚且成爲名論，如《周易》的互體、老氏的無名、和莊子的逍遙。

此亦就是魏晉玄學的全部內容。《易》、《老》、《莊》三書雖然可以說是玄學的基本，在後期，它更有著三玄的名稱，然而真正扮演玄學的主角的，乃是論和注。也唯有論和注，才真正能顯示當時人的哲學意趣和造詣來。

清談和玄學是一體的兩面，它是自由空氣下的產品，不講傳統，沒有權威，無視階級，但問理的能否成立，所講求的，是過去人所不談的，是偏重形而上的，開風氣之先的荀粲，正顯示出這時代精神的特質來。何劭的《荀粲別傳》，談到荀粲的兄弟都是講儒術的，事實上，這正是兩漢經學儒術的舊傳統，而只有荀粲，獨好言道，背離傳統，與眾不同。他常常倡言，認為子貢稱夫子的話說性與天道從來沒有聽到過，可以見得六經雖然留傳下來，那只不過是聖人之學的糠粃。他的哥哥荀俁質難他說：《易經》也提到過聖人用形象來盡他的意思，用文辭來盡他的言說，如此看來，聖人的精義為什麼不被聽到，這全然不是事實。粲回答說：因為一個理的精微奧妙處，不是物象所能包舉的。現在既說用形象來盡他的意思，卻沒有能表達出他意思以外的意思。用文辭來盡他的言說，也沒有能表達出他言說以外的言說。可見形象以外的意思，文辭以外的言說，是蘊含在內而沒有能顯出的。荀粲這套理論，使得當時善於言辭的都沒有辦法來加以批駁。當荀粲在魏明帝太和年間（二二七—二三二年）挾著這一套理論來到京師洛陽時，帶給京師的學術界一個新的刺激，因為這種思想已超出當時人的知識、常識以外了。而今，使得他們知道學問不全在儒術經學之中，也不全在於現實世界所能得到印證的名實問題之中，而在性與天道之中，更在形象、文辭之外。然而這些性與天道，及形象、文辭以外的東西，與現實的人生究屬隔絕，不太容易立即接受，一直要到齊王芳的正始年間（二四〇—二四九年），才盈育開創了一個新的時代。從清談和玄學來看，正始是一個顛峯的極盛時代，而正始之成爲正始，主要是靠了何晏和王弼兩個人。

這時，何晏是富有權勢的吏部尚書，他與皇室曹家有極其密切的關係，具備聰明才智，不僅學識好，而且善於清談，是當時的清談領袖人物。而王弼呢？則是另外一型，可以稱之爲職業的清談談士，一代的思想家。在他們兩人的手上，正始成爲清談歷史上的顛峯時期，樹立了言辭簡至不煩的標準，也引道入儒，在清談玄學的內容上，起了革命性的改變，是劃時代的創舉，出現了所謂的玄論。他們談論《老》、《易》，注解《老》、《易》。對聖人的有無喜怒哀樂，各抒己見，精義紛呈。也就在這一時期，阮籍、山濤、嵇康等人開始了他們的宦途。從前面看來，以嵇康和何晏的特殊戚屬關係，以嵇康的過人才慧和縝密的思想，而又如此年輕，自必深受這正始風氣的感染，然而嵇康的天才是傾向理論的，文字的，而沒有多少清談的長才，因之，他在正始的清談世界中，沒有地位可言，然而另一方面，在玄學上，卻有不朽的貢獻。

三、嵇康的思想

在現存的嵇康著述中，保存了不少我前面所提到過的玄論，這些玄論的理，可能是純粹就理而理論，也可能是作爲清談的課題和依據。除了這些玄論以外，其他的篇章裏，也有不少可以顯示他在其他方面的思想和觀念。雖然這些不可能包含所有的嵇康作品，不過就大體來說，已經足夠使得我們對嵇康的思想有了一個通盤的了解和認識。

嵇喜，有的記載說是嵇康的哥哥，是不是真實，可以不管，至少是同時代，又是同宗，那是沒有問題的，他對嵇康的了解，雖然可能受到這些關係的影響而有所隱瞞或過分強調的地方，不過，由他來爲嵇康作傳，當是最適當的人選。根據嵇喜所作的《嵇康傳》，說到他的家世儒學，這在漢魏之際，是爲社會的一種極其普遍的情形。然而在嵇康〈與山巨源（濤）絕交書〉中，卻說他沒有與聞經學，這與他從小就喪父，母兄對他既寵又憐，有慈無威，靠了祖上的財產，兄長的俸祿，在經濟條件並不是太好的情況下，過一種還算是相當優裕的生活有著很大的關係。嵇康自小就表現極其聰敏，卻在放任的環境下，沒有能加以嚴格的督導和訓練，造成他懶散的作風。也因爲在這樣一個放任的環境中，使他能夠就興趣的所至，博覽羣書，聞見日廣，純粹自學而獲致成就的。

嵇康自成長，以至娶魏長樂亭主，遷郎中，拜中散大夫的這段時期，正當齊王芳正始前後。嵇康與何晏既有了戚屬關係，而何晏又是朝廷的吏部尚書，掌用人的大權，深得曹爽的信任，真正的權重一時，在何晏的領導下，清談成爲一時的風氣，洛陽也成爲清談的中心，學風同時自儒而轉向了道，這對正在洛陽爲官的嵇康，不用說是有著很大影響的。不過，這時也正是政爭很劇烈的時候，正始十年（二四九年，嵇康二十七歲），曹爽、何晏、鄧颺等皆以謀不軌被殺，並夷三族。嘉平三年（二五一年，嵇康二十九歲），司馬懿又以王淩謀立楚王彪，逼使淩自殺，彪賜死。嘉平六年（二五四年，嵇康三十二歲），司馬師以李豐、張緝等謀以夏侯玄輔政，而俱被殺，夷三族。廢帝芳爲齊王，立髦爲帝。正元二年（二五五年，嵇康三十三歲），毌丘儉、文欽起兵討司馬師，被殺。甘露五年（二六〇年，嵇康三十九歲），司馬昭弒帝，廢爲高貴鄉公，立奐，改元景元。無窮盡、無休止的因奪權而殺戮異己，使得青年時期的嵇康，思想和處事態度爲之大變，由積極而趨於消極，由隨和而趨於偏激，這兩者似乎是衝突的，是矛盾的，卻正顯示出了嵇康對時局、對當道最深沉的抗議，椎心泣血地，在他的作品中，無時無刻，隨處都表露出這種無可奈何的，似是強項，而又不倔的傲氣，似乎全然是帶著道家色彩的，在內心深處卻又是帶著儒家道德的精神。

能夠先有著這樣一個認識，才能了解嵇康的思想，也才能了解嵇康這個人。

在上節開始時，雖然我曾提到：透過嵇康的政治背景，和當時的政治環境，對嵇康的某些思想和行爲的偏激才可以理解。也談到這些雖然關係了嵇康的政治生涯，甚至於他的生命，卻並不足以說明嵇康的全部。嵇康帶給後世的，是有關於他的論著，而這些論著，才是表露出他思想中的真正重要部分。這與現在所說，豈不是有矛盾的地方，然而我們要知道，整個思想的背景，決定他要走的思想路子，而政治環境，則使他的這條思想路子更加曲折和多彩多姿，兩者併合來觀，才是他思想和精神的全貌。

我們說過，嵇康思想和態度，由於時代的關係，是傾向於消極的、偏激的。嵇康在長大以後，喜好老莊，恬靜無欲，嵇喜對嵇康的這項描敘自然不錯。不過，也許可能是由於他所處的環境，使得嵇康眼見因政爭而伴隨來的無數次殺戮，使本來已經短促的人生，因了人爲的因素，而使得人生更加短促。這種悲觀的人生觀，帶著他走向道家採藥服食的一條路子。嵇康對一切都看得很淡，唯一看重的，只是他自己，他自己的身體。因之，他最關心的，也是他最感興趣的，是如何養生，如何養性保命。嵇康有一篇很重要的論文，就叫做〈養生論〉，在論文中，他闡發他對於養生的看法：

世人有的主張神仙是可以經過學習而成就的，不死可以用人爲的辦法得到的；也有人說，高壽活到一百二十歲，這是古今相同的，超過這個歲數，不是妖就是胡說了。事實上，這兩種說法都有問題。讓我們來爲它分析一下：

神仙雖沒有見過，然而從書籍所記載，歷史所敘述來看，神仙必定是有的。只是神仙之所以成爲神仙，得之天賦特異，不是長期學習而就能成就的。至於從道家導引養生得法，能盡性命，多的獲致一千多歲，少的活到幾百年，是不成問題的。但是世人行而不精，因之活不了那麼長。爲什麼這樣說呢？

當我們服藥以求汗，很可能沒有能收到多少效果，然而當我們因某事感到慚愧，而大汗淋漓；當我們一天沒有吃而渴望食物，然曾子守喪七日，因哀痛而根本不感到飢餓；當我們入夜而思睡，心中有事，則通宵不合眼。從這些事例來看，精神之對於身體，就好似國家之有君主，內在的精神稍一浮躁，外面形態即時受到影響。也就如國君昏暗於上，而國家動亂於下。

世人常說，一次的怒氣不致於傷害本性，一次的哀痛不致於傷害身體，因此就輕易的放任，這是不對的。是以一個君子，知道形是靠神而立，而神則是靠形而存，了悟生理的容易喪失，一次過錯的有害於生，所以要修養本性以保神，安心以全身，情不受愛憎的左右，意不爲憂喜所干擾，對事物懷抱一種淡泊的心情，體氣自然平和，另一方面，則藉呼吸吐納，服食藥物以養身，使得形神，內外兼相顧及。

再說田地，一畝能收穫十斛的，稱爲良田，這是天下人普遍的看法，聽說還有可以收一百多斛的，用來種植的田地是相同的，卻由於處理的不同，結果懸殊。一般說商品沒有十倍的價格，農地沒有百斛的希望，這是指保守而不知變通的人。又豆令人重，榆令人睡，合歡令人除忿，萱草令人忘憂，這是不論愚智都知道的事。而薰辛有害眼睛，也是常識。蝨因生長於人頭以致色黑，麝因食柏而香，頸部因位置關係以致長癭，牙齒亦因所在而變黃，這樣推演下去，凡是呼吸飲食，與未來所造成的結果，都是符合相應的。服食的功效，也可想而知了。神農說：上藥可以養命，中藥可以養性。以此知性命的道理，有賴於輔養。然而世人不能了解，只見到五穀，沉思於聲色，眼惑五色，耳聞淫聲，腑臟享受的是滋味，腸胃充溢著酒醴，骨髓腐於芳香，喜怒干擾了正氣，思慮消靡了精神，哀樂影響了平和。以一微弱的軀體，攻擊他的不止一事。以易盡的身子，而內外受敵。身體不是木石，在這種情況下，能夠維持多久？其中還有過分糟蹋的，飲食沒有節制，致百病叢生，貪好女色，以致絕後，再加上風寒交侵，百毒加身，中年即已夭折，世人皆以取笑的態度悼念他，說他不善於保養，保養而不得其理。事實上，是在於沒有注意到微細的地方。積微細而便成虧損，積虧損而使身體衰弱，因衰落而髮早白，髮早白而衰老，因衰老而死。中智以下的人，不能了解這一情形，說他是自然如此，很少能覺悟的。即使能覺悟，也都歎恨當初，而不知道防患於沒有徵兆以前。像桓侯抱必死的病，怒恨扁鵲的早有所見，以爲感覺病的時候，是得病的開始。一種禍害，成於微弱，而救之在已顯現，所以救治才徒勞而無功。在這樣一個環境之中，情形相似，各方觀察，莫不如此。以多數以自證，以相同來自慰，認爲天地間的道理，就是這樣。縱然聽到養生的事，也強斷以一己的私見，認爲不可置信；其次的則感到狐疑不決，雖然少有所得，也不知道其原因；再其次的，自力服藥，半年一載，勞而無功，不能堅持，中途而廢。也有坐等立收顯效的；也有的，以爲要壓制情欲，放棄榮譽，動亂人心的事物就在眼前，而希圖的卻在數十年以後，到時可能兩皆落空，懷著猶豫，而內心交戰，外面事物又相誘引，終至失敗而不能盡全功。

像這樣一件事情，是非常微妙的，可以用理來推知，而難以用眼來看。好似豫章生長七年，才能察覺。而今以浮躁的心理，跋涉希靜的路途，思速至而事遲來，希望近而應驗遠，所以很少人能全始全終的。對於一般人來說，既以未見功效而不去追求，求的人亦以不能專心而喪志，偏執的人因不能內外兼修而無功，好術的人又以小道沉迷，故而即使想求的也萬無一個能成功的。善於養生的則不一樣了，清虛靜泰，少私寡欲，知道名位的有傷於德，所以忽略而不加理會，而不是欲念生而強加壓抑；認識味道的有害於性，所以放棄而不顧，不是貪念動而強加壓抑。外面的事物，以有累於心，而不放在心上。神氣以純厚而獨顯，心懷淡泊而無所憂，孤寂而無所思，再加能守一，而養平和之氣。平和之氣日增，終而與自然相合。然後蒸靈芝，潤甘泉，迎朝陽，調五弦，無爲而自得，體妙而心玄，忘記歡樂而後大樂，遺忘生命而後身存。如此，才能與羨門比壽，同王喬爭年。

在嵇康的〈養生論〉中，開始即已標出了兩點要旨，一是導養可以延年，一是神仙不可力致。因爲神仙特受異氣，非積學而後就能成就的。然而在嵇康看來，積學亦自有他的意義，因爲至少可以延年益壽。世人之所以失敗，是持之無恒，且易受外界干擾，不能內外兼修。

據理推演，當時同爲竹林七賢之一的向秀曾有〈難養生論〉，然多自世俗經驗認識來談，嵇康另有〈答難〉，循前面的理路逐條論辯。說的雖是世間事，卻以玄論方式來加以處理。在當時，清談玄學多爲說理而說理，而嵇康，至少就〈養生論〉來看，是可以作如此觀的，不過更加切身的體驗，態度雖謹嚴，讀起來倒分外感到親切的。

在嵇康的另一篇重要論文〈聲無哀樂論〉中，假借東野主人與秦客之間的論難，闡揚他的獨特看法：

秦客向東野主人說：「聽到前人立論：治世的音樂是安樂的，而亡國的音樂是哀思的。國家的治亂在於政治，而音樂相爲呼應。可見哀思的和安樂的心情，顯現於音樂。仲尼聞到韶樂，認識虞舜的仁德；季札聽了絃音，認識各國的風氣。這些事，先賢認爲是當然而不疑，而今你獨獨以爲聲音沒有哀樂，這理由何在？希望能解說一下。」

主人回答說：「這理論，長久以來，沉滯不顯，沒有人來加以闡揚，以至於遭人誤解。而今你既然提起，就談一談吧！

天地合德，而萬物以生。寒往暑來，五行以成。顯爲五色，發爲五音。聲音如同天地之間的臭味，它的善與不善，雖遭混亂，自身卻無變化，不會因愛憎而改變哀樂。

由於宮商的調和，聲音趨於和諧。這是人心的大願，也是情欲的所望。古人知道情欲不可以放縱，故而加之以節制。使得哀而不至於傷，樂而不至於淫。然而所謂樂，指的豈是鐘鼓；所謂哀，指的豈是哭泣。由此而言，玉帛並非是禮敬，而歌哭也不是哀樂。玉帛、歌哭只是外表的閒事，而禮敬、哀樂才是內在的真情。何以這樣說呢？

不同的地方，有不同的風俗，而歌哭也不同。如果用得不對，或者聽哭而歡笑，或者聽歌而哀戚。然而他們哀樂的情感是一樣的。而今用相同的情感，而發爲萬般不同的聲音，這豈不是音聲的變化無常。然聲音平和，是感人最深的。如果內懷悲痛的心情，則成哀切的言語。言以成詩，聲以成音，詠唱以出，聚而聽之；心因和聲而動，情因苦言有感，而不自覺泣涕流漣。

哀痛的心藏於內，聽到和聲而後發出。和聲是沒有所謂哀樂的，而哀痛的心是有主的。以有主的哀痛的心，卻由沒有所謂哀樂的和聲而發出，所感受的只是哀痛。事實上，和聲自和聲，是客觀的存在。

一國的風俗，成一國的政治。所以國史探明政教的得失，審查國風的盛衰。吟詠情性，以諷諫其上。所以說：亡國之音哀以思。喜怒哀樂，愛憎慚懼，這八種情緒，眾生所以接物傳情，各得其分。在味而言，或甘或苦。而今以甲賢而心愛之，以乙愚而情憎之。則愛憎在我，賢愚屬他。不可以因爲我愛，而稱之爲愛人；我憎，而稱之爲憎人。所喜，則稱之爲喜味；所怒，則稱之爲怒味。

由此而言，則外內殊用，彼我異名。聲音自當以善惡爲主，無關於哀樂。哀樂也自當以情感而後發，而無關於聲音。聲音既無哀樂的實，自無哀樂的名。去掉名實，而後可見聲音的本真。

就前例來看，季札在魯，採詩觀禮，以辨別風雅，不因聲而決是非善惡；又仲尼聞韶樂，因其調諧而稱歎，不因聲音而察知虞舜之德，然後歎美。粗舉一例，想見其餘。」

這以後則七難七答，自爲客主，使一千多年以後的今天，得以稍窺魏晉談玄的大致情形，也是一件很有意義的事，至於內容的精闢，過程的緊張，更不在話下。

從這兩篇論文，可以看到嵇康，不僅在政治方面、爲人處事方面，甚而至於思想方面，也是反流俗的。他在〈卜疑集〉中，透過宏達先生，自許超世獨步，機心不存，泊然純素。而在〈家誡〉中，一開始即指出：人沒有志，簡直算不了人。然而一個君子，他的用心，他想作爲未來行動的方針，是推量其中善的，規畫而後動，遵循其志，心口合一，守死無二，以不達爲恥，期望其志之必行。如果心神疲勞，身體懈怠，或因於外在客觀或內在主觀因素，不能忍受近患，小情，以去就力爭，所遭致的結果，是君子最爲痛心而歎息的。全篇嵇康處處以君子自居，以君子立論。而在〈釋私論〉中，嵇康更爲君子作本質上的探討。嵇康不像阮籍、劉伶的好言大人先生，他所謂的君子，爲內懷至人的用心，而爲入世以立志，是有血有肉的感情的人。〈釋私論〉說：

一個被稱爲君子的人，他的心，對是非無所措意，毫不關切，然而行爲並不違反道，何以這樣說呢？

氣靜神虛的，心不在做作。體亮心達的，情不繫於所欲。不存心做作，才能超越名教而聽任自然。情不繫於所欲，才夠審別貴賤而通物情。物情順通，不會違反大道。超越名教而任自然，才能對是非無所措意，毫不關切。所以說，君子對世情，以無所措意，毫不關切爲主，而以通物爲美。而一個小人，則藏匿真情，違反大道。君子小人的分別，一在小人有所隱匿，懷抱私心，而君子則對一切無所措意，光明磊落，坦蕩無私。是以大道稱等到我沒有了自身，我尚有什麼禍患？能遺身者，必然賢於不能遺身者。所以有所措意，即非至人的用心所在。

因此，伊尹不惜有名於殷商，而名顯天下；周公旦不顧嫌疑而隱藏他的行爲，假攝政而天下以治；管夷吾不隱藏他的長處於齊桓，而國霸主尊。他們的用心，豈爲一身而繫於私心？所以管子說：君子行道，忘了其身的存在。就是這個意思。

一個君子的行事，是不會先加以考察的，而聽任心意，自然坦蕩，不去理會是否善而後作。顯情而無所措意，不先論定而後有所作爲，因此乃能傲然而忘賢，雖任心而自然與善合，光明磊落，無所措意，自然事成而不會有差錯。

所以論公私的，雖說是志於道，存善而心無凶邪，無所懷抱而不隱匿，不可以不說是沒有私心。又欲情雖伐善違道，無所懷抱而不顯露，也不可以說是不公。而今執著必公的理，以衡量不公的情，使得雖然向善的，不離於有私。雖然欲的善，不及於不公。這全然是重它的名，而貴它的心。如此則是非之情不得不顯露了。是非既必然顯露，有善的，沒有隱匿情的不是；有非的，也不加以不公的大非。沒有不是，則善莫不得；沒有大非，則莫過其非，如此則所以救其非。不僅在於盡善，也所以激厲不善。善在於盡善，非以救非，何況以是非之至極。是故善與不善，物之兩極至。處在兩者之間，必然是公成而私敗。所以公私，可說是成敗、吉凶的關鍵。

嵇康的論公私，全視於隱匿不隱匿。隱匿即有私，雖然善亦非。不隱匿即公，雖非而無大非。依此發揮，一層層地深入，誠如牟宗三氏所說，此論爲嵇康諸論中最具哲學意味者，理趣既精，辨解亦微，只是原文多錯亂，幾不可讀。故而稍舉部分文字，大致可以考見嵇康的一些觀點。

看了這些論文的片斷，我們可以再重複地申述一下本節開端時所說：無窮盡、無休止的因奪權而殺戮異己，使得青年時期的嵇康，思想和處世態度爲之大變，由積極而趨於消極，由隨和而趨於偏激，這兩者似乎是衝突的，是矛盾的，卻正顯示出了嵇康對時局、對當道最深沉的抗議，椎心泣血地，在他的作品中，無時無刻，隨處都表露出這種無可奈何的，似是強項，而又不倔的傲氣，似乎全然是帶著道家色彩的，在內心深處卻又是帶著儒家道德的精神。

四、嵇康對當時及後代的影響

嵇康的學問不是得自家傳，所以談不上家法；也不是得自師授，所以也談不上師法。他全然是自學成功的，不僅博洽多聞，而且思想細密，尤長於論理。嵇康學問上的朋友，和他們之間所討論的課題，如與向秀討論〈養生論〉，與張叔遼討論〈自然好學論〉，與阮德如討論〈宅無吉凶攝生論〉等，是尚傳至今而為我們所知道的。這些都是成文的玄論，由此也可以知道，他的長處在於文筆，而拙於言談，所以在曹魏正始清談極盛的時代，他雖然與何晏有親戚關係，在清談的圈子中，卻沒有絲毫地位可言。可是由於他的龍章鳳姿，天質自然，儀表出眾，在崇尚男性美的時代，頗為世人所注目，像代郡趙至，十四歲去太學，見而追問姓名，自認是看他風器非常。加上他婚姻、政治的背景，和發自內心，反司馬的驚人言論，遂以輕時傲世，亂羣惑眾，為鍾會藉口下獄。當時太學生數千人，為他請命，一時豪俊，也隨他而入獄，可見他在當時的聲譽。也可以見出他的聲譽，不是學術上得來的，而是他批評當局，敢於反抗仗殺戮異己以奪天下的司馬氏而得來的。

嵇康生前，在學術思想界，和清談圈子中，雖沒有多少地位和影響，不過在死後，漸引起注意。永嘉之亂，懷、愍相繼為匈奴劉氏所擄而被害，王導勸琅邪王睿南下，即位建康，王導以丞相，中興大業，可說是成於一人之手。開放政權，使吳人歸心。更撫輯自中原南下之人，在南方重開清談之風，且首自倡導。《世說新語》記載王丞相過江左，止道聲無哀樂、養生、言盡意三理，宛轉關生，無所不入。三理中，除言盡意爲歐陽堅石所說，聲無哀樂、養生二理，則並爲嵇康所主，亦即前面所引述的。與嵇康同時諸家，有的在清談席上享有盛名，今則不顯，是由於談說無據，而玄論成文，不因時空而有所變化。再者，嵇康立論謹嚴，在魏晉玄論中，是相當特出的。所以，劉勰《文心雕龍．才略》中，雖以爲嵇康師心以遣論，而在〈論說〉中，則稱許嵇康之論，允理而不支離。王僧虔在劉宋時，寫了一篇〈誡子書〉，也提到在當時，論注百氏、荆州八袠、才性四本、聲無哀樂，都是言家口實，任何一自命爲談士的，對這些不能不精熟，是客人隨時可引起的話題。總明觀，亦號東觀，既經創立，儒、玄、文、史四學並存，可見劉宋時，玄學已成一獨立而極受重視的學問，而嵇康的〈聲無哀樂論〉更成爲研討玄學，從事清談的最基本，也是最重要的有名玄學論著之一。嵇康在玄學中的地位和影響可想而知了。

五、嵇康傳世的著作

《三國志》注引《魏氏春秋》，稱康所著諸文論六七萬言，皆爲世所玩詠。

《北堂書鈔》卷一〇〇引《嵇康集》，《三國志》裴注亦引《嵇康集目錄》，此當即《隋書・經籍志》所著錄之《魏中散大夫嵇康集》十三卷，夾注云：梁十五卷，錄一卷。

明張溥編《漢魏六朝百三家集》中，有《嵇中散集》，其目錄：

賦：〈琴賦〉（有序）、〈懷香賦〉。

書：〈與山巨源絕交書〉、〈與呂長悌絕交書〉。

設難：〈卜疑集〉。

論：〈釋私論〉、〈養生論〉、〈答難養生論〉、〈聲無哀樂論〉、〈難宅無吉凶攝生論〉、〈答釋難宅無吉凶攝生論〉、〈難自然好學論〉、〈明膽論〉、〈管蔡論〉。

贊：〈原憲贊〉、〈襄城童贊〉、〈司馬相如贊〉、〈許由贊〉、〈井丹贊〉、〈琴贊〉。

箴：〈太師箴〉。

誡：〈家誡〉。

樂府：〈秋胡行〉七首。

詩：〈幽憤詩〉、〈褋詩〉、〈贈秀才入軍〉十九首、〈酒會詩〉七首、〈答二郭〉三首、〈與阮德如〉、〈遊仙詩〉、〈述志詩〉二首、〈惟上古堯舜〉、〈唐虞世道治〉、〈知慧用〉、〈名與身孰親〉、〈生生厚昭咎〉、〈名行顯患滋〉、〈東方朔至清〉、〈楚子文善仕〉、〈老萊妻賢名〉、〈嗟古賢原憲〉、〈思親詩〉、〈琴歌〉。

附錄：本傳。

清嚴可均《全三國文》卷四十七至卷五十二收嵇康文凡六卷：

卷四十七：〈琴賦〉（有序）、〈酒賦〉、〈蠶賦〉、〈懷香賦序〉、〈卜疑〉、〈與山巨源絕交書〉、〈與呂長悌絕交書〉、〈琴贊〉。

卷四十八：〈養生論〉、〈答向子期難養生論〉。

卷四十九：〈聲無哀樂論〉。

卷五十：〈釋私論〉、〈管蔡論〉、〈明膽論〉、〈難張遼叔自然好學論〉、〈難張遼叔宅無吉凶攝生論〉。

卷五十一：〈答張遼叔釋難宅無吉凶攝生論〉、〈嵇荀錄〉（亡）、〈太師箴〉、〈燈銘〉、〈家誡〉、〈嵇康集目錄〉。

卷五十二：〈聖賢高士傳〉：廣成子、襄城小童、巢父、許由、壤父、子州支父、善卷、石戶之農、伯成子高、卞隨、務光、庚市子、小臣稷、涓子、齊子、商容、老子、關令尹喜、亥唐、項橐、狂接輿、桀啟期、長沮、桀溺、荷蓧丈人、太公任、漢陰丈人、被裘公、延陵季子、原憲、范蠡、屠羊說、市南宜僚、周豐、顏闔、段干木、莊周、閭丘先生、顏歇、魯連、田生、河上公、安丘公、司馬季玉、司馬相如、韓福、班嗣、蔣詡、尚長、禽慶、逢貞、李劭公、薛方、龔勝、逢萌、徐房、李雲、王尊、井丹、鄭仲虞。

馮惟訥《詩紀》輯嵇康詩凡五十三篇。

迄今可見最佳《嵇康集》，爲魯迅據明吳寬《叢書堂鈔》十卷本之手鈔校本，其目錄：

第一卷：〈五言古意〉一首、〈贈兄秀才入軍〉十八首、〈秀才答〉四首（坿）、〈幽憤詩〉一首、〈述志詩〉二首、〈遊仙詩〉一首、〈六言詩〉十首、〈重作六言詩十首代秋胡歌詩〉七首、〈思親詩〉一首、〈郭遐周贈〉三首（坿）、〈郭遐叔贈〉五首（坿）、〈答二郭〉三首、〈與阮德如〉一首、〈阮德如答〉二首（坿）、〈酒會詩〉一首、〈四言詩〉十一首、〈五言詩〉三首。

第二卷：〈琴賦〉（有序）、〈與山巨源絕交書〉、〈與呂長悌絕交書〉。

第三卷：〈卜疑〉、〈嵇荀錄〉（亡）〈養生論〉。

第四卷：〈黃門郎向子期難養生論〉（坿）、〈答難養生論〉。

第五卷：〈聲無哀樂論〉。

第六卷：〈釋私論〉、〈管蔡論〉、〈明膽論〉。

第七卷：〈張叔遼自然好學論〉（坿）、〈難自然好學論〉。

第八卷：〈阮德如宅無吉凶攝生論〉（坿）、〈難宅無吉凶攝生論〉。

第九卷：〈阮德如釋難宅無吉凶攝生論〉（坿）、〈答釋難宅無吉凶攝生論〉。

第十卷：〈太師箴〉、〈家誡〉。

至於未能傳世的作品，隋唐〈經籍志〉著錄《春秋左氏傳音》三卷，魏中散大夫嵇康撰；

《玉海藝文》稱嵇康作〈言不盡意論〉、侯康亦稱嵇康有〈周易言不盡意論〉一篇；本集有目而亡的〈嵇荀錄〉。

殘缺不全的更多，《全三國文》所收最多殘章斷篇，可以考見一二。又《隋書．經籍志》著錄有梁有〈養生論〉三卷，嵇康撰，亡。《文選》五十三、《藝文類聚》七十五，載嵇叔夜〈養生論〉，葉樹藩曰：康所著全書已散佚，僅存此篇耳。是以知本集所收，雖有〈養生論〉，及〈答向子期難養生論〉，已非全貌。其他多有殘缺，可以想見。

參考書目

關於嵇康，尚沒有專門性的著作，如果想進一步的了解，和作深一層的研究，主要的參考書有以下幾種：

《三國志集解》　盧弼，藝文印書館出版。

《晉書斠法》　吳士鑑、劉承幹，藝文印書館出版。

《全三國文》　嚴可均，世界書局出版。

《漢魏百三家集》　張溥，新興書局出版。

《世說新語校箋》　楊勇，香港大眾書局出版。

《魏晉思想論》　劉大杰，中華書局出版。

《魏晉清談思想初論》　賀昌羣，三人行出版社出版。

《魏晉玄學論稿》　湯用彤，廬山出版社出版。

《記魏晉玄學三宗》　錢穆，收入《莊老通辨》，新亞研究所出版。

《魏晉之莊學》　黃錦鋐，收入《漢學論文集》，驚聲公司出版。

《魏晉清談述論》　周紹賢，商務印書館出版。

《竹林七賢研究》 何啓民，中國學術著作獎助委員會出版。
《魏晉思想與談風》 何啓民，中國學術著作獎助委員會出版。
《才性與玄理》 牟宗三，人生出版社出版。

王弼

林麗眞 著

目次

王弼

一、生平與才情

王弼，字輔嗣，三國魏山陽高平人（故城在山東兗州府鄒縣西南）。生於魏文帝黃初七年，卒於魏齊王芳正始十年，即西元二二六至二四九年，死時年僅二十四。因他心智成熟的年代是在正始期間，所以東晉袁宏作《名士傳》，便把他列爲「正始名士」看待。他的一生短若飆塵，但成就卻極不凡，在魏晉思想界及清談界，乃是人人所公認的一位大天才。尤其是他的《易》《老》二注，當時既尊爲權威，後世也奉爲圭臬，這兩部著作不僅大膽地廓清了漢學的糟粕朽臭，而且還更換入時的新裝，建設了儒道融通的玄學理論。這對當時思想界的影響，實無一人能出其右！

凡人能有非常的成就，無不因他具有非常的才華，王弼自亦如此。他自幼才情超異，個性浪漫，聰明機敏，又通辯能言。不但擁有藝術家的技藝，富有哲學家的冥想，也具有清談家的口才。何劭爲他作傳，說他性情純真，體氣清妙，喜歡跟高朋雅士宴飲遊樂，以音樂解懷，以投壺添趣，要求自由自在地尋求心之所安的樂趣，以期發抒真實的情感，得到美化的人生，而每每在五音六律的審解上，或投壺技藝的表現上，總能博得大家的喝采。這一分追求藝術生活的情趣，說明他有揚棄繁瑣古板、矯揉造作之禮俗的精神；所以，在汗牛充棟的古籍中，獨有《老子》的玄遠自然最能引起他的共鳴。他衷心愛慕《老子》的自然，又有能力析解其中的玄奧，爲《老子》作注，進而建立自己的思想體系；並以老學攙入儒理，完成《易經注》及《論語釋疑》。一個二十出頭的青年，涉手於《易》、《老》、《論語》之領域而能有所建樹，此非具有特殊的哲學頭腦及玄學興趣者，何人能夠！

聽說在他著手寫《老子注》的時候，大他三十歲左右的玄學權威——何晏，曾找他玄談，自知見解不如，便自動放棄注釋《老子》的計畫，靜候王弼注的誕生。果然，王弼《老子注》一告完成，其立論之精當超奇，直叫何晏神伏不已，驚歎道：「孔子稱後生可畏，像王弼這樣的天才，簡直可以跟他討論天人之際了！」王弼《老子注》的不凡，由此可以想見！至若《易經注》一書，也是轉移時代見解的巨著；古來讚譽者多，誹議者也不少，或言其廓清之功，獨冠古今，或評其籠統玄旨，罪浮桀紂；但這部書的價值，卻高穩如泰山，直爲義理易及魏晉玄學闢出一條新蹊徑。

王弼的才華，表現在音樂及投壺的技藝上，叫人喝采；表現在《易》《老》二注上，叫人神伏；同樣，表現在清談論辯上，也叫人傾倒！據《世說新語．文學》上所載：正始年間，王弼尚未弱冠，曾參加何晏所主持的一次大談座，因何晏素聞其才，舉出所有勝理來探問他，王弼便隨機提出精湛的見解，以犀利的口才，壓倒羣芳；又自爲客主數番，皆一座人所不及；

尤其是一代談宗的何晏，更佩服得無以復加，譽爲千古罕見。我們可以說，正始的談座，就因王弼的加入，而達到高潮。在當時的清談大師中，何晏和王弼，就像兩座燈塔，互相輝映地照耀了整個清談的水面，何晏善於附會文辭，王弼則以自然出拔致勝。

因爲王弼的才情、玄思、穎語、名氣，從小便已如此地耀眼而擾人，所以真能欣賞他、並與他交遊談辯的人，不是名流，便是才俊！比如最能賞識和提拔王弼的何晏，就是當代最具位望、又能清言的玄談領袖；曾經一見王弼而異其才的裴徽，乃是當時能通易老莊、且具高才遠度的論壇高士；與玄論派的何晏見解不合，卻對何晏所擡舉的王弼加以讚賞的傅嘏，亦是達治好正、喜論才性的識量名輩；意淩青雲，曾找王弼擡槓過的劉陶，亦爲一時善論縱橫的專家；至若年歲與王弼相當，感情與王弼友善，又每服王弼之高致的鍾會，更是一個精練名理、有才數技藝而博學的俊才。我們可以想像：王弼的才情足以充分地發揮，未始不是得力於這些高朋雅士的賞識和鼓勵。

然而，正因王弼才氣過人，性好自然，一時名流才俊又大都讚賞他；所以他的爲人，便常隨其性之所之，而　無顧忌，往往獨恃己長，瞧不起人，引起一般士君子們的嫉妒和怨恨。這種高傲不拘的個性，曾使王弼在官場的競爭上吃到暗虧。大概在他二十歲前後的光景，黃門侍郎一職累缺，吏部尚書何晏因爲素賞其才而想擡舉他，但在黨羽互相爭衡較量下，當時的執政大臣曹爽，決定錄用丁謐所推薦的王黎，只好委屈王弼，讓他補作臺郎。這點小小的不如意，本算不得什麼打擊，但對一位初出茅廬而自恃甚高的王弼來說，卻是不堪忍受，爲此他便嫉恨官場競敵的王黎，與他斷絕舊有的交情。這種做人的態度，實在是太天真太傲慢了！難怪何劭要批評他的爲人「淺而不識物情」呢！接著，由他就職臺郎以後的表現看來，也同樣天真浪漫到極點。就在就職典禮的那天，他謁見了曹爽，曹爽摒去左右之人，單獨與他會談，王弼便想趁機一展己長，跟他的頂頭上司清談論道；結果，談了一個多時辰，他還不知察顏觀色，轉移話題，適可而止，含斂謙退，以致帶給曹爽一個極惡劣的印象。所以，王黎死後，黃門侍郎仍然是被別人搶去，連薦舉他的何晏，看在眼裏，都深深爲他惋惜。

其實，這都是個性與志趣使然，王弼一生最大的熱情乃在玄學上，事功自非他的專長，對他當然是無足輕重的。因此，經過兩次官場的挫折後，他就不再希求政治功名的發展，而集中全力於注書論道了。也好在他不汲汲於功名，沒有深入曹爽的行列，所以正始十年，太傅司馬宣王（司馬懿）族滅曹爽兄弟、何晏、鄧颺、丁謐、李勝、畢軌、桓範等，王弼僅以公事被免職，接著便患上癘疾，死於那年秋天。天不假年，固是一大不幸，而其身處亂世，能不死於斧鉞之下，難道不算幸運嗎？

王弼的學術著作，前面略略提及《周易注》、《老子注》及《論語釋疑》三種，其實見於諸史著錄的，還有《周易略例》、《老子微旨例略》及《大衍論》等。然而，《周易略例》及《大衍論》都是關於易學的著作，《老子微旨例略》則與《老子注》有關。現在我們就對這六種學術著作的存佚問題，簡單介紹一下：

1 《周易》方面

《周易注》六卷：此書自唐朝頒修五經正義，定爲《周易》的標準注解以來，便極通行。王弼只注了六十四卦卦爻辭及〈彖象〉〈文言〉，〈繫辭〉以下則由韓康伯注續成，所以王韓注必須合起來，才是一部完整的《周易注》。清代阮元所校刊的《十三經注疏本》，用的就是王弼和韓康伯的注，以及孔穎達的正義。

《周易略例》一卷：這篇著作，申明《周易》的一般原則，篇章不多，向來都附在《易注》之末而併行於世。現所通行的阮刻《十三經注疏》本雖未輯錄，但可見於汲古閣十三經注疏本及明朝程榮校刻的《漢魏叢書》中，並有唐朝邢璹爲之注。

《大衍論》三卷：此於《新唐書．藝文志》的易類中有著錄，但卻未見行世，今已亡佚。然而在《易．繫辭上傳》「大衍之數五十，其用四十有九」之下，韓康伯注引了王弼的一段話，大概是《大衍論》中的言語無疑。而何劭《王弼傳》上說：穎川人荀融曾經駁難過王弼的大衍義。這個大衍義，想必也跟《大衍論》有關。

2 《老子》方面

《老子注》二卷：自魏晉以來，此書一直被認爲是《老子》的標準注解，但因流傳既久，文字錯誤很多，經過宋朝晁說之的整理，才成現在通行本的樣式。近人陶鴻慶《讀諸子札記》中的〈讀老子札記〉附有「王弼注勘誤」，很有參考價值。

《老子微旨例略》一卷：與《周易略例》的性質一樣，此篇講的是《老子》的一般原則。因它久未行世，大家以爲是不存在了。然而，宋朝張君房編輯的《雲笈七籤》卷一抄有一篇論文，題爲〈老君指歸略例〉，而道藏中又有《老子微旨例略》，其中包括有〈老君指歸略例〉，二者皆未題作者姓名，經嚴靈峯先生考證，認爲《老子微旨例略》應是王弼的著作無疑，故自民國四十五年六月起，才自明刊正統道藏本中檢出，予以影印行世，並附有校記，收錄於《無求備齋老子集成初編》之中。

3　《論語》方面

《論語釋疑》三卷（或云二卷）：此於新舊《唐書》及《經典釋文》皆有著錄，但今已不存，唯間見於皇侃的《論語義疏》與邢昺的《論語正義》中。清代馬國翰的輯本，乃是從皇侃《義疏》、邢昺《正義》、與陸德明《釋文》中采輯而得，共有四十節，合爲一卷。雖不甚全，亦可窺得一鱗半爪。

以上六部著作中，《大衍論》及《論語釋疑》，已不告全，但影響不了我們對王弼學術思想的研究，因爲從《周易略例》、《老子微旨例略》及《易》《老》二注中，已經足可掌握他的思想特色及學術成就。

二、家學與時運

看了王弼學術著作的簡介以後，在驚歎天才早成之餘，也許有人會進一步追問：促成王弼學術成就的思想背景究竟如何？到底有什麼天時地利的優越條件，助此天才成就了偉大的事業？俗語道：「英雄造時勢，時勢造英雄」，王弼的成功，固然由於天才早慧，而家學與時運自是不可抹殺的因素。再說，王弼雖是道家心靈，卻盡全力以治易，並能一掃象數，建立義理的新易學，這段因緣的蛛絲馬跡也是不容忽視的。因此，我們若要追溯王弼的思想淵源，便不能不了解他的家庭環境與時代背景。

王弼的家世，從《三國志．鍾會傳》裴松之注所援引的何劭《王弼傳》、《博物記》及《魏氏春秋》裏，可以得到一個粗略的輪廓。他的父親王業，官至謁者僕射；哥哥王宏曾作司隸校尉，並撰有《易義》；在當時都還算是頗有學問和地位的人。至其外曾祖劉表與族祖王粲，均是荊州學派的中心人物，劉表爲漢九家易之一，王粲入建安七子之林，乃是漢魏之交的學術權威。而劉表的老師，也就是王粲的祖父王暢，更是漢末家喻戶曉的一代名臣。可見王弼的出身，顯然是一個赫赫書香世家的子弟，特別是易學傳統的名家子弟，他的家庭背景，實在是不比尋常的。爲清眉目，現在再附上一個家系簡表：

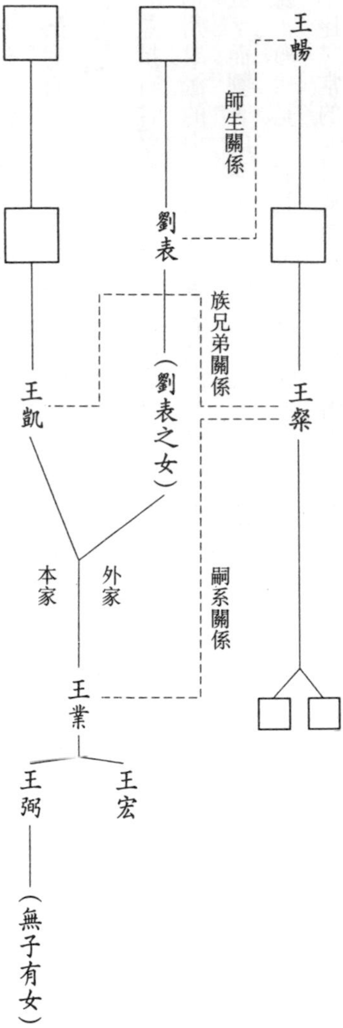

原來，王弼的祖父王凱，是王粲的族弟，漢末投奔荊州而成了劉表的女婿。王粲本有兩個兒子，因爲跟魏諷之案有牽連，於建安二十四年被殺，於是王弼的父親便過繼到王粲家去，作了王粲的嗣續。這麼一來，王弼不僅是王粲的族孫，也是他的嗣孫了。難怪王粲死後，家中藏有蔡邕所贈的萬卷圖書，便完全轉入王弼家，給王弼的治學環境提供了最好的設備。

既然，王弼的外曾祖及族祖都是荊州學派的泰斗，他的祖父及父親皆深受荊州學風的洗禮，當然是不成問題的。而王弼生在魏文帝黃初七年（二二六年），上距漢獻帝建安十三年（二〇八年）荊州破亡，才十八年光景，縱使他未曾住過荊州，但從父祖們的口頭談話中或治學方法上，多少還是可以呼吸著荊州的學術氣息的，許多大師的流風餘韻，對他應該並不陌生，這樣便可以想像王弼和荊州學派的精神之銜接了。

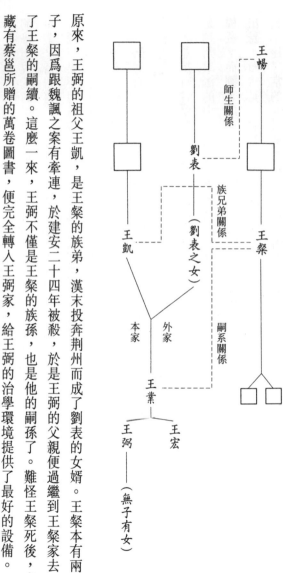

有關荆州學派的緣起，大致是這樣的：蓋在漢獻帝初平元年至建安十三年（一九〇—二〇八年）的十八年間，劉表作了荆州刺史，駐節襄陽，當時中原大亂，只有荆州一帶還能保留一點安寧的氣息。就《後漢書．劉表傳》所稱：荆州轄地，南接五嶺，北據漢川，地方數千里；而劉表本人，招誘有方，威懷兼治；因此萬里肅清，大小皆心悅而誠服，關西兗豫學士前來投奔的，大概有一千多人，中原人士都視荆州爲託庇之所，王弼的祖父王凱和族祖王粲也是在那時候歸依劉表的。於是劉表便領導來歸的天下學者，對經學重新加以研討、整理和改定，特令綦毋闓、宋忠等撰立《五經章句》，稱爲「後定」。據近人的研究，後定之學大致是介於鄭玄的雜揉今古文經，以及魏晉的崇尚易老莊等玄學理論之間，可以說是鄭玄變亂家法、統一經論以後的進一步發展，也是魏晉玄學的濫觴。茲就湯用彤先生在《魏晉玄學論稿》一書研究所得，稍作補充及歸納，綜合而得荆州學風的特質及其對王弼思想的啓發凡四：

1 《周易》見重，並及《太玄》

荆州學風的領導人物，如劉表、宋忠輩均治《周易》；宋忠更對揚雄的《太玄》（仿《易》之作）別有研究。所以《周易》與《太玄》，可以說是當時最熱門的學科。直接受荆州學風薰陶的王肅、李譔（皆從宋忠受業），不僅治《易》，還治《太玄》；間接受荆州學風影響的虞翻、姚信、董遇，也都以《易》而厠於著作之林；足證《周易》見重，並及《太玄》，實爲當時學風之表現。王弼對易學發生特別的興趣，且其力量能夠申張而建立義理的新易學，自是直承荆州學風而來。

2 荊州八帙，有契玄理

按《南齊書》所載王僧虔〈誡子書〉稱「荊州八帙，言家口實」，又說「八帙所載，共有幾家」，可見荊州學派的家數和卷帙實在不少。若就其書爲清談家口實一點來看，八帙的內容勢必跟玄理大有相通之處，所以時至南齊，清談家還認爲那是必讀的材料。以王弼父祖們與荊州關係的密切，荊州八帙對王弼思想的啓發是可以想像的。

3 刪剗浮辭，芟除煩重

本來經學發展到鄭康成（名玄），可以說是小統一了。當時海內之士，莫不仰望，咸稱「伊雒以東，淮漢以北，康成一人而已」，又說「先儒多闕，鄭氏道備」，鄭玄的學問，要在括囊大典，網羅眾家，刪減章句的繁蕪和瑣碎，以調停折衷今古文的紛爭。然而，鄭玄的刪裁並未透徹，而遭通人譏其繁；所以，劉表幕下的荊州學派便繼續鄭玄經學的簡化運動而起，作進一步的「刪剗浮辭，芟除煩重」的工夫。他們尚簡要、重義理，反對今文學派末流的浮華與破碎的章句，這種作風實替日後王弼廓清漢學的繁瑣樹立先聲。

4 喜張異議，不守舊說

荊州學風固然繼承鄭玄作刪煩去蕪的淨化工作，但也絕非一味因襲，以鄭玄之學爲滿足。當時劉表令綦毋闓、宋忠等主編的《五經章句》，與劉表本人所著的《周易章句》，以及宋忠的《周易注》、《太玄解詁》，王粲的《尚書問》等書，都可說是鄭玄統一經論以後的異軍突起。到了宋忠的弟子王肅，治《易》、《書》、《詩》、《論語》、三《禮》、《左氏春秋》等，特與鄭玄之學大相逕庭，其能不守鄭說而獨樹一幟者，也正表明了劉表、宋忠一系人的作風。他們踔�不羈，守故之習薄，創新之意濃，所以，湯用彤先生說：「劉表後定，抹殺舊作；宋（忠）王（肅）之學，亦特立異；而王弼之易，不遵前人，自係當時學風如此也。」這話誠然可信！

就荊州學風的這四項特質來看，其重易、涉玄、尚簡、標新，在在都可替王弼的求學背景——尤其是易學淵源——找到根據。因此，有人說：「王弼注《易》，祖述王肅」（清張惠言），又有人說：「王弼之學，出於宋忠」（湯用彤），更有人說：「王弼之學淵源於劉表，而實根本於王暢」（清焦循），這些話都是按其家學出於荊州的線索上追溯出來的。由王弼、王宏，溯至王肅，再至劉表、宋忠，乃至王暢，其家學淵源，不可謂不深遠矣！

如上所述，王弼的成功，由於他有一個優異的家世背景，提供他最佳的治學環境，又給予他最新式的教育。但其思想得以孕育成熟，也在乎他生長在一個最適合他發展的時代。眾所周知，王弼所生長的時代，乃是我國歷史上的一個大亂世——魏晉南北朝。這個時代，從西元二二〇年曹丕篡漢以後，到西元五八一年楊堅建立隋朝，大概上下三四百年間，是我國從古典的秦漢王朝進展到新型態的隋唐王朝的過渡階段，也是我國歷史與文化發生蛻變的關鍵時期。因爲就當時的政治局面和社會情勢看，實在是不景氣，甚至到了混亂的程度；然而，若就文化思潮的演變看，卻又是一個奇異風生、新潮澎湃的時代。沈剛伯先生便說：「這是我國歷史上第一次的文化大革新！」

近人研究這個時代的很多，追溯時潮蛻變的主要原因，不外有三：一是東漢桓、靈二帝以來，宦官、外戚、黨錮、黃巾之亂，殺戮連縣，民不聊生，導致老莊思想的復活，與佛道二教的流行。二是獨尊儒術的政策，由權威走向定型、僵化、衰微，以致流於繁文縟節、拘泥訓詁、支離瑣碎的毛病，而喪失其維繫社會文化的效用，所以求原理、尚簡化的玄學理論，便應運而生。三是曹氏父子的風尚皆於儒學的發展不利，以魏武的貴刑名、魏文的慕通達、曹子建的尚玄虛，對於當代士風的影響，自然是很重的。因此，時至魏晉，整個思潮便一轉而大異於漢代的儒學統治。在經學上，由儒家思想的經典，變爲攙雜道家思想的經典；在哲學上，由天人感應的陰陽五行之說，逐步走向易老莊等玄學理論的建設；在文學上，脫離附屬於經學的地位，而有文學理論與純文藝作品的出現；在宗教上，張陵的五斗米教與張角的太平道開始大行於民間，而佛學思想也慢慢伸進中國人的信仰圈了。在人生觀的改變上，則以人性的覺醒爲基礎，而以個人主義、自然主義爲歸宿。總而言之，這個時代，無論在經學、玄學、文藝，及宗教諸方面，都有一個共同的特徵，便是覺醒與自由。所以，錢穆先生說：「魏晉南北朝的學術思想，亦可以一言以蔽之，曰『個人自我之覺醒』是已」。

王弼就是生長在這樣一個自我意識覺醒而道家意味濃厚的時代。以他的個性，篤好老子的自然與玄遠，又靈敏察慧，帶有幾分藝術家的浪漫精神；再加上他的家學——荆州學風——鼓吹新學作風的影響；所以他便毫無顧忌地穿了入時的新裝，站在時代潮流的尖端，以熱烈的懷疑精神，擺棄漢儒囿於訓詁的經說，用極自由奔放的態度，建設了自己的思想體系，正如朱熹所謂「舍經而自作文」，迥異於漢儒解經的「依經演繹」了！他一面注《易》，結束兩漢以來象數易發展到泛濫無歸的弊習；一方面注《老》，下開魏晉三百年老學之玄風。易老莊三玄之學，他就獨有其二；且其與時人的清談論辯，也叫晉人追思不已。王弼固是時潮中人，而時潮也因他而添輝不少！

三、正始談辯與王弼思想基礎的奠立

清朝的趙翼在《廿二史劄記》中說：「清談者起於魏正始中，何晏、王弼祖述老莊。」近人雖有許多反對的意見，認爲早在東漢末葉已有清談之習；但是，清談真正樹立規模，並在一時代中引起發酵作用的，還是當從何、王的正始談座開始。所以晉以後的清談者，每逢剖辯理源，談到最精采的時候，便要追思「正始之音」，並將最健談者比爲何平叔（晏）及王輔嗣（弼）。正始年，是魏晉新思潮剛剛勃興的時代，當時的論壇高士，如裴徽、傅嘏、何晏、王弼、鍾會等人，處在新舊文化交替的關鍵上，一方面固然能夠呼吸著自由思想與盡情發表的空氣，另一方面也有許多徬徨迷失和沒有信仰的痛苦。比如孔老地位的高下、理想聖人的標準、才性的同異離合、養生的效果、宇宙的本體、人生的意義、求學的態度、《易經》的道理、夢神鬼的怪事、有與無的分辨、言與意的關係……，凡此等等，在在都是困擾時人心胸的大問題，所以一時便成爲談辯論難的主題。他們藉著談辯以建立、充實、並完成自己的思想，也藉著談玄說道來抒解心中的懷疑和苦悶。王弼思想基礎的奠立，就從他與裴徽、何晏的談辯中，便可找到一些主要的線索。

在何劭《王弼傳》及《世說新語．文學》中，都曾引了一段王弼與裴徽的論辯，討論到孔老思想「有」「無」的分辨問題。該段記載的內容是這樣的：

當時裴徽為吏部郎，王弼尚未弱冠曾登門造訪，裴徽一見而異其才，便提出一道難題來考問他，說：「無，實是萬物資取的根源，為何聖人不肯說它，而老子卻說個不停？」王弼簡截地回答：「聖人體認『無』，而『無』又不可訓解，所以不去說它；老子則未曾超越『有』以體認『無』，所以常要談談『無』，來滿足自己的不足。」

王弼回話的重心，顯然是在「聖人體認無」與「老子未曾超越有」兩句。這裏不僅涉及孔老地位的高下，也可看出王弼調和儒道思想的努力。由這段文字，我們可以分四個小點來理解他的思想層次：

第一：裴徽說：「無是萬物資取的根源」，這話實際上代表著王弼及魏晉人士共同的觀念。他們都認爲「無」才是萬物的根本，所採信的正是老子「天地萬物生於有，有生於無」的宇宙觀和本體論。

第二：王弼所推崇的理想人格是孔子，而非老子。他跟裴徽所論及的「聖人」，指的就是孔子。蓋自漢代以來，孔子一直被尊爲上上等之聖人，而與堯舜禹湯文武同列；雖然時至魏代，老莊思想已經擡頭，可是孔子的權威地位還是存留於玄學家們的心目中，他們不但沒有輕視孔子，對於經學也還沒有完全放棄，而且一致認爲老子不及孔子。

第三：王弼既然不敢否認孔子的聖人地位，但又私心愛慕老子的道體，所以便採取調和的論調，說孔老二家，都知道「無是萬物資取的根源」，只是在老子的思想中，尚有「有」

「無」的對立，他從「有」希望「無」，所以不說「有」而常說「無」；而在孔子的思想中，「有」「無」的對立已統一起來，孔子已與「無」同體，他從「無」觀「有」，所以不說「無」而常說「有」。由此，老子之所以不如孔子，乃在於老子只是口頭無，孔子才是真正的體認無。

第四：表面上，王弼固然推尊孔子過於老子，也盡了調和儒道「有」「無」衝突之能事；實際上，他對孔子的觀念，已經大大變質了。因他以其所了解的道家之「無」，來說「聖人體無」，對於孔子立教與孔門義理的真精神——仁與天道性命——便被誤解了。所以他所推崇的孔子，就不再是體仁行仁的儒聖，而成了道家化的孔子了。

如此說來，王弼為要調和「有」「無」的衝突，故在有意無意間已歪曲了孔子的本體思想。然而，他對孔子的一切言行舉動及禮樂教化，是否就因此而抹殺了呢？不！他並不抹殺，他乃是接受，且認為這一切言行教化都是孔子體無而言有的實際。這點可從他與何晏討論「聖人有情與否」的問題上得到證明。何劭《王弼傳》上記載著說：

何晏主張聖人沒有喜怒哀樂的感情，論證相當精闢深刻。鍾會等人都贊同何晏的看法，只有王弼一人不以為然。他認為：「聖人超人的特性是神明，與一般人相同的則也有五情。由於聖人具有超人的神明，所以能體沖和以通無；但卻和一般人一樣同是具有五情，所以受了外物的刺激，不能沒有喜怒哀樂的反應。只是聖人的感情雖然能反應外物，卻不受外物的纏累和拘絆罷了。現在許多人因為看見聖人不受外物的纏累和拘絆，便說聖人不會反應外物，這種論調未免離譜得太厲害了！」

由這段記錄，可見當時論者對「聖人無累」一問題的看法，顯分二派：一派是何晏的「聖人無喜怒哀樂」說，一派是王弼的「聖人有情」說。爲透徹明白王弼思路的進展，以下且分數點詳加申說：

第一：在王弼的「聖人有情」義未出以前，何晏的「聖人無喜怒哀樂」說，乃是一時所最流行的論調。雖然它的主要內容今已不存，但就思想史的演變來看，當是繼承漢人的「聖人象天」之舊說，再參以漢魏之交的自然哲學（以天謂自然，而非有意志的天）所形成。認爲聖人與天地同德，故一任自然，而無心於喜怒哀樂，故能不受外物的纏累和拘絆。——這派見解堅持「聖人無情」，即是王弼反駁的著眼點。

第二：王弼認爲聖人的無累，並不是說他沒有喜怒哀樂的感情；也不是說他受了外物的刺激，而沒有反應；乃是說聖人具有超人的神明，能在表達情感的同時，不使自己受到外物的纏累和拘絆。換句話說，聖人所以能無累，並不在於他的「五情」與人有何異樣，乃在於他的「神明」超人一等。神明與五情，在王弼看來，是並行而不相悖的，就如現代人所謂理智與感情可以互相協調制衡一樣。因爲神明是屬於理性的，是由外在反應所促起的內在自發的思維能力與判斷；五情則是由於外界存在的對象所激發的感受，是屬於感情的。聖人所以能夠不受外物的纏累，乃因他所激發的喜怒哀樂之情，能夠透過理智的反省過程，最後將神明與五情調和爲一，使其心靈達到「體沖和以通無」的境界。

第三：按照上面的討論，王弼的「聖人有情」義，的確有他勝人一籌的地方。爲什麼在大家流行「聖人無情」說的時候，只有他能獨樹一幟，發表這番特殊的見解呢？據我看，也是本乎他對聖人的觀念而來。因爲他對孔子的言行舉動及禮樂教化，十分敬崇；對《論語》所載的一言一語，也未敢輕易反對，且認爲是聖人體無而言有的實際。所以當他研讀《論語》，發現孔子的聖明足以尋察幽微，卻不能脫去天然人的性情，故對顏淵也有「遇之不能無樂，喪之不能無哀」的感情時（見何劭《王弼傳》引〈弼答荀融語〉），他就開始對「聖人無情」說產生懷疑，直到他想通了聖人「體無」與「有情」的不相衝突後，便由此得到啓發，找著了駁斥何晏、鍾會等的「聖人無情」說的證據。可見王弼的思想線路，主要還是在於調和儒道「有」「無」的衝突。

綜上所論，王弼思想的支柱，乃在「聖人體無」與「聖人有情」兩大端。這兩大端合起來，就是一個體用問題。他想用老子的精神爲體，而以儒家的表現爲用，來融會儒道的不同。在儒家思想上賦予形而上的「無」的概念，以拉近於玄理的範圍中；其次再把儒家的「情」發揮，以補充道家形而下世界的處理。他便是以此觀念爲基礎，注解了《易經》與《老子》，並作了《論語釋疑》的。表面上是要調和儒道，骨子裏已經是老子的思想取得了壓倒式的勝利。

四、易學

《周易》是一部叢書性質的書：「經」的部分，包括卦辭與爻辭，乃是西周初葉卜筮官的占筮記錄，其中有義理可以究詰的實在很少；「傳」的部分，就是通常所說的〈十翼〉，大體則是戰國秦漢之際儒門學者所爲，要在發揮儒家天人一體以及政治倫理的思想。所以，真正使《周易》的巫術變質，進而提高它的哲學意義，並且成爲儒家經典的第一部寶藏的，乃是「傳」。西漢宣帝以前的易學，可以說是易傳的延續，它的範圍還未離開儒門〈十翼〉義理之外。然而，隨著時代風尚的轉變，易學的發展，從孟喜開始，便已脫離〈十翼〉的精神，逐漸附上陰陽、五行、天干、地支等理論，而有十二消息卦、六日七分、納甲、爻辰、飛伏、互體、半象、旁通、世應等新奇怪異的名目出現。從此，象數成爲漢易的主流：前期的象數易，由西漢宣帝年間到新莽時止，如孟喜、焦延壽、京房、費直、高相等家，都以占驗災異爲主；後期的象數易，由東漢順帝以後到王弼以前，如鄭玄、荀爽、虞翻、馬融等家，則以卦變爲主，並以之注解經文。雖然自費直、鄭玄以還，漸有以傳解經、或以傳合經者，但仍不脫占筮及卦變的範圍。故環顧整個漢易的天下，不是關乎曆，就是關乎象，可以說是象數說的總匯，雲來霧去三百年間，儒門易的影子早已湮沒不顯了！王弼鑑於此弊，故挾象數之革命而起，努力使〈十翼〉義理重見天日；所以，他的出現，實在是使易學重趨哲理的一顆救星。

王弼的易學著作，有《周易注》六卷、《大衍論》三卷，及《周易略例》一卷；除《大衍論》外，餘者皆全保存。其中，《周易略例》是王弼《易注》的總綱，申明《周易》的基本原則，凡其注解《易經》卦爻辭的方法，即本此而出。此文分爲七節：⑴〈明彖〉，⑵〈明爻通變〉，⑶〈明卦適變通爻〉，⑷〈明象〉，⑸〈辯位〉，⑹〈略例下〉，⑺〈卦略〉。〈明彖〉篇由「易簡」的道理，說明「彖」的意義；〈明爻通變〉篇由「變易」的情由，說明「爻」的變化；〈明卦適變通爻〉篇綜合〈明彖〉與〈明爻通變〉篇的主旨，再論卦的時義與爻的變動；〈明象〉篇中述忘象以得意的原則；〈辯位〉篇講明爻位的陰陽；〈略例下〉補述前五篇的不足；〈卦略〉篇舉出屯、蒙、履、臨、觀、大過、遯、大壯、明夷、睽、豐等十一卦的要領。在此諸節短文中，又以頭兩節的〈明彖〉與〈明爻通變〉作爲基本：〈明彖〉篇就本理上看易，故特能把握一卦的主爻和卦義；〈明爻通變〉篇就作用上解易，故能由陰陽質異相求的道理，顯示六爻成變的原則。本此兩大觀點作爲基礎，再加上王弼對於卦時、爻位、與忘象得意論的主張，整部《易注》的原則和體系，也就可以瞭若指掌了。

1 就本理上看易

《易經》一書，包羅萬象，小者明人事之吉凶，大者闡天道之變化，但它絕不是一部漫無條理的大雜燴。特別是從易傳解經以來，便已將它當作有系統的哲學書；王弼以義理說易，他對《易經》的看法，自亦莫之能外。在《易注》中，他喜歡添入「理」字爲說，據錢穆先生的研究，「理」字見於《易注》中者共有九例：其中，乾卦用九注，舉出「所以然之理」；訟卦九四注，舉出「本然之理」；豫卦六二注，舉出「必然之理」；而就其統宗會元者言，則爲「至理」；〈略例明彖〉篇更申言「理一以治眾」的道理。照王弼看，在宇宙萬象繁複流變的背後，必定有一個根本的原理存在；這根本的原理，就是至簡不二的法門，也就是制動御繁的宗主——眾物因之而存，百動以之而運；有了這個「至簡不二」、「制動御繁」的本理作中心，宇宙萬象才能顯出「繁而不亂、眾而不惑」的秩序。而在《易經》六十四卦裏，處於宗主地位的，就是各卦的彖傳，因爲彖傳是「總論一卦之體，明其所由之主」者，只有從彖傳中才能找到每一卦的卦義和本理。

基於王弼對彖傳的重視，他釋卦辭，便大致不出彖傳之外；且其掌握卦義的方法，也與彖象（尤其是彖傳）大同小異。或以某爻爲主以見卦義，或以內外二體以見卦義，或參以卦名以見卦義，或以陰陽消長以明卦義，是皆遵循彖象的啟示而來。此中，尤以對主爻的把握，最能切中「就本理以觀易」的要旨。在其《易注》中，明文標立卦主者，有三十二處之多：凡五陽一陰或五陰一陽的卦，每以唯一的陰爻或陽爻爲卦主，如小畜、履、同人、大有、師、比、謙、豫等卦皆是；此外，因第五爻居尊處中，故以之爲卦主者也很多，如夬、剝、訟、觀、噬嗑、賁、无妄、大畜、習坎、恒、益、渙、節、中孚、未濟等卦皆是。由此足見王弼對於《易經》「本理」問題的注重。

2　就作用上解易

易，就本理上看，誠如右文所述，皆可尋其主爻或卦義。但就作用上看，易則變化無端，乃如〈繫辭下傳〉所說：「易之爲道也屢遷，變動不拘，周流六虛，上下无常，剛柔相易，不可爲典要，唯變所適」。爲什麼易能成就天地間偉大的變化？且其變化的原則又是什麼？這是王弼在〈明爻通變〉及〈明卦適變通爻〉篇所注意到的問題。王弼認爲使易神通廣大，應變萬方，甚至超出算數、巧歷、聖明、法制、度量等所能測度的程度，完全由「爻」的作用顯示出來。而爻之所以能夠成就易道的變化，又在乎爻的「情僞之動」——也就是指爻與爻之間有「陰陽質異相求」的作用。因爲，就爻而論，其奇者（⚊）稱陽，偶者（⚋）稱陰，陰陽兩者，體質本不相同：陽剛陰柔、陽躁陰靜、陽實陰虛、陽尊陰卑、陽貴陰賤、陽大陰小……，可以說各居於相反而又相對的兩極端。驗諸人情事理，相反的往往相吸，相對的也往往相求；所以，體質的差異，反而造成情願的吸附力，陰與陽之間的變動，便在此中產生。故陰之所求者陽，陽之所求者陰，一陰一陽而无窮，也就成就了易道「變動不拘、周流六虛」的偉大能力。

根據這個「陰陽質異相求」的道理，〈明卦適變通爻〉篇舉出「六爻成變」的主要原則有六：(1)應者，同志之象也；(2)位者，爻之所處也；(3)承乘著，逆順之象也；(4)内外者，出處之象也；(5)遠近者，險易之象也；(6)初上者，終始之象也。此中，第(2)與第(6)條指出爻位的重要性；第⑴⑶⑷⑸條，顯示爻與爻之間有相應、承乘、遠近、外內的種種關係；舉凡易爻之間的變動、趨合、出處、逆順、吉凶與安危等，即依此關係而定。這幾條原則，就是王弼注釋爻辭的主要根據。

3 就時位以明易

任何現象的存在，都離不開時間上和位置上的因素，《易經》上的每一卦，代表著天地間每一類的現象，自然特別重視「時」與「位」的作用。彖象之釋卦義，所最貴者即是「時」，故於豫、隨、頤、大過、坎、遯、睽、蹇、解、姤、革、旅諸卦，皆有讚美「時義」的話；而於各爻所處的爻位，小象也常有「當位」、「不當位」的分別語。王弼以〈十翼〉解經，對於彖象所最注重的時位問題，當然不會輕易放過。在他的《易注》裏，強調「時」與「位」的地方，簡直不勝枚舉，現在只就《略例》的〈明卦適變通爻〉篇與〈辯位〉篇所提示的，稍作原則性的陳述：

㈠卦時的作用：王弼認爲，卦所表現的是一卦的大義，爻所表現的就是一時的變動；換句話說，「時」是決定卦義的主要因素，同時也是影響爻變的一個基本原則。《易經》的六十四卦，每一卦有每一卦在時間上的特別性，譬如：「比復好先，乾壯惡首，明夷惡暗，豐尚光大」，時義皆各不相同。因著時義的不同，六爻的變動也就必須配合卦時的作用；如果犯了時忌，不論罪過大小，失適遇悔，乃是理所當然。所以，在他的《易注》裏，以卦時的吉凶否泰，來說明爻的進退屈伸者，是屢見不鮮的。尤其，對於一些不合乎承乘比應等爻應原則的例外，他便拿出「時義」作爲解釋，這點實在可以作爲上文所提示的「爻變六原則」的補充。

㈡爻位的辨別：王弼對「位」的看法，可以分兩方面來說——第一，從整體的意義上看，他認爲「爻之所處，則謂之位。卦以六爻爲成，則不得不謂之六位時成」，因此每一卦都有六個位。第二，從個別的價值上看，他認爲「位」是「列貴賤之地，待才用之宅」，所以從初爻到上爻，每一個位便象徵著尊卑、貴賤、先後、終始的不同意義。——這兩方面，他特別重視後一方面。他認爲初上兩爻是事之終始，無陰陽定位；要論位分，必須摒去初上而論：則三、五爻各在一卦之上，亦何得不謂之陽位；二、四爻各在一卦之下，亦何得不謂之陰位。這麼一來，不僅爻有陰陽之分，位也有陰陽之別了。所以，「爻」的陰陽與「位」的陰陽相配，便會發生「當位」、「不當位」，或「得位」、「失位」的問題，於是每一爻的吉凶順逆，也就很容易從這裏得到解釋。王弼的《易注》，幾乎在每一爻的爻辭下，必先辨明爻位的上下終始與得失當否，就是這個緣故。

4　忘象以得意

王弼易學最大的貢獻，也最爲古今人士所頌揚的，就是他「掃除象數」的成就。《略例》的〈明象〉篇，可以說是他揭櫫象數革命的誓師辭。首先他對「象」字下了一個新的定義，說：「夫象者，出意者也」。這個定義並不是死板板地依據〈繫辭傳〉對「象」字的解釋而來，但卻酌取了〈繫辭上傳〉所謂「書不盡言，言不盡意」以及「聖人立象以盡意，設卦以盡情僞」的要義，並參以《莊子．外物》的「得魚忘筌，得兔忘蹄，得意忘言」等話而來。根據以上這些資料，王弼在「言」與「意」之間，巧妙地安上了「象」字。作爲他排斥象數易的理論根據。在他看，言是象的代表，象又是意的代表；盡意莫若象，盡象莫若言；故尋繹言之理，則可以得象；尋繹象之理，則可以得意。換句話說，言和象二者，不過是工具，只可用以得意，而不是意的本身。用《莊子．外物》的比喻來說，言之於象，就好比蹄之於兔，象之於意，也好比筌之於魚；蹄是得兔的憑倸，筌是捕魚的器具，若是兔已得、魚已獲，則蹄自可忘、筌自可捨。同樣，言只是爲了明象，象只是爲了得意，故若能由尋言觀象中，進而獲知本理本意，則言與象自須忘卻。否則，拘執於言，必反失本象；拘執於象，必反失本意：這就永遠體會不到聖人立言、設象、畫卦的內蘊之義了。所以說：「得意在忘象，得象在忘言」。

基此觀點而理解《易經》，在〈乾文言〉的注裏，王弼舉了一個實例，說：「《易經》的哲理，每用卦象來表現。然而卦象的產生，必先有某種內涵的意義作基礎。譬如以龍來敘述乾健的德性，以馬來說明坤順的道理，都是先有健、順的意義，而後才用馬、牛的象徵來表現。」在《略例．明象》中，他更進一步說明了這個道理，他認爲：「只要合乎所要表達的意義，凡物都可取爲象徵。故義苟在健，乾卦何必一定取象於馬？義苟在順，坤卦何必一定取象於牛？然而有人解易，每每定馬於乾，而案文責卦；以致有馬無乾，僞說滋漫；互體不足，遂及卦變；卦變不足，又推及五行；一旦失其本原，穿鑿附會之奇巧則愈演愈深，縱有勉強可以說得通的，但在意義上卻一無可取，這就是存象忘意的流弊。因此，必須忘象以求其本意，才能窺得《易經》的真諦。」很明顯地，王弼這番「忘象得意」的主張，乃是針對著漢代象數易的毛病開刀的。他指斥象數易的荒誕不經處，真是一針見血，不留餘地！直替時人普遍厭倦象數易的心理吐了一口氣。從此，光怪陸離的象數學便一蹶不復，逐字訓詁的風氣也走向末路，抽象玄虛的思想取得優勢，既簡且文的易學體系，便被王弼輕而易舉地建立起來了。

以上四大原則：一就本理上看易，二就作用上解易，三就時位以明易，四則忘象以得意，此是王弼《易注》的綱領。這些綱領，比起漢儒的卦變術數之學，實在很能把握易簡之理要、易變之法則、與〈十翼〉之精神。這點我們只消將他的注文與彖象傳的話兩相比照，就可證實。尤其從他的爻辭注，更不難看出王弼運用四大原則的主要步驟——第一步，他必先辨明各爻上中下的位置，以明其事之終中始；第二步，則以爻位之上中下，配合爻德之陰與陽，以明其位之得失當否，並在關鍵處點明一卦之主爻與卦義；第三步，乃利用爻變承、乘、比、應等原則，說明爻者爻之間的變動關係；第四步，再添附〈十翼〉的義理、道家的玄學、或他個人的意見，以便充實注文的思想內容。——以上這幾個基本步驟，被王弼運用起來，煞像探測各爻吉凶順逆的驗候儀。特別是前三個步驟，可以說是爻注的基本骨架，後一個步驟才涉及注文的思想內容。全部爻注，除了乾上九及兌初九兩爻無注外，其餘大都依循此例以為注。

說來王弼實在是一位聰明絕頂的人：一部《易經》包羅萬象；爻與爻的變化，又如此複雜；漢代三百年間許許多多的學者投身其中，總在象數易的圈子裏消失了踪影，王弼年少初成，卻能根據象象傳的提示，找出幾個簡明的原理，把《易經》說得頭頭是道，不再從卦象符號上去玩弄技巧，而專就本理、時位，及爻變中，去進行哲理的分析，這真不是一樁簡單的事！

透過上文提及的王弼《易注》之原則與方法，我們已不難看出王弼的注《易》態度及思想路線。然而，若要更徹底地明白王弼易學的思想內涵，我們還需從他「添字解經」的部分去認識。誠如本文第三節所說：王弼的思想支柱，乃在「體無」和「用有」兩大端，他便是以此觀念爲基礎而建立義理的新易學。一方面固然以〈十翼〉解經，用象象傳的儒門思想來補述卦爻辭義的不足；另一方面，只要經文可以牽附老旨的地方，他也一點都不放過：這正表明他有意調和儒道的作風。所以在《易注》裏，我們常會發現一些道德性的格言，或是哲學性的玄思，歸根究柢，不是本諸儒，就是取乎道。儒家的政治倫理思想，跟道家對形而上世界的觀點，王弼總想挖空心思，把兩者兼容並蓄。這種努力的痕跡，點點滴滴地留散在整部《易注》的每個角落。以下且就「以傳解經」和「援老入易」兩點，進探他的易學思想內容：

•以傳解經

〈繫辭上傳〉說：「天生神物，聖人則之；天地變化，聖人效之；天垂象見吉凶，聖人象之」，易傳的主要思想，在推天理以明人事，故於處事接物之理多所發揮。譬如進德修業、遷善改過、著信立誠、存公忘私、敬慎防患、樂天待時、尚義斥利、主正反邪、執兩用中，以及親仁善鄰的思想，均是〈十翼〉義理的根本精神。王弼注《周易》，所本的是費直「以彖象繫辭文言解經」的古文易，對於儒家的這些倫理思想，明引或暗用的，自屬不少。例如蠱象、蹇象、困象、既濟九五諸注，即均強調「進德脩業」的重要；噬嗑初九、益象諸注，內中含有「改過遷善」的見解；北初九、隨九四、中孚九二諸注，解「孚」爲「誠」與「信」；此皆不失孔門義理的精神。乾九四、泰九二、同人六三、大有六五、井上六諸注，申述「存公忘私」的思想；坤六四、需九三、否九五、觀上九，未濟上九、萃象諸注，力倡「敬慎不敗」的道理；屯六二、困初六諸注，表現「樂天待時，否極泰來」的見解；此亦深合易傳思想的真諦。乾九三文言、頤初九、明夷初九、蹇六二、井九五、漸九三諸注，申明「義利之辨」，主張君子須尚義而行；乾用九、否初六、解九二、漸卦辭、巽九二、兌六三諸注，倡言「理中之道」，認爲柔順以不失正爲度；坤象、謙上六象、豫六二、家人上九、夬象、兌象諸注，強調「剛柔並用，尊卑得當，上下有方，恩威兼施」；訟九四、復六二、家人九五、家人上九諸注，講求「爲人由己」與「親仁善鄰」；這些觀點也都跟儒家思想取著一致的步調。由此可知，王弼不僅不反對儒家的倫理思想，而且還相當接受儒家勸人爲善的生活準則。不但如此，對於儒家的政治或軍事主張，比如爲政以德、小人勿用、斷訟在直、征討有常、法制應時等，王弼也都十分推崇，其例隨處可見，茲不贅舉。

•援老入易

王弼之易，以傳解經，總算是費氏家法。如果全經之注都能如此，他也配得成爲孔門中的一大功臣。無奈他的思想並不這麼純正，儒家的政治倫理哲學他固表示贊同，但於孔門天人一體的基本思想則未真確把握，倒是老子的玄思才更折服他的心。宋朝的趙說之說：「以老氏有無論易者，自王弼始」，這話一點也不錯，《易注》中有一部分關鍵性的思想，的確是被老子籠絡了。比如坤六二、蒙六五、隨大象、觀象、離九三諸注，即攙有「自然無爲」的思想；復大象、咸六二、恆上六、中孚象諸注，也附上「主靜反躁」的見解；訟六三、師六五、蠱象、大畜六五、頤初九、姤上九、萃初六、中孚六四、皆本於「貴柔不爭」的哲學；乾用九、坤六三、訟初六、損六五諸注，實不違「處下不先」的要旨；履初九、賁六五、賁上九、艮卦辭諸注，極符合「素樸寡欲」的修養之道；履九二、九五，困九二、九四，鼎九二諸注，顯富有「尚謙惡盈」的收斂色彩；乾象，大有上九、蠱上九、遯上九、夬九三、漸上九諸注，強調「不爲物累」，不待說乃從老氏思想衍來；至若主張初上二爻無陰陽定位，故不爲位所累，實際上也受到道家哲學相當的影響。由此諸例，可見王弼《易注》中攙附老子人生政治思想的一般。此外，他還援用了老子的本體論，在復卦彖注中，王弼表示：復乃反本之謂，而其所反之本，實爲「寂然至無」的道體。此體固由靜默中顯現，但它絕不是死寂無用的「空無」，而是一個生成萬物的「無限妙用」，萬物以之爲心，亦因之而存。正因它一無所有，才能應有盡有、無所不有，成就天地間偉大的變化。——這些見解，顯然是老子

「體一用殊」及「無之以爲用」的思想復現！在他解釋「大衍之數五十，其用四十有九」中的「其一不用」，云：「不用而用以之通，非數而數以之成，斯易之太極」，這話也與復卦注一樣，純以老氏抽象玄虛的本體論爲說，而把漢儒那些繁亂支離的氣化觀和術數論一筆拘去，遂成漢魏間學術思想的一大轉捩。

綜上所述，王弼之易，從原則上說，《周易略例》標示《易注》的綱領，頗能把握易簡之理要，與易變之法則；從方法上論，不論卦爻辭之注，實是依據《略例》所提示的原則，相當謹嚴地遵循〈十翼〉的啓示，而作廣泛的運用；從內容上看，一面以傳解經，結束兩漢以來象數易發展至泛濫無歸的弊習，一面援老入易，開創魏晉以下老學之玄風。其能擯落象數，申張義理，在漢易發展到窮極斯濫的時候，而以明朗清新的面目出現，誠爲易學史上的一件大事！

由於王弼之易，有原則、有方法，又有適應時人口味的玄學內容，所以在他《易注》剛問世的時候，代表舊易學派的荀融曾向他的《大衍論》挑戰，非但無法難倒他，反而還被他戲了一頓。從此，王弼的《周易注》便勢如破竹地登上了易學界的舞臺，地位與日俱增，是非褒貶也跟著漫天飛揚。喜歡他的人，把他捧上青天，說是「獨冠古今，功不可泯」（清黃宗羲），討厭他的人，把他踩在腳底，斥爲「惑世誣民，罪深桀紂」（晉范寧）；單就「掃象」這點來看，有人讚許他「一切掃除，暢以義理，天下耳目煥然一新，聖道復覩」（《經義考》引黃宗炎語），有人則責備他不該「並象變而去，則後之學者不知三聖命辭之本心」（《經義考》引丁易東語）；真是功之所在，過亦隨之，此亦一是非，彼亦一是非，皆非持平之論。評及他的易學內容的，也是一樣人自爲說，而有無窮之辯。譬如孫盛、程頤、郭雍、朱震、陳振孫、何喬新、楊時喬等人，都斷言他崇尚玄虛，雜述異端；而黃宗羲卻持相反的論調說：「顧論者謂其以老莊解易，試讀其注，簡當而無浮義，何曾籠絡玄言？」另有一些人如宋祁、陳澧等，又認爲他是「自發胸臆，自作子書」。以上這些評論，可以說都是只見其一端，而不能窺其全貌。事實上，王弼的《周易注》，既未叛離儒門，亦非獨宗老氏，而是採取調和折衷的立場，將儒道雜揉；本乎老子之形上學，以求易道之本原，又採取儒家之道德論，以資於人事之訓誡，縱有獨發議論之處，也不出此範圍。

《易．繫辭上傳》說：「易有君子之道四焉：以言者尚其辭，以動者尚其變，以制器者尚其象，以卜筮者尚其占」，王弼之易側重義理而掃象占，自屬於「尚其辭」的一派。歷來研究易學的人，要分爲三：漢代焦延壽、京房之推災祥，鄭玄、虞翻之論互體爻象，即屬於象數易學派；魏代王弼、韓康伯之黜象數而攙玄理，宋代程頤、朱熹之以儒理解易，即屬義理易學派；宋代陳摶、邵雍之演圖書以窮造化，即屬圖書易學派。在這三派中，尤以義理派爲重，故訂爲官書者，則非王注、程傳、朱義三家莫屬。清修《四庫》，易類著錄凡一百六十七部、一千七百六十卷，存目三百十八部、二千三百七十二卷。在此將近五百部的易學名著中，王弼之易能夠列於學官，專置博士，流行千餘年而不斷絕者，其特質之不凡，可以想見。

五、老學（簡附論語學）

《老子》一書，在先秦時代乃天下之顯學，楊朱莊周之徒，無不祖述其言，韓非也有〈解老〉、〈喻老〉之篇。降及漢初，文景貴黃老，朝野上下，奉讀《老子》，固有鄰氏之《老子經傳》、傅氏徐氏之《老子經說》（見《漢書．藝文志》著錄，今皆亡佚），外如《淮南子》等書，也都以老子思想爲主。然而武帝以後，罷黜百家，獨尊儒術，老子之道乃湮沒而不彰，劉向雖有《說老子》四篇，今亦不存。直到漢末揚雄、王充以還，老子學說中的自然主義才又漸次擡頭，但真能發揮老學之幽光，重振老學之衰亡，闡明其書，又表揚其道的，則當首推魏朝的王弼。他的《老子注》及《老子微旨例略》二書，不僅被時人譽爲天人之見，也是今日研讀老書者的指南。在汗牛充棟的老學研究中，王弼注實是最早、最好，又最成系統的一部。相傳河上公之《老子章句》乃漢文帝時之作品，但據今人考證，實爲晉人僞託，且其書頗雜俗俚，故亦不如王弼注之見重於士林。

王弼的老學著作，如上所提，有《老子注》二卷及《老子微旨例略》一卷，今皆保存。前者爲王弼對《老子》原書所作之注釋與演義，後者乃王弼既注《老子》，又撮其大要，總其指歸，所作的心得與論文。王弼極重理統，故於易有《周易略例》，於老也有《老子微旨例略》。在

《老子微旨例略》中，王弼替老子五千言找到了一貫的思想體系，云：「老子之書，其幾乎可一言而蔽之噫！崇本息末而已」，這「崇本息末」的觀念，其實也是王弼本人的思想，及其注釋《老子》的基本法則。何謂崇本息末？在《老子》三十八章及五十二章的注中說得很明白：乃是「守母以存其子，崇本以舉其末」及「得本以知子，不舍本以逐末」的意思。可見此「息」，並非一般所謂的止、休或慶，而是生、長或存之義。王弼以無形無名的道體爲「本」，以有形有名的事物或教化爲「末」，故崇本息末，換言之，亦即「守無存有」、「體無用有」之義。誠如本文第三節論及王弼思想基礎的奠立時所云：王弼的思想支柱，乃在「聖人體無」和「聖人有情」兩大端，他不僅以此觀念注解《周易》，也以此觀念注解《老子》。在他看，唯有老子的道體才是本，儒家所主張的一切處事接物之道都是末，故若無老子的本體思想作中心，而一味講求儒家的仁義禮智信，那就是「捨本逐末」了。由此可知，王弼雖未反對儒理，但他既以老學爲本，而以儒理爲末，則其根本精神顯然是道家化了。故欲明白王弼的本體論及人生論，可由《老子注》及《老子微旨例略》中找到很多的資料。

1 本體論

王弼《老子注》，昔闡體無之學，他的本體思想在以「無」爲體，《晉書．王衍傳》即說：「王弼立論，天地萬物皆以無爲本」，的確，他論宇宙的道體及萬物的生成，可以說完全擺棄了漢儒的元氣、陰陽、五行等怪說，而採行老子的見解。他認爲：道是萬物的宗主，在萬物未形無名之時，能生成萬物，為萬物始；在萬物有形有名之時，亦能長養萬物，為萬物終；道永存而不變，無始無終，而為萬物之宗主；不僅在一切形物之先，也在一切形物之後，乃是超時間又超空間的一個主宰。

這個自有、永有、先有、遍有的道體，身具主宰性、常存性、先在性、及遍在性等諸種特質，但它究以何種方式而為萬物的宗主？在王弼看，「道」並非實有之物，乃以沖虛為性，它寂然至無，不可名象，完全不受形與名的限制，所以包羅廣大，能作萬物的主宰。《老子微旨例略》開頭處說：「物之所以生，功之所以成，必生乎無形，由乎無名；無形無名者，萬物之宗也。」正因道以無形、無名、沖虛為性，故其生化萬物，便不假任何干涉，而任萬物自然而生、自然而濟、自然而長足，以顯出自然無限的妙用來。可見「道」乃以「沖虛無物，自然無為」的方式，而為萬物的宗主。

2　人生論

既然，王弼以老子的「無」為宇宙萬象的本體，故其人生論也以「崇本貴無」為鵠。他認為「無」的妙用很大：天道所以能成就萬有之造化，乃在無為而自然，故聖人法天，亦可以無為自然而治理萬事萬物。在《老子》十一章的注裏，他表示：一切器物的用處，全在於「無」，譬如車轂（車輪中心的圓圈）能統御三十輻，乃在於車轂本是一個中空之物，所以能安插眾輻，成就車輪的用途。因此，他的人生哲學也根據這個自然無為的觀念，以為人生不必勉強著去違反自然，更不必講求察察之明，以圖有所作爲。他批評名法儒墨雜各家都是舉終證始、捨本逐末之學，因爲他們汲汲於定真、齊同、純愛、儉嗇、不係之道，卻不反從根本之「無」作起，以致欲求其治，反而離治愈遠。所以王弼說：欲定物之本，則雖近而必自遠以證其始；欲明物之所由，則雖顯而必自幽以敘其本。譬如存者不以存爲存，而求其不忘亡；安者不以安爲安，而求其不忘危；同樣，閉邪乃在存誠，不在善察；息淫乃在去華，不在滋章；絕盜乃在去欲，不在嚴刑；止訟乃在不尚賢名，不在善於聽訟。總之，凡事必謀之於未兆未始之際，使其無心於爲，無心於欲，而後能順理平治，這才是治本之道。故若只在政治上竭盡聖智之才以治巧僞之民，在社會上崇尚仁義之人以敦涼薄之俗，在經濟上發展巧利之器以厚民生之用，便都不如使百姓樸質無華、少私寡欲，於事更有所補。

這麼說來，王弼是否反對智聖、仁義與巧利呢？不！並不！在《老子微旨例略》上他承認說：「聖智是人才中的俊傑，仁義是行爲中的大德，巧利是實用上的善法」，而且他的《易經注》，也常以〈十翼〉之儒理來解釋經文，可見他並未排斥儒墨名法各家所標榜的價值，只是站在本末有別的角度上，他認爲聖智、仁義、巧利等，都是細末之學，唯有自然無爲的道體才是萬事萬理之本。若是「本」未立而求其「末」，「體」未達而論其「用」，那才是他所極力反對的。

根據上文所述的「崇本息末」的觀念，王弼替老子五千言作了注解。大致說來，他的注文可以稱得上「清通簡要」四字。因他極重本體之理統，主張得意在忘言，故其注恆要言不煩，謹飾有序，而不留心於章句訓詁或文字之解釋。如二十章「絕學無憂」數句，王弼注云：「學習在求增進其技能，並廣益其知識。但若無欲而足，則何須孜孜於增進？若不知而中，則何須砣砣於廣益？譬如燕雀及鳩鴿，皆各有其匹配，寒鄉的百姓亦自知披穿氈裘，此皆自然已足，若以人力干涉，勢足以增添憂患。故續鳧之足，何異於截鶴之脛？……」此注何等精詳！王弼舉例作解，顯然只在闡發老子「自然無爲」之旨，而不拘拘於文字之訓詁。又如十八章「大道廢有仁義」數句之注，王弼首先提出「失無爲之事」爲反仁義、反智慧、反孝慈之先決條件，且舉「魚之相忘江湖，始生相濡之德」爲譬，申述老子「守母以存子，不捨本以逐末」之旨，這也可以看出王弼《老子注》「重意不重章句」的特色。總之，王弼隨文作注，要在擇其證成己意處會通其旨略，而未必遷就於文句之解釋。故就長處言，其注簡明切要，而無漢儒支離破碎之弊；但就短處言，則部分注文因過於簡略，便不免失之空泛或獨斷。比如七十一章：「知不知上，不知知病。夫唯病病，是以不病。聖人不病，以其病病，是以不病。」王弼注文僅有「不知知之不足任，則病也」寥寥數字，這不是太過於空疏苟簡了嗎？（有關王弼《老子注》之詳簡得失，王淮先生的《王弼之老學》一書，審查甚詳，讀者可以參見之。）

案世俗多以老子思想玄遠難明，且爲反仁義、反智慧、反孝慈者，今觀王弼之注，實超世俗之上。他以「崇本息末」、「得意忘言」的觀點來理解《老子》、注釋《老子》，也以此觀點調和了孔老兩家的衝突，進而建立自己的玄學體系。就其理解老子的思想而論，王弼堪稱老子的知音，對道體「自然無爲而爲萬物之主」的特質認識得極爲透徹。就其注釋《老子》的方法而論，其注清通簡要，不受文字名象的牽制，而能盡脫章句訓詁的煩瑣。就其調和孔老思想的衝突而論，王弼以孔子爲「體無」之聖人，這點固然是替孔子戴錯了高帽，全然歪曲了孔子的本體思想，不過在眾人看爲互不相容的老子之「無」與孔子之「仁義」，他竟能以「崇本息末」的理論，把兩者聯合爲一，認爲本立則末亦存，體立則用乃彰，所以孔子所提倡的仁義禮智信，便成孔了體無而言有的實際。這個調和孔老思想的本事，的確相當高明！無怪乎王弼的《老子注》一出，魏晉名士對孔老衝突的種種懸疑便全然釋解，老子的體無思想因此駕乎儒理之上，而響徹了雲霄，王弼也成爲大家所公認的玄學之祖了。

除了《易》《老》二注外，王弼還作有《論語釋疑》，此書大概是取《論語》中文意難通者加以疏抉，故於《論語》十卷，只有《釋疑》二卷（或云三卷）。不過此書既已亡佚，故亦難知其詳，現在僅能從皇侃的《論語義疏》或邢昺的《論語正義》中，竊得一鱗半爪。大致看來，這部書也不外根據「崇本息末」及「得意忘言」的觀念寫成。就其思想內容來看，此書跟《易經注》一樣，在以老子的本體思想攙附儒理、以建立其「崇本息末」之學。如《論語．陽貨》「予欲無言」條，皇疏引了王弼的一段話，大意是說：「孔子雖以言教人，而其本意實在於無言，所以說『我欲無言』，乃希望世人藉此明白他的本無思想，進而舉本以統末，建立系統之學。如果不明本體，而一味拘執言教，便會導致漢人章句訓詁之弊。欲脫此弊，唯有反求其本，修本廢言，才能達成順天行化的目的。」這裏，王弼以「舉本統末」、「修本廢言」的思想來理解孔子，這正是「援老入儒」的明證；次如〈述而〉篇「志於道」條，邢疏引王弼的注解云：「道者，無之稱也，無不通也，無不由也，況之曰道。寂然無體，不可爲象，是道不可體，故但志慕而已」，這話也儼然如從老子之口所出，跟朱熹解「道」爲「人倫日用之間所當行者」比起來，簡直是玄極了；再如〈爲政〉篇「六十而耳順」條，皇疏引王弼的話說：「耳順，言心識在聞前也」，這話就更玄了，且玄得有點讓人摸不著邊際。大家都說王弼改裝孔子成爲道家化的聖人，由以上三例，已足可證實眾言不虛。

王弼除了這樣有意無意地援老入儒以外，在《論語釋疑》中，我們發現他還經常使用一種「假言」的辦法。如〈公治長〉篇「回也聞一以知十，賜也聞一以知二」條，王弼便注說：「這是假數以明優劣之分」；又如〈憲問〉篇「君子而不仁者有矣夫，未有小人而仁者也」，他則注說：「這是假君子以甚小人之辭」。所謂「假××以明××」，正是告訴人要注重本理本意，不要拘執言語與象徵，這就是「得意忘言」的解經方法。在《易》《老》二注中，王弼曾以此法將象數之學一舉廓清，建立了清通簡要的玄學體系；同樣，在《論語釋疑》裏，王弼也用此法擺脫漢儒章句訓詁的拘絆，完成《論語》玄學化的一貫目標。

六、結論與評價

漢自武帝以後，獨尊儒術，經學盛極一時。當時，治學的範疇，以五經爲主，《論》《孟》次之；學術思想，多本天人感應；解經方法，前漢尚明大義微言，後漢則詳章句訓詁。在政治清明的時候，這種學風乃是維繫社會秩序的原則；然而，學術久則必變，尤以後漢閹豎亂政，內亂外患交織，作爲漢代精神基礎的儒家思想便漸次失去屏障，於是老莊之學乃應運而生。自東漢揚雄、王充、王符、仲長統、以及荆州學派以來，學者即間嘗企慕玄遠，對神仙圖讖之說頗加排斥，但在時風積習難拔之下，就如揚雄、王充之特異，似乎還未能盡脫「符瑞吉凶」、「天人感應」等觀念的牢籠。直到魏正始年間，何晏、王弼以老學攙附儒理，整個學術思潮才一轉而大異從前：追求放曠、企慕玄虛，乃成一時風尚。所以，王弼可以說是魏晉新舊文化交替中的一個關鍵人物，他在思想史上的地位和價值，不僅不容抹殺，而且極其重要。

如本文所述，王弼治學的範疇，除《易》與《論語》之外，已及於《老子》；並且高擡老子的本體思想，附會到孔子的仁義學說上，而倡言「崇本息末」、「體無用有」的理論，以調和折衷孔老兩家思想的衝突；其解經方法也大異漢儒，而主「得意忘象」及「得意忘言」的學說，以駁斥章句訓詁及陰陽術數的流弊。王弼這種「體無用有」、「得意忘言」的學說，在當時來講，正合乎「適者生成」的條件，因為他的思想見解及治學方法，乃是應「漢學弊極之後必須改革」之運而起的。他的崇本息末、援老入儒，適合六朝人的口味，固不待說；他的文字既簡且文，一變訓詁之習，容易讓新文化界的魏晉人士接受，也是理所當然。所以當他的學說一出，便立即漫延開來，形成一股眾莫能傾的龐大勢力，侵入魏晉文化的每個角落，造成極大的影響。

像王弼這樣一位年紀輕輕的少年，何以能有如此巨大的影響力呢？綜括本文的研究，其成就實非偶然：所謂天時、地利、人和，在他身上，的確是一應俱全的。他自幼聰穎察慧，又獨好玄理，此其過人者一；他有良好的家學，培養他的實力，此為人所不及者二；他的時代自由開放，容讓他去高言闊論，此其適時而生者三：如此三大因緣輻湊，造成了一個王弼，當然不是偶然的了。若說他是一個能夠承受時勢，又能隨順個性，並不錯過境遇的人，這話一點也不誇張。

正因天地人三大因緣的輻湊，所以王弼的學術著作流傳得很快。就拿《易注》來說，在他死後不久，韓康伯馬上補足了〈繫辭〉以下的注文。一入晉與南北朝，其他的易學都被擯落，只有他的《周易注》，足與漢末大儒鄭康成的注並駕齊驅：王弼注行南，康成注行北，二者皆列於國學。而且一轉進隋代，康成注也漸漸不是他的對手了，於是王弼注便獨據鰲頭，挾其眾莫能傾之勢，到了唐修正義，遂被定為一尊，直到伊川、朱子之易起，才能與之抗衡。

他的《老子注》，不消說，也是古來一部名著，而且是大家所公認的老學權威。其注未出以前，已先折服何晏；其注既出以後，更為士林所重。我們由此注膾炙人口的事實，就足以證實王弼極善領悟老子之精髓，並能宣揚老子之學說。故自其注一出，魏晉人士爭相仿效，注釋《老》《莊》的書籍殆如雨後春筍，陸續出土。如何晏的《道德論》、鍾會的《道論》、阮籍的《通老論》、孟康的《老子注》、荀融的《老子義》、范望的《老子注訓》、王尚的《述老子》、程韶的《老子集解》、張憑的《注老子》、孫登的《老子集注》，以及崔譔、向秀、司馬彪、郭象、李頤等人的《莊子注》，張湛的《列子注》等等，簡直不勝枚舉，差不多可與儒家經傳的注解講疏互相拮抗，道家學說因此大得復興，而為魏晉思想之主流。推其所由，尋其所自，王弼《老子注》，實為玄風之祖。

至於《論語釋疑》，雖然比不上《易》《老》二注之洋洋大觀，但它的影響力也同樣不小。尤其是援老入儒，道化孔子的作風，《論語釋疑》可以說是開先鋒者。因為何晏的《論語集解》，雖已略雜玄言，但所集仍以漢儒之說為主，玄味還不怎麼大；可是王弼的《釋疑》，就今所見者看來，玄味卻比何晏濃多了；因此若說王弼才是道化孔子的始作俑者，這話並不過分。我們從今日僅存的南北朝儒學經疏——皇侃的《論語正義》中，發現其中所載錄的郭象、孫綽、王充、殷仲堪、繆播、繆協、劉歆、顏延之、顧歡、太史叔明、沈居士諸家的話，都是基於道經，甚或佛典，把孔子講成寂靜的、玄遠的、消極的、無事無為的聖人；就連作義疏的皇侃來說，他不但採了別人的玄言，自己也屢發玄言；這些顯然都是因循王弼道化孔子的故智，所作的進一步的發展。王弼變亂孔子真相，遺害之大，特以《釋疑》一書為最。

《文心雕龍》上說：「魏正始中，何晏之徒，始盛玄論，於是聃周當路，與尼父爭塗」，這裏所謂何晏之徒，指的就是王弼這一類人。他一面注《易》與《論語》，一面又注《老子》，因爲在他的眼光中，儒書與道書並沒有什麼不調和的，孔子偏談形而下的待人處事之原則，老子偏談形而上的無形無名之道體，二者正好可以互通有無，綜合而成「體無用有」的思想架構。王弼以爲這是一個大發現，因此才把老學灌注到《論語》、《周易》內去，使儒道二家的思想混合起來。但他那裏曉得：由於他將老子提高到孔子並肩的地位以後，老莊的玄理便堂而皇之地戴上了孔子的面具出來迷惑大眾，整個社會風尚也就漸趨於放浪曠達的一途了。起初大家還口頭承認孔子的禮教，後來簡直就正面的攻擊了。攻擊之不足，更進而由理論而見諸行動，徹底表現到生活行爲上來。衍至七賢八達之流，無論當官在野，無不是肆情酒色，蔑視禮義，不負責任，因此導致清談誤國的慘局。王弼本無意於菲薄孔子、排斥禮教，但因他是第一個申張老學，並替孔子穿上道裝的玄學家，所以，玄學之毒敗壞了士風，違誤了國事，他是難辭其咎的。

固然，站在學術的教化功能上講，我們不能不批評王弼遺禍匪淺；但若就學術思想本身來評價，王弼實可稱得上是天才哲學家。他注《易》、《老》、《論語》三書，是有其一貫思想作基礎的。所謂「體無用有」、「崇本息末」之論，的確有其得心之處；而「得意忘象」、「得意忘言」的解經態度，比起東漢末葉咬文嚼字的腐儒作風，也屬進步之學。再說，他的《易經注》，能夠一掃象數，恢復哲理易的價值，其功實不可泯；而其《老子注》，既闡明了老子之書，更表揚了老子之道，也可算是老子的功臣。

參考書目

㈠主要參考書籍

《周易注》 魏王弼、晉韓康伯注，唐孔穎達正義，臺北，藝文印書館影印嘉慶二十年江西南昌府學重刊宋本十三經注疏第一冊，民國五十四年六月三版。
《周易略例》 魏王弼撰，唐邢璹注，臺北，新興書局影印程榮校刻《漢魏叢書》本，民國五十九年臺初版。
《周易集解》 唐李鼎祚輯，臺北，商務印書館《國學基本叢書》，民國五十七年三月初版，
《古周易》 宋吳仁傑撰，臺北，大通書局影印《通志堂經解》第三冊，民國五十八年十月初版。總頁一四一九至一四三一。
《易學象數論》 清黃宗羲撰，臺北，隆言出版社，民國五十八年十月臺出版，《梨洲遺著彙刊》上冊，卷四。
《周易補疏》 清焦循撰，臺北，復興書局影印《皇清經解》第十六冊，民國五十年五月臺初版，卷一一四七至一一四八。

《談易》　戴師靜山撰，臺北，開明書局，民國五十九年十二月二版。
《先秦漢魏易例述評》　屈師翼鵬撰，臺北，學生書局，民國五十八年四月初版。
《兩漢易學史》　高懷民撰，中國學術著作獎助委員會，民國五十九年十二月初版。
《王弼及其易學》　林麗真撰，臺大中文研究所碩士畢業論文，民國六十二年六月成稿。
《論語集解》　魏何晏集解，宋邢昺疏，臺北，藝文印書館影印嘉慶二十年江西南昌府學重刊宋本十三經注疏第八冊，民國五十四年六月三版。
《論語義疏》　南朝梁皇侃義疏，臺北，興中書局縮印《知不足齋叢書》第三冊，民國五十三年十二月出版。
《經典釋文》　唐陸德明撰，藝文印書館影印《四部善本叢書》經部，民國五十三年出版，卷二〈周易音義〉，卷二十四〈論語音義〉，卷二十五〈老子音義〉。
《經學通論》　清皮錫瑞撰，臺北，商務印書館《人人文庫》，民國五十八年九月臺一版，頁一六—一三七。
《經學歷史》　清皮錫瑞撰，臺北，藝文印書館，民國五十五年九月臺一版，頁五一—一二〇一。
《漢書》　漢班固撰，唐顏師古注，清王先謙補注，臺北，藝文印書館，《二十五史》第三、四冊，卷二十〈古今人物表〉，卷三十〈藝文志〉。
《後漢書》　南朝宋范曄撰，唐李賢等注，清王先謙集解，臺北，藝文印書館，《二十五史》第五、六冊。卷四十九〈耿弇傳〉，卷五十一〈任光傳〉，卷五十七〈鄭均傳〉，卷五十八〈桓譚傳〉，卷六十〈楊厚傳〉，卷六十二〈樊準傳〉，卷六十六〈鄭興、范升傳〉，卷七十二〈楚王英傳〉，卷七十八〈崔龢傳〉，卷七十九〈王充、王符、仲長統傳〉，卷八十九〈張衡傳〉，卷九十上〈馬融傳〉，卷九十下〈蔡邕傳〉，卷一〇四〈劉表傳〉。

《三國志》 晉陳壽撰，南朝宋裴松之注，盧弼集解，臺北，藝文印書館，《二十五史》第七冊。〈魏書〉卷四〈高貴鄉公傳〉，卷六〈劉表傳〉，卷九〈曹真、夏侯玄傳〉（附〈曹爽、何晏、鄧颺、丁謐、畢軌、李勝、桓範傳〉），卷十〈荀彧傳〉（附〈荀融傳〉），卷十二〈何夔傳〉（附〈何劭傳〉），卷十三〈王朗傳〉（附〈王肅、董遇傳〉），卷十四〈劉曄傳〉（附〈劉陶傳〉），卷二十一〈王粲、傅嘏傳〉，卷二十三〈裴潛傳〉，卷二十八〈鍾會傳〉（附〈王弼傳〉）；〈蜀書〉卷四十二〈李譔傳〉。

《晉書》 唐房喬等奉敕撰，清吳士鑑、劉承幹斠注，臺北，藝文印書館，《二十五史》第八、九冊。卷三十五〈裴頠傳〉，卷三十六〈衛玠傳〉，卷四十三〈王衍傳〉，卷四十七〈傅玄傳〉，卷四十九〈阮籍、嵇康、向秀、劉伶、謝鯤、胡母輔之、畢卓、王尼、羊曼、先逸傳〉，卷七十五〈范寧傳〉，卷九十二〈文苑李充傳〉。

《經義考》 清朱彝尊撰，臺北，中華書局據揚州馬氏刻本校印，《四部備要》史部，卷十，頁四至八。

《兩晉南北朝史》 呂氏撰，臺北，開明書局，民國五十八年一月臺初版。

《老子注》 魏王弼注，臺北，藝文印書館影印《遵義黎氏校刊古逸叢書》本，民國六十年一月再版。

《老子微旨例略》　魏王弼撰，嚴靈峯《無求備齋老子集成初編》輯，臺北，藝文印書館據明刊《正統道藏》本影印。

《莊老通辨》　錢穆撰，九龍，新亞研究所，民國四十六年十月初版，頁三一九—四一八。

《老莊研究》　嚴靈峯撰，臺北，中華書局，民國五十五年六月初版，頁五三一—六一二，頁六三四—六三六。

《讀諸子札記》　陶鴻慶撰，臺北，藝文印書館，〈老子〉第一，頁六—十九。

《王弼之老學》　王淮撰，臺北，蘭臺書局，民國六十二年一月初版。

《世說新語》　南朝宋劉義慶撰，梁劉孝標注，楊勇校箋，臺北，明倫出版社，民國五十九年九月初版。

《朱子語類》　宋朱熹撰，正中書局影印本，第四冊，卷六十七。

《日知錄》　清顧炎武撰，臺北，中華書局聚珍倣宋版排印，《四部備要》子部，卷一〈朱子周易本義〉、〈卦爻外無別象〉、〈卦變〉、〈互體〉、〈六爻言位〉諸條。

《東塾讀書記》　清陳澧撰，臺北，中華書局聚珍倣宋版排印，《四部備要》子部，卷四、卷十六。

《玉函山房輯佚書》　清馬國翰輯，臺北，文海出版社據清同治濟南皇華館書局補刻本影印，民國五十六年臺初版，第三冊，總頁一六六九至一六七四。

《全後漢文》、《三國文》、《全晉文》　清嚴可均《全上古三代秦漢三國六朝文》輯，臺北，世界書局據清光緒甲午年黃岡王毓藻刊記本縮印。

《中國中古文學史講義》 劉師培撰，臺北，大新書局，民國五十四年出版，《劉申叔先生遺書》第四冊，總頁二六六三—二七〇七。
《梅園論學續集》 戴師靜山撰，臺北，藝文印書館，民國六十三年十一月初版，頁一至一四九。
《魏晉玄學論稿》 湯用彤撰，臺北，廬山出版社，民國六十一年十月臺一版。
《魏晉思想論》 劉氏撰，臺北，中華書局，民國五十六年三月臺二版。
《才性與玄理》 牟宗三撰，九龍，人生出版社，民國五十九年六月再版，頁六七—一六七。
《魏晉的自然主義》 容肇祖撰，臺北，商務印書館《人人文庫》，民國五十九年八月臺一版，頁一—四五。
《魏晉清談述論》 周紹賢撰，臺北，商務印書館，民國六十一年四月二版。
《魏晉思想與談風》 何啓民撰，中華學術著作獎助委員會，民國五十六年三月初版，頁一—一五八。
《魏晉學術考》 日本狩野直喜撰，東京，筑摩書房，昭和四十三年一月初版，頁三—六〇，頁二七一—二八〇。

㈡主要參考短文

余英時撰 〈漢魏之際士之新自覺與新思潮〉，《新亞學報》第四卷第一期，頁二五—一四四。
王韶生撰 〈荊州學派對於三國學術之關係〉，《崇基學報》第四卷第一期，頁三六—四一。

沈剛伯撰〈論文化蛻變兼述我國歷史上的第一次文化大革新〉，《中山學術文化集刊》第一集，頁五〇一—五一八。
朱寶樑撰〈清談考〉，《幼獅學報》第四卷第一、二期，頁一—七。
逯耀東撰〈魏晉玄學與個人意識覺醒的關係〉，《史原》第二期。
蕭天石撰〈老子與魏晉玄學之關係〉，《學園》第二卷第八期，頁四—五。

葛洪

尤信雄 著

目次

葛洪

一、傳略

1 生平事蹟及行誼

葛洪，字稚川，自號抱朴子，丹陽句容人（句容即江蘇省句容縣）。生卒年不詳，約生於魏齊王嘉平二年，約卒於東晉成帝咸和五年（約西元二五〇年—三三〇年），年八十一歲。

他的先祖，世代仕宦。祖父葛系，博學深涉，精通文藝；仕吳爲大鴻臚，封吳壽縣侯。父親葛悌，兼有文武之才，也在東吳任五官郎中、太守等職，入晉遷至太中大夫。葛洪十三歲時，父親去世，而家境貧困，以致飢寒交瘁，但卻很好學。由於家貧，不得不親自下田耕種，過著承星履草的農耕生活。他家雖是書香門第，但先人所遺留的典籍，由於屢遭兵火，而蕩然無存。因此，在農耕之暇，卻無書可讀。雖而困苦的環境阻止不了他求知的熱切，於是常徒步各處，向人借書；而且以伐薪出賣所得，購買紙筆，夜晚則抄寫誦習。由於環境的限制，到十六歲時才讀《論語》、《孝經》、《詩經》、《易經》等書，也無力到遠方拜訪名師。但也由於他的刻苦好學、廣覽博涉，幾乎六經諸史、百家之書無所不讀，而終以儒學知名。在儒學之外，他尤好神仙導養之術。在這方面他有很好的師承：他的從祖葛玄，別號葛仙翁，嘗從漢末名道士左慈學九丹金液之經，葛玄又以鍊丹秘術傳鄭隱，鄭隱又傳授給葛洪，而盡得其法。另外他的岳父鮑玄，也傳授他內學和醫術，並能傳其業。因爲在這一方面能得到名師的指點，所以成就頗爲可觀，而成爲當代一個很著名的，宏揚仙道的高士。

在西晉惠帝太安年中（葛洪大概五十歲左右），石氷率暴民在揚州作亂。吳興太守顧祕爲義軍都督，起兵討伐。葛洪因精通武藝，能射、能使刀楯、及單刀雙戟（晚年又學七尺杖術，可以入白刃、取大戟），於是被徵召爲義軍將兵都尉。他雖不慕事功，但爲了急疾之義，和桑梓的安危，乃募合義勇數百人，與諸義軍攻亂賊。他的部隊，因紀律嚴明，不但打了勝仗，而且也挽救了義軍的危亡。他也因平亂有功，被封爲伏波將軍。但他不計論功賞，卻前往洛陽，想要搜求異書，以擴大並充實本身的學識。可是，此時中原已亂，想避地於南方；於是當廣州刺史嵇含的參軍，後來嵇含遇害，他在南方停留了幾年，就回到了故鄉。這時朝廷的徵召，他都沒有接受。元帝當丞相時，曾辟舉他爲掾，並因以前平賊亂有功，而賜爵關內侯。成帝咸和初年，司徒王導舉爲司徒掾，又遷爲諮議參軍。此時，他的好友干寶認爲他才堪國史，於是推選他爲散騎常侍，領大著作，他堅持不受命，而想專心研究異學秘典。又因年老，想要鍊丹以追求長壽；聽說交趾出產丹砂，乃要求當句漏的縣令，並帶子侄同行。到廣州時，由於刺史鄧嶽苦苦挽留，不讓他前去，於是乃停留在羅浮山中，一心鍊丹修道，並繼續完成《抱朴子》等書。後來到八十一歲時，端坐至日中，兀然若睡而死，而顏色如生，身體柔軟，輕如空衣，相傳是尸解成仙。

葛洪爲人樸拙木訥，淡泊寡慾，不追求榮利，也無所嗜好玩樂；又不善交遊、奔走權貴之門，因此閉門卻掃，隱居於田園。正如他自己所說的，偶耕藪澤，只是爲了苟存性命，而不求聞達於當世。雖然家境困苦，卻安之若素。他做人的原則是，信心而行，毀譽皆置之不顧。在生活服用上，期於守常，不隨世俗而變。言行舉動，任性率真，絕不做作，或輕浮嘲戲；如果沒有適合於說話的對象，就終日默然不語。與人交往，則敦厚相待，口不及人之是非，不談別人的陰私，但卻嫉惡如仇，尤其痛恨無義之人。世俗的人不瞭解他，就說他傲物輕俗，而明鑒之士，知道他的本性如此，不是故作清高，因此都稱呼他爲「抱朴之士」，後來他也就以「抱朴子」自號了。

他一生淡泊榮華，絕棄勢利，與世無爭。儘管他的基本態度是出世的，但並沒有完全遺忘那個苦難的社會、平石氷之亂就是最好的例證：這烜赫的事功，在他平靜孤寂的人生中，是一件很特殊，也是很有意義的事。他一生最大的期望，就是一方面想經由修鍊和服食而獲得長生，一方面又要著作一部子書，傳之後世；並由此二者以獲得肉體的永生，和精神的不死。長生雖然無法達到，但由於他精誠的修養鍛鍊，和學習武術，使他本來瘦弱多病的身體，終於能達到八十一歲的高壽。至於著作子書，前後經歷十餘年，也終能完成。如此，不但正如他所期望的，使後世的人知其爲「文儒」而已，而且綜其一生，我們稱呼他是一位文武兼修的高士，實在是不爲過的。

2 葛洪的時代及其背景

中國歷史發展至東漢末葉，由於朝政腐敗，紀綱紊亂，以至天下擾攘不已，而形成一新的亂世。從宦官外戚的爭權，到黨禍和黃巾賊的屠殺，以至董卓和曹操的舉兵，不但動搖漢朝的政權，甚至沒落，而且造成三國分裂的局面。到了司馬氏篡魏，世亂愈甚，而亂端更裂；內則八王爲亂，司馬氏的循環互相殘殺，延續了十餘年，死喪數十萬。外則五胡入寇，晉軍莫敵，光是永嘉五年之亂，匈奴劉淵子劉聰攻陷洛陽，懷帝被虜，而王公以下死者十餘萬人。愍帝雖即位於長安，但四年後劉淵族子劉曜續陷長安，而愍帝出降，只延續了五十二年的西晉，就這樣破滅了。到了東晉，雖然偏安江左，但強臣如王敦、蘇峻、桓溫、桓玄等，相繼作亂，而且篡奪成風，於是劉裕篡晉而自立，東晉也終於覆亡。

從東漢末葉，以迄晉亡，在這兩百多年的歷史中，經歷無數的變亂和戰禍，這是中國歷史上，繼春秋戰國後的另一段黑暗時期。葛洪，這一位宏揚仙道的高士，他的一生就處在這一段黑暗時代的中心點；在他所經歷不到一世紀的生命（八十一歲），也就完全的被這亂世所覆蓋，這對他的人生和思想，是有決定性的影響的。難怪在《抱朴子》外篇的〈漢過〉和〈吳失〉二篇中，他對漢魏的禍亂，無不慷慨直陳，而深致其強烈的感傷。漢世的擾攘，葛洪雖非親身經歷，但由於他的老師鄭隱常常教誨他「吳世尤劇之病」，以及鄭隱轉述其師左慈慨嘆漢世的衰亂，而深戒其門生之語，使他對那道微俗弊的漢魏亂世，有很深刻的印象。至於晉世之亂，則是他所親身經歷目睹的；從晉朝王室的互相攻殺，到五胡亂華，以至天災流行，官民作亂，盜賊蠭起，真是四海鼎沸，天下糜爛，無尺寸之樂土。災難疾苦如此之烈，仁人志士，蒿目時難，而喪亂未已，誠然慘不忍睹；試想在此情況下，他們的心靈所受到的打擊和震撼，當是如何的重大和強烈！

由於長期的喪亂，使社會的根本發生了動搖，人們的生活和思想也發生了很大的變動，而傳統的道德，舊時的信仰，已無法再維繫人們的心靈。於是社會各階層自然產生了對新信仰和新宗教的要求，而老莊的玄學，和道佛的信仰，正可醫治他們心靈上所受的創傷。而且在如此苦悶的時代環境裏，既使人失去人生積極追求的目標，也使文士毫無顧忌的除去負荷道統的尊嚴。於是，下焉者消極頹廢，寄情聲色；而上焉著則揮麈談道佛，或韜光高蹈，避世山林，成爲養性全真的高士。

如上所述，葛洪所處的是一個苦悶的亂世，是一個道德淪落，人命無常的黑暗社會，也是一個頹廢思潮、老莊玄思、和神仙思想瀰漫的時代。在這樣悲慘和複雜的時代環境裏，超曠出世的道家玄思，正可養性靈而避亂世；而神仙的思想，不但可抗拒人命無常的威脅，克服死亡的恐怖，而且能在悲慘的逆境中。賦予人們一種對生命熱烈追求的慾望，也帶給人精神上無限的慰藉。因此，飽受亂世折磨的文士，接受老莊的玄思，和神仙思想，是必然的現象，而葛洪之所以成爲一宏揚仙道的高士，也自是不足爲奇的事了。難得的是，他並沒有完全摒棄傳統和儒教，而整個隨波逐流；他的真誠、理想和卓識，終究使他成爲兩晉間一位很突出，也是最具有代表性的一位思想家。

二、學術思想

1　重要著作

葛洪的著作有《抱朴子》內外篇、《神仙傳》、《隱逸傳》、《肘後備急方》，及碑誄詩賦雜文等。其中《神仙傳》是給那些「求道成仙」的人作傳記，《隱逸傳》是給那些崇尚老莊玄思，隱遁逃世的高士寫傳記，只是他神仙思想和道家思想的一小部分而已。《肘後備急方》，則是他養生醫藥保健的一部分資料。詩賦雜文等則屬文藝上的創作，與學術思想無關緊要。而《抱朴子》七十卷這部子書，才是他各種重要思想寄託之所在，也是他的代表著作，爰略述於下：

《抱朴子》內篇有二十卷，外篇有五十卷（皆每卷一篇）。內篇的內容，談的都是神仙方藥、鬼怪變化、養生延年，禳邪卻禍的事，自序謂屬於道家。外篇所論述的，則是人間的得失，和世事的臧否，自序謂屬於儒家。在內篇裏，固然有不少的道家思想，但很顯然的，最主要的還是道教的神仙思想，和各種養生術，他自己說是屬於道家，這是一種依託。在魏晉之世，道教附會依託於道家，原是很普遍的現象（詳論於後），不足爲怪；但後人不察，常常把道教和道家混爲一談，因此也都說他內篇的思想是屬於道家，這是很籠統含混的。至於外篇，大致上是以儒家思想爲主，而雜有一點道家和法家的思想；因此《隋書．經籍志》、《舊唐書．經籍志》、《新唐書．藝文志》，和《宋史．藝文志》，都把它列入雜家，並非沒有道理。不過儒家的思想，在外篇是很突出的，也是很值得我們特別注意的；大致而言，他是接受儒道和傳統的。這一點從《抱朴子》外篇裏，是很明顯可以覺察出來的。可是由於遭逢亂世，再加上老莊出世思想的瀰漫，和神仙思想的氾濫，卻使他終於成爲一個逃世的高士。

從《抱朴子》一書裏，我們不難發現他的思想，是如此的豐富而複雜。當然，就一個逃世的高士而言，醉心神仙，鍊製丹藥，講究養生術，以追求長生不老，自然成爲他的中心思想；而這些道教典型的思想，和追求的目標，也成爲他思想上最顯著的特色。儘管如此，但他並不因此而否定儒教；因爲在魏晉之世，雖然老莊思想盛行，但卻存在一特殊的現象，即是一般名士儘管傾向於道家，而仍尊奉儒家爲正統。所以，在《抱朴子》的思想裏，可以說是儒道並陳，而且有意斟酌折衷於其間；其所以如此，也是基於時代實際的需要，而求合於世用。這又是《抱朴子》思想的另一特色。而其政治觀和人性論，很明顯地帶有一點法家的色彩，但卻容易爲一般人所忽視。至於他的文學批評，也有很多獨到之處，頗能表現一家的特色，而在魏晉的文學批評史上，具有很重要的地位。茲就道教、道家、儒家、法家、文學批評等五者，分別敘論其思想於後。

2 道教思想

道教起源於東漢，爲張道陵（原名張陵）所創。因凡是入教信道的人，都要繳納五斗米，故又稱五斗米教。因信徒稱張道陵爲「天師」，而他後世的子孫也都叫「張天師」，於是又有「天師道」之名。道教自初創起，就依託於道家，而奉老子爲祖師，《道德經》爲聖典。因爲道家的玄思，富有神秘的色彩；道家的人生，崇尚虛無清靜。這些跟道教神秘的思想，神仙的境界都很相似，正可以附會依託；而老子和《道德經》崇高的地位，更可以借重他來擡高本身的地位和身價。也容易博得社會的崇敬，和爭取智識分子的信仰。故自東漢以迄魏晉，道教莫不披上了「道家」的外衣，而流行活動於社會各階層，如晉朝像王羲之父子那樣的名士，都篤信其道，下階層的人入教附從則更不用說了。自來道教既然標榜道家以自重，而後人稍爲不察，就很容易把道家和道教混爲一談。其實道教的思想，並不如道家那樣的高妙和精純，而且它的內容是很混雜的。它包括了神仙出世的思想、導引行氣的工夫、鍊丹服藥之術，寶精的房中術，以及陰陽占驗之說，和祝禱符呪的治病術，甚至於摻入了民間的迷信和神話傳說，然而這些複雜的內容，在早期是雜亂而缺乏系統的，到了葛洪的《抱朴子》一書出現後，才給予理論化和系統化，這在道教的發展過程上是很重要的轉捩點。以下就將葛洪理論化的道家思想，分神仙思想、宗教觀，和養生術等三者，分別論述於次。

・神仙思想

神仙思想可說是葛洪思想的中心，但這種思想並非始於葛洪，而是前有所承的，只是到他才加以集大成而發皇之。神仙之說，春秋以前原產生於燕齊濱海一帶，但到了戰國，連江漢流域的楚國，都已非常盛行，這從《楚辭》的〈遠遊〉諸篇，即可窺其一斑。至秦始皇時，由於特別沈醉於神仙之事，而遣人入海求之（見《史記．封禪書》）；因此更熱烈的助長了神仙思想的發展。到了漢代，這種思想仍然非常盛行，帝王如漢武帝，和秦始皇一樣，非常醉心於神仙的追求，而《淮南子》一書，更是帶有濃厚的神仙思想。到了魏晉，由於世亂的刺激，也由於老莊思想的推波助瀾，而造成神仙思想的氾濫。葛洪既然生活在如此的環境和思潮裏，而且性又簡素好道，於是著書立說，暢論神仙之道，而深信不疑；不但成爲個人思想的代表和特色，也使神仙思想的發展達到最高潮的境界。但有一點值得注意的是，他的神仙思想也是附會依託道家。他說黃老二聖，深識獨見，受仙經於神人，而傳之於後世。這種附會雖然充滿神秘性和戲劇性，但如前所述，這種依託原有它的背景和動機，瞭解了也就不足爲怪。

《抱朴子》神仙思想的建立，固然是由於時代環境和思潮的刺激，但最主要的是由於對人死生問題無法獲得圓滿的解決，而內心又無所依託；於是乃退而追求長生和神仙之術，以爲人生最完美的歸宿。《抱朴子》以爲，人生是可愛的，而死亡卻是可怕的。因爲在深暗的九泉之下，長夜漫漫無極，而屍體不但變成螻蟻的糧食，最後也必歸於塵土；每一想起人生最後竟是如此的下場，不禁令人怛然心驚，而無限的感嘆。於是長生養性以避死，乃成爲人生所追求的必然目標了。既然求長生以成仙是人生求解脫的最好法門，於是對於神仙的存在，和成仙的可能性，就必須加以確定。這一點他先從理論上去求證神仙的存在，和成仙的可能性，以堅定求道的信心，再輔以各種求道的秘訣，和養生諸術，如此神仙的境界自然可達到。

對於神仙的存在，他是很有信心的。他認爲人的智慧和經歷是有限的，而宇宙的奧妙、事理的深微，並非人類所能完全瞭解。因此，不能因爲世俗的人，用他們短淺的耳目看不到神仙，就否定了神仙的存在。何況神仙和人，殊趣異路，絕棄人間聲名和榮華富貴，豈是那些追求名利如行屍之人所能看到的。退一步說，即使神仙遊戲人間，也必定匿真隱異，外同凡庸，縱然和凡人比肩接踵，常人也無法認識。至於神仙不願爲凡人所見，潛遁隱形，那就更不用說了。由這些理論推演的結果，他特別強調，人類不能以所見爲有，也不能以所不見爲無，如此自然不能隨便否定神仙的存在。更進一步的，他認爲人經由某種的修養鍛鍊，和服食藥物，可以做到常人想像不到的事，和達到某種奇妙的境界。如漢朝左慈斷穀絕食一月，而氣色精神不變。又如甘始以藥物飼養活魚，然後把魚放入煎沸的油鍋中，不但不死，而且仍能悠然遊戲終日；他又用藥物灑在桑葉上，然後採桑葉以養蠶，這些蠶到了十月還不老死。又如《史記．龜策列傳》所載，有人年輕時用龜墊床腳，至死移牀而龜仍活著。從這些例子看來，其中必有不死之道存在。因此，利用人類的聰明才智，以某些特殊的藥物和秘術，可以創造生命的奇蹟，或改變自然對生命的限制。由此推論，可以確定人類經由後天的修鍊，追求長生不老以成仙的可能性。既然肯定了神仙的存在和成仙的可能性，於是他得到一個結論，就是凡能達到不老不死的，就是神仙之法。因此他否定了尸解化形成仙的說法，他認爲一個人既老而死，生命已結束，怎能以尸解來附會。退一步說，假如成仙之說有尸解之法，但他爲什麼不能住年不老，然後離開人間呢？他這種嚴謹的態度，和一般動輒以尸解來附會成仙的道教說法，是不可同日而語。

然則如何才能達到長生不老的境界呢？《抱朴子》認爲必須兼顧以下四者：一曰寶精，即是房中之術。二是行氣，即是吐納之法。三是導引，亦即是屈伸之法。四是服丹藥，亦即黃白之術。在這四者之中，他特別強調鍊丹服藥的重要性。因爲前三者只能保持人的精氣體力不致枯絕，而延長年命；至於服食金丹，則可使人直接成仙。因此，服食金丹大藥成爲成仙最重要的一個關鍵。談到鍊丹，最重要的是必須得明師的傳授和指點；而且必須在名山之中鍊製，只要絕棄榮華，精誠以赴，則仙藥可成。這些仙藥共有九種，稱爲九轉還丹：其中九轉之丹，服之三日立可成仙。七轉之丹，服之則需三十日始可成仙。四轉之丹，服了半年才能成仙。一轉之丹，則必需三年才能成仙。而成仙後的境界，也有三種：最高的境界，可以昇爲天官，其次可以棲集於崑崙山，最下也可長生於世間。

儘管服食九丹金液是成仙的關鍵，但成仙仍有種種困難：其一，鍊製丹藥，明師難求，所要支出的費用金錢也相當可觀，非一般人所能辦到；如此看來，成仙也不是容易的事。因此他主張用漸進的方法以求之，先行寶精愛炁之術，繼之修鍊導引、吐納諸法，和各種方術，再服以小藥，亦可延長年命而漸進於精微之境。其二，鍊製丹藥必須精誠堅信，疑則無功；而世人往往不能精誠專一，不能堅信勤修，以致金丹不成，自然無法成仙。其三，修道鍊丹，不可為惡犯過，必須善積陰德，不傷不損，以感動神明，則學道速成，亦可助成金丹。故凡人格品德，稍有缺陷不足，亦有妨礙於成仙。

由此看來，雖然他認為成仙是可能的事，但九丹金液的鍊製，卻受上述三種情形的限制，因此實際上丹藥並非人人可得，但他卻特別強調，假如因此而不能成仙，那不是成仙本身有問題，而只能歸咎於修鍊的人，不誠不信，或不得明師的指點，或不隱處名山鍊製。於是他又把鍊丹術，加上一層神秘的色彩，而帶有宗教信仰的意味。這樣一來，使得他的神仙思想和邏輯，轉趨圓融，但也把它帶進一更深遠的神秘世界。

・宗教觀

葛洪的道教思想，主要的雖然只是在成仙一念，但純就宗教的形式和內容而言，仍是相當複雜的。它包括了鬼神論、因果報應之說、各種方術、符籙和禁咒等。其中雜有陰陽讖緯之說，和一部分佛教的思想，也混合了民間的傳說和迷信，可以說充滿了神秘的色彩。

對於鬼神的存在問題，他的態度也是很審慎的。他認為天道邈遠，以至鬼神之事難明，但山川、草木、井竈、洿池等都有精氣，而人不但有精氣，而且有靈魂；何況天地如此之大，從道理上講應該有「精神」，所以鬼神之事，不能說沒有，而且特別強調，山無大小皆有鬼神。不過他對鬼神並不是盲目迷信的，他認為鬼神是超然公正的，不能以巧言動，不可以飾賂求；如果光是迷信鬼神，而本身不修明德，不但沒有好處，而且有很大的禍害。因此，淫祀妖邪之事，不可信，也不可從。並且一再強調，祭禱之事，無益於杜禍卻害，因為鬼神對於一個修德明道的人，是不能加害的（這一點，看起來跟儒家「敬而遠之」的態度，倒有些相似）。於是他進而提出因果禍福之說，他以爲鬼神既是超然公正，必定賞善罰惡。因此，凡是不忠不義，爲非作歹，淫佚傾邪的人，每作一件壞事，就有一樣罪過，會招來災禍，折損自己的壽命，甚至殃及子孫。但若作壞事，而事後悔改的人，也可行善加以補救，而轉禍爲福。至於不爲惡而能行善不懈的人，一定有好報；不但能延年益壽，而且學道也可以速成。這種因果報應之說，很顯然的是受佛教三世因果說的影響。

在他的鬼神論裏，雖然他一再的強調，鬼神對於有德求道的人無能爲害。但另一方面，他又特別指出，山林裏的鬼神魑魅百怪，對入山求道者多加禍害，且引有「太華之下，白骨狼藉」之諺語，以資強調。從表面上看來，兩者似乎矛盾衝突，其實這些說法都是爲神仙之說而設的。因爲儘管鬼神妖怪能爲害入山求道的人，但卻有種種預防保護和禁制的方法，於是又引出了道教的方術和符籙禁咒之說。

道教所講求的方術，其內容頗爲複雜，包括各種秘術，和禁咒符籙等充滿神秘的禁避異術。而他們追求方術的目的不外有二：一在平常生活中可以卻患防災，和抵抗疫病；一在入山修鍊過程中，可以不受鬼怪虎狼百毒五兵之害。就秘術而言，《抱朴子》所常談的，有以下數種：(1)守身鍊形之術，此術有口訣，學會的人可以不畏萬鬼五兵。(2)遁甲之術：此術以禹步法念咒語而隱身，使人鬼不能見，可避百邪虎狼毒蟲，而且盜賊不能近，山精鬼怪亦不能爲害。(3)守「真一」之術：此術最微妙，能「守一存真」，就能通神，而能陸避惡獸、水卻蛟龍，不畏鬼怪，不怕兵刃。(4)其他有含影藏形、守形無生、九變十二化、二十四生等，思見身中諸神，而內視令見之法，也都能卻惡防身，不爲百鬼兵寇所害。這些方術都是流傳自仙經秘典，或師徒世世歃血口傳，充滿神秘奇異的色彩，而爲道教信徒所津津樂道的。

至於禁咒符籙，和各種秘術一樣，除了平常可保身卻惡之外，大都也是爲了入山求道，護身除害之用的。禁咒之法，乃以「炁」禁之，可以禳天災，可以抗大疫，也可以禁邪魅山精，不使害人，能禁虎豹蜂蛇，不使傷人，也可以禁白刃，不使殺害人。其他可以「炁」禁水，使之逆流，禁沸湯止沸，禁水大寒不結冰，禁火不熱等等，真是精奇玄虛之至。符籙則有入山籙、三皇內文、五岳真形圖、七十二精鎮符等等。其中以三皇內文、五岳真形圖二者最爲重要，可以避邪驅鬼，避瘟疫瘴氣，避橫殃飛禍，可以避虎狼山精五

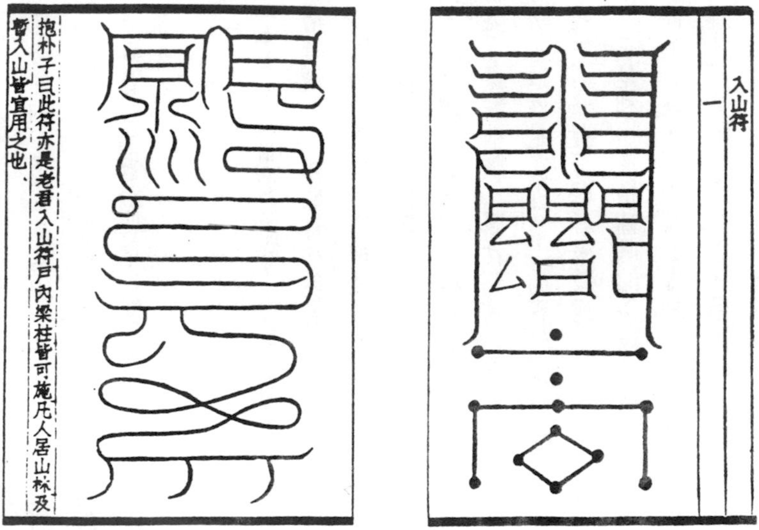

抱朴子入山符

（據《四部備要》平津館校刊本）

毒，可以涉江海，卻蛟龍，止風波。也可以救婦人難產等，真是「法力無邊」，「妙用無窮」。另外又有照妖之鏡，也是入山的道士所必備的；道士欲入山，則以九寸以上的明鏡懸於背後，則老魅山精皆不敢近人爲害。上述的各種方術，雖然過於神奇玄虛，把道教帶入一更神秘的世界，但卻填充了道教貧乏的宗教內容，故就道教而言，這些都是重要而不可缺的。

・養生術

養生術是《抱朴子》神仙思想中，求長生不老的最重要基礎，也是他醫學思想的主要內容：這在道教的思想裏，是最切實際，也是最具價值，和最有意義的。《抱朴子》認爲：形體是人的精神寄託之所在，在世俗的生活中，身體過於勞瘁，精神就會離散，一旦精氣枯竭，生命就結束了。換言之，人所以會衰老，是受各種疾病所侵襲，受風寒暑熱，和各種毒惡邪氣所傷害的結果，也由於衰老和身體的虧損，終將趨向於死亡。但衰老並非不能克服，生命年壽也不是不能延長；於是他提出導引、行氣、還精補腦、服食藥物、飲食起居有度、思神專一等各種預防衰老疾病，和延年益壽的方法，這就是《抱朴子》的養生術。這些養生術可以把它歸納爲房中術、導引行氣、服食藥物、及生活修養等四者來敘述。

房中術，又稱玄素之術，是一種寶精術；它是利用還精補腦的手段來補救傷損，或攻治眾病，而最後達到延年益壽的目的。這從表面上看來，似乎很玄虛神奇，其實以生理學和心理學的觀點來看，它是很合乎科學精神的。從生理學的觀點而言，陰陽不可不交，如果不作適當的宣洩，必將產生某種疾病。不過如果過於縱恣情慾，也將會導致癆瘁，而損伐年命。

因此，不可禁慾，也不可縱慾，而運用這種寶精術，自可作適切的調劑，不虧不損，而強身長命。次就心理學的觀點來說，男女性生活的不協調，常易造成幽鬱怨曠，而影響至整個的生活，或導致疾病，或造成家庭變故，以致減損年壽。房中術的目的，就是想從生理上的協調，而達到情感上的諧和，以求身心的平衡。如此，自然精神不苦悶，而身體無病痛，以致延長年壽。不過房中術的內容也是相當複雜的，它運用的方法有十幾種之多，非一般人所能了解或做得到；而且如果是缺德無行之人爲之，適足以造孽，故非其人不傳，而有歃血相傳的口訣。如此，道家的房中術自然又披上了一層神秘的外衣。

導引、行氣之術：導引是一種屈伸法，與華陀的五禽之戲相近，其實是一種活動筋骨脈絡，近似健身操的一種強身術。行氣就是吐納法，是一種吐故納新，利用「氣」以養氣的一種養生術。「氣」是萬物賴以生存的一種東西，因此善於養氣的人，能夠內以養身，外以卻惡；而且能治病，抗拒瘟疫，也可以避飢渴，最後以延長年命。至於行氣的方法，是先用鼻子吸氣，然後屏息，默數一百二十下，再用口輕輕的把氣吐出來。其要訣是：行氣時不能使耳朵聽到氣出入的聲音，每次呼出的量要少於吸入的量，而且行氣前不能吃得太多，或吃生的食物，也不能生氣發怒，否則便會亂氣而學不成。至於行氣到最純然的情況，則可達到「胎息」的境界；而能行「胎息」，就能「閉氣」，猶如動物之冬眠，不飢不渴，甚且可出入水火而不受傷損。

服食藥物，就是利用藥物來治病療疾，更可以用藥石來補益血氣，以達到長生的目的。他認爲人一生病，祝禱無濟於事，更不可相信巫祝邪術，必須求良醫治療，才不致於誤事枉死。這比起一般道士，遇人疾病則施法祝祭，是不可同日而語的。至於要養性延年，則更不可不知草木之方，和服藥餌之事。他把藥分爲上中下三類，其中下藥只能治病，中藥可以養性，二者大都屬草木之方。上藥則可以救體衰神凋之人，用以安身延命，以致長生不死。因爲上藥都是由黃金、白銀、諸芝、五玉、雲母、明珠、雄黃、石英等礦物質所做成的；他認爲這些藥物，入火不銷不滅，埋於地下「不腐不朽」，而且愈加燒鍊，變化愈妙，服食它，當然能堅固形體，強健血脈，以致於延年長生。這也就是《抱朴子》所一再強調，服食上藥的重要性，及其原因所在了。然《抱朴子》此說係建立在「不腐不朽」的錯誤邏輯上，以今日科學之觀點衡之，殊未盡可信。

除了上述各種重要的養生術外，精神修養，和生活的規律，也是不容忽視的。在修養方面，必須淡泊寡欲，絕去榮利得失之心，能做到恬素無爲，思神守一，則必能身心舒泰而有助於養生。至於平日生活，必須飲食有度，起居有節；不疾言，不久言，耳不極聽，目不久視，坐不至久，就不及疲；要先寒而衣，先熱而解，不極飢而食，不極渴而飲；不能過勞，也不能太安逸，不可暴怒，也不可極樂極悲。如此，則生活必趨於正常而臻於規律，心身得到調和，而達到閒適和諧的境界。如上所述種種，從房中術到生活的規律，構成了《抱朴子》完善的養生術，也表現出他在醫藥衛生和保健上的真知卓識。

3 道家思想

儘管《抱朴子》以神仙之說附會道家，使道教披上一層道家的外衣；然而他與道家的關係，卻不僅止於此而已，就他的思想內涵而言，仍然充滿濃厚的道家思想，難怪《四庫總目》把他併入道家。不過他的道家思想是傾向於老子的，與莊子則時有出入。很明顯的，這是因爲老子也講「長生久視之道」（見《老子》第五十九章），是他所崇拜和依託的人；而莊子卻主張「齊死生」（見〈齊物論〉），和「遺形守本」（見〈德充符〉），而這些理論和《抱朴子》的神仙思想是相抵觸的。因此，他對莊子頗不諒解，常致微辭，而有「常恨莊生言行自伐，桎梏世業。身居漆園，而多誕談，好畫鬼魅，憎圖狗馬，狹細忠貞，貶毀仁義。」（外篇〈應嘲〉）這樣借題發揮的批評。其實他的思想，除了神仙思想外，並非和莊子絕不相容的，但由此也可以看出他道家思想的特色所在。

・本體論

葛洪的本體論，很明顯的是承受於老子。他認爲「道」它含著整個宇宙，原本是「無名」的，從「道」的本體來說，本是「無」的，但從「道」的效用來說，卻是「有」的。而這個「道」是無法計算觀察和追尋的，因爲從小至秋毫之內，大至宇宙太空之中，無處不充滿「道」，他說這個「道」爲「聲之聲，爲響之響，爲形之形，爲影之影」（內篇〈道意〉）。而「方」的事物得到這個「道」，就處在靜的狀態，「圓」的事物得到它，就會發生動的現象。重的東西得到它，就會向下沉降，輕的東西得到它，就向上浮升。如此，勉強稱它爲「道」，已經失其本真，何況是隨意把它支分宰割，任意加以名號，難怪更使人無法了解它，認識它的本真了。《抱朴子》這一段很精闢的闡釋，提出了他對「道」源本體的看法，也可以說是給老子本體論下最好的注腳。

•人生觀

在人生觀方面，他也承受了老子「見素抱朴，少私寡慾」的人生。當然主要的是因爲這種出世的人生和修爲，正是道教養生術絕對不可缺少的修養基礎。因此，他特別強調嘉遁高蹈的可貴。既然人生身名難兼顧，而功神也不能兩全，於是主張棲神沖漠，不爲物慾名利所役；要韜光養性，除去耳目的慾望，放棄榮辱得失之心。寧願絕棄智慧，遠離塵俗，過著躬耕而食，掘井而飲，住蓬廬，穿短褐，彈詠自娛的清淡生活。另外在處世方面，他特別提出了「守雌抱一，專氣致柔」的原則，強調了老子的弱道哲學。他認爲「金以剛折，水以柔全，山以高移，容以卑安。」（外篇〈廣譬〉）人若能效法自然，謙沖自牧，卑弱自持，就不會有爭雄召怨或破敗的禍患了。

•出處原則

對於出處的原則，他強調了「知命」、「審時」的重要。一個人能知命，就不會對貧賤卑瘁感到遺憾；能「審時」，則對於沉淪不遇也無所怨恨。因爲世界上珍貴的東西，不見得都被寶貴，有用的東西也不見得都會被重用；如此，通塞榮辱又何足論。那些庸夫俗子，不知「知命」、「審時」，卻把仕途通達得意的人當作賢者，把失意困窮的人當爲愚庸之輩。於是背棄丘園，爭競祿利，危而不知憂，敗喪而不知避，以致於「先笑而後哭」的人太多太多了。因此，也只有修德藏器的人，才能應世通變，和隨變而適；換言之，亦即能達到無心而不自用的境界。於此，他又強調了「不自用」的可貴。他認爲「用」包括「有用人之用」，和「無用我之用」；「用」必須適己，不能適世。「適世之用」，一定樂而多危，而「才合世用」，也必然變成「有技之災」了。從這一點看來，和莊子所追求的「無所可用」的微旨極爲接近。在此可順便一提的是，儘管他對莊子有所不滿，但二人看法相同的，卻也不少。如莊子強調支離其德的人，必能養其身，終其天年；他也有「支離其德，雖苦必安」的話。又莊子「正色」、「正味」之辨，也正是他所津津樂道的。而二人同具有超人事而上之，祖尚玄虛的思想，也是無可否認的事實；只是莊子忘形骸，外死生的說法，是「去神仙千億里」的，這也正是他所無法容受，而不得不致憾於莊子了。

4 儒家思想

魏晉之世，道家思想雖盛，但一般學者仍尊儒家爲正統。因爲自漢武帝以後，儒家定於一尊，一切政治制度、社會禮俗，莫不以儒道六經爲主。其後時代思潮雖然改變異趨，但也不能完全漠視現實，背棄傳統，故即如魏晉之衰世，儒家之道也無法被完全摧毀而崩潰。因此，這時的學者，儘管非常熱中老莊哲學，但仍然留戀著儒家思想，甚至謂孔老同道，亦公認孔子爲聖人，故儒家正統的地位並未動搖。不過，在這樣的情況下，卻使道家思想演變的過程，產生一特殊的傾向：即此時的道家，從援儒入道，以至於試圖調和儒道，以直承傳統的一切智慧和思想，何晏、王弼而外，葛洪就是這樣的一位代表人物。在此種趨勢下，他一方面大談神仙長生之術，口不離黃老之言，一方面卻又極力宏揚儒教，自是不足爲怪的事了。

•尊孔宗經

在《抱朴子》外篇裏，尊孔宗經的思想是顯而易見的。他認爲聖人有「治世之聖」，有「得道之聖」，周孔是治世的聖人；黃老是得道的聖人。又說周孔是高才大學之深遠者，一再的稱讚他德全行潔，強訓博聞。至於制禮作樂，著法垂教，移不正之風，改變流遁之末俗，匡危繼絕，真不愧爲「治世之聖」。同時他又特別強調，儒者是大醇之流，因此明君爲政，必定崇尚儒術、撙節藝文，放棄老莊高而不濟的學說，來精治六經之正道。另一方面，他一提到儒家的經書，都稱之爲「正經」，這固然是爲了使它和《道德》《南華》二經、及黃老諸仙經有所區別，但冠以「正」字，很明顯的流露了他宗奉儒家的微意。因此，儘管在個人的理想和情感上，他是熱愛道家，但在理智和現實上，他卻是傾向儒家的，並且表現了尊奉周孔，宗尚「正經」的精神。而儒家唯一令他感到遺憾的，就是因爲儒家汲汲於教化，而不肯長奇怪，開異途，以至桎梏了神仙事業。因爲神仙一念是他思想的中心，凡是有妨神仙之事，都是令他很失望的，莊子得不到他的諒解就是明顯的一例。所以周孔不以長生仙道訓世，對他而言，自然是不無遺憾的；儘管如此，他仍然崇奉儒道，敬愛周孔。這正是他識大體的地方，也表現出讀書人對傳統的忠誠和熱愛。

•教育哲學

儒家既然以移風易俗爲貴，因此特別重視教化，在這方面葛洪頗有精闢而嚴密的理論。他認爲教育是政治的基礎，更關係到一國的興亡，因此，賢君治民，莫不汲汲於教化。對於教育的意義和作用，他也有獨到的見解。他的詮釋有四：第一是「清澄性理，簸揚埃穢」。這一點他強調人格的教育，重在認識本性，存善去惡，以塑造完美的人格。第二是「雕鍛鑛璞，礱鍊屯鈍」。揭櫫教育對人才的培養和造就的意義和重要。第三是「啓導聰明，飾染質素」。這強調了教育對智慧和思想的啓發，而且重在氣質的變化。第四是「察往知來，博涉勸戒」。這提示了歷史和社會教育的重要，從歷史的興亡，國家的治亂，人生的得失，以爲勸戒，而達到社會教化的目的。至於教育的功效，他特別強調了品德的陶冶，和人格的感化，而能使卑鄙化爲君子；像子路之倔強，子張之鄙俚，孔子加以德化，諄諄善誘，終於成爲名儒，也成爲四科之哲，他認爲這就是教育最具體的功效。

在教學方面，他認爲最重要的是，在於選擇好的師資。因爲一個好的教師，除了深於德行和經術之外，必須能清苦自立（相當今人所謂之專業精神），而且能早晚講論忠孝之至道，矯正學生品行上的缺失，以及運用一切原理原則來教導感化學生。至於在教學上老師必須加以注意的是，首先必須「固志」，也就是要學生能樹立目標，堅定意志。然後教師以教不倦的專業精神，啓發學生學不厭的好學精神；如此，老師博喻，學生廣學，自然能達到教學的目標。另外就學生而言，他特別強調要養成勤勉的習慣，和好學的精神；然後勤學以充實學識，問辨以認清道理，再加以溫故知新的研究精神，來完成進德修業的盛事。在教法的運用上，他也非常重視個別差異，而主張因材施教。在基礎教育上，也強調了「及時法」的可貴。凡此，《抱朴子》的各種教育思想，很顯然的都是淵源於儒家，而上承於孔子，這一點是可以肯定的。

•政治哲學

儘管葛洪具有濃厚的道家人生觀，但在政治哲學上，他是完全傾向於儒家的。對於道家在政治上，主張純任自然，以無名爲高，以無君爲貴的說法，他深深的不以爲然。他認爲君道之所以產生，是在有人類之初，有聖人出來，發明創作，爲民興利除害，服務人類社會，百姓於是感戴，奉而尊之，君臣之道乃於此產生。假如上古無君，則天下必亂，倘若沒有君臣之服務社會，則人類何以生存。因此，君臣之大，乃僅僅次於天地。至於建立君臣之道，首在設官分職，而彼此一體相賴，以求雍熙隆盛的治化。不過君道雖大，不可倚尊恃貴以威天下，必須修己明德，降高抑滿，虛己禮下，並且敬敷五倫之教，以德化民。如此，自然近悅遠來，必能達到淳化的極治。

既然主張以德化民，是故爲政之道，貴在行仁。但他認爲，如果是道衰俗薄的情況，則徒恃仁道是不足以治亂世的。於是他提出貴仁而不廢刑的主張，一方面以仁道來養民化物，一方面以刑罰來懲非窒惡。如此，刑爲仁佐，觀民設教，寬猛相濟，在亂世不僅能從根本上行仁以化民，而且可在行事上，權宜用刑以遏民之巧僞趨利。由此看來，他的仁刑並用，德治與法治兼容的政治哲學是傾向於荀子的，這也是他處亂世知權達變的表現。不過有一點值得注意的是，他雖主張用刑，但在精神上，他所強調的是用刑是不得已的事，所以仁者雖備刑法，而不趨民觸法犯罪。因此，爲政者應該執之以忠正，涖之以慈和，齊之以刑罰，使民敦厚孝悌，而最後達到純任教化，囹圄虛陳，五刑寢措的理想境界。

談到立國之道，他也強調了民爲邦本的重要。他認爲金城湯池，不如人和；假若民困無以爲生，縱然金城千里，人民亦將離叛，終至國破家亡。因此，爲政必須得人心，欲得人心，就必須愛民富民。愛民之道，則必須以民之飢寒爲己之飢寒，而百姓有罪，則當反躬責己。同時爲政者本身要自儉素，薄賦斂，不擾民病民，如此必得民心。但更積極的：必須使百姓生活安定而富有；因爲衣食既足，禮讓始興，教化乃行。這也就是孔子富而後教的主張。

至於賢者爲政處世之道，他也提出了「樂道」、「憂道」、「守道」等三個原則。他以爲在太平治世，賢者應該出而贊之，這就是所謂的「樂道」，如果遭遇亂世，則必須挺身而匡救之，這就是所謂的「憂道」。至於處於亂不可救之世，也應當潔身隱而避之，這就是所謂的「守道」。因此，他的出處原則是：「進有補於治亂，退有著於竹帛。」這與孔子所謂的「天下有道則現，天下無道則隱。」（《論語．泰伯》）的精神是相通的，這也可以說是他一生行事的自白。

•論「仁」「明」

「仁」可說是儒家思想的中心概念，所有的學說無不由此衍化而出。《抱朴子》既尊孔宗經，亦樂道仁義，不過他以爲要談「仁」，則必兼及「明」，否則有「仁」無「明」，則容易「心惑僞真，神亂朱紫」，以致有「趨禍而攸失」的可能。尤其爲政者能心不違仁，而「明」不足以經國，也將無法阻遏危亡的災禍。由此可見，他這種「仁」「明」兼具的主張，是爲亂世的政治而發的，很顯然的有其時代背景的因素存在。

在理論上，他認爲上天以三光垂象，而陰陽雨露之所施，化育萬物，是有「仁」而兼「明」。聖人既然與天合德，自應「仁」「明」兼具才是。因此，「仁」「明」兼具，也可以說是人類所能達到的最完美的境界。「仁」是人性之善的基本形式，人性是人所同具的，故凡人莫不有「仁」。而以惻隱之心，忠恕之懷行之，正是「仁」者的行事。可見「仁」就是人性的實踐和表現，故謂「仁者行也」。至於「明」，是人才智的本源，但聰明才智並非人人所能同具（指具有同一標準或程度），往往得之於天授，不能強求。而能洞燭機先，明見事體；或料事未萌，防微杜漸；或知所衡斷，不溺近情。凡此，都是「明」的工夫，可見「明」就是才智的發揮（故謂「明」者才也）。在《抱朴子》看來，「仁」這種本性，是做人的根本（包括對己對人），它使人向善，德性完美。而「明」這種天分，是處世行事的指引，它不但能使人創作發明，造福人羣，而且能使人知所權變，不迷惑於事，不濘滯於物。這也就是他說的，「明」是在亂世中使人趨福避禍的憑藉。正因爲他特別強調這一點，以致於在不得已時，只好「以義斷恩，舍仁用明」了。因此，他的結論是：「仁可時廢，而明不可無」。當然這種主張，只是基於亂世特殊環境的需要，而產生的一種權宜手段，實在無損於他對儒道的虔敬。

・論禮制

雖然《抱朴子》處在魏晉「禮崩樂壞」的亂世，儘管他深好道家之術，而有出世的思想；但他不僅絲毫不爲魏晉士人傲俗自放和狂誕的風氣所影響，而且挺身而出，痛斥其非，認爲那是夷狄左衽之所爲，非諸夏之快事。於是他大聲疾呼，一再的強調禮制的重要和不可缺廢，以喚起世人的注意，來重建亂世的秩序。這也正是他特立高超，能「明」之所在。

「禮」是儒家根據人性所歸納出來，爲人處世的行爲原則，也是爲政者用來教化治理人民的一種體制和憑藉。所以他認爲禮是「檢溢之隄防，人倫之所急」，而且爲政安上治民，也沒有比禮更重要的了。因爲人之需要禮，猶如魚之必須有水；魚失去水，就無法生存，人放棄禮，雖能靦腆苟活，但終將遭至禍敗。所以用禮來規範性情，彌綸倫理，是最可貴，最完善不過的了。但是禮制的建立，最重要的是在於能敘等威，和表情敬；因此我們所要注意和強調的是，禮的精神和內容，而不在它表面的形式。故凡是繁文縟節，或偏重昇降揖讓、拜起俯伏之虛飾，以致失於煩碎，都是應該議論，以求改革的。他認爲古事並不是終久不可變的，故禮亦不可墨守古人的形式，必須與時推移，知所損益，以求合於世用。尤其像吉凶之時所用的器物、衣冠車服的制度、朝饗賓主的禮節、祭奠殯葬的儀式、郊祀禘祫的典禮，都應該簡化，以表達其敬意爲主，不可專在形式上講究。因此，只要合乎「禮」的精神，禮制不妨隨時世的需要而有所因革，或有所損益。如此不但移風易俗，安上治民的價值和功用仍然存在，而且更能表現「禮」的意義和精神。這一點正顯現出他的真知卓識，與一般規規小儒的因循苟且豈能同日而語。

5 法家思想

葛洪雖然推尊儒術，但因處於衰亂之世，所以不但斟酌於儒道之際，而且也想調合於儒法之中。只是他的法家思想，在他的整個思想體系中，若隱若現，並非很明顯突出，不過其中的人性論和法治思想，是值得我們特別注意的。

在人性論上，他認爲慾望之性，在「受氣之初」即已萌發，而自私厚己之心，也在「成形之日」產生。人既多慾，而又自私，紛爭亂奪因此而生；所以他說「賊殺并兼之性起於自然」。因此，明王在上，一方面要整飭禮教，勤於修德補過，以爲民則，另一方面要制定刑法，肅物立威，使民不敢姦亂。如此看來，他的人性論和荀子的性惡說是很相近的。而禮教法制的產生，正是用來矯正人好利嗜欲的情性，使不致於爭奪犯分亂理。當然這種性惡說的產生，很明顯的是受世亂的影響而萌發的，而他的法治思想，也正是在這種環境下醞釀出來的。他認爲人莫不以仁爲貴，但在衰世無法純以仁政求治；雖然賢者莫不賤刑，惟在亂世也不可能廢除刑法以治民。所以在他的政治哲學裏，除了仁道之外，不得不加入法制（已詳述於前章）。因此主張明主爲政必用刑法，而且要誅貴以立威，賞賤以勸善；一定要使刑罰上達，無貴賤之分，以破姦萌。但不能忽略的一點是，刑罰之柄應爲明君所執持，不可假借於人，正如利劍不可倒持一樣，否則欲治而彌亂。如此，明君執其柄，而嚴峻其刑，則法易明而威必立，庶事可治而下不敢侵上。反之，若輕刑薄法，則無以懲重惡，而禁嗜利；雖然法令滋章，而犯罪的人更多。如此行事，猶如在道路掘井以陷民，實在不是仁者應有的心懷。因此，儘管他強調「刑」是御世的轡策，「仁」是爲政的脂粉，但一切刑法的施行，也不能違背仁者之懷，否則失之苛嚴，傷情失禮，則將失去用刑致治的意義，這也正是他苦心孤詣之所在。

6 文學批評

葛洪本以子學鳴世，非以文學名家，這似乎是他自己的願望，也是後人給他的定評。不過他卻生長在一個文勝的時代裏，而且在個人的理想上，也希望成爲一個聞名於後世的「文儒」，這些給他對文學有很多觀察和體驗的機會。同時他對東漢的文論家王充，和晉初的文學家陸機，都非常的仰慕和推崇，他稱讚王充是「冠倫大才」，陸機他譽之爲「儒雅之士」、「文章之人」。這兩人在文學批評上給他很多的啓發和影響，另一方面，道家自然和進化的哲學，也帶給他某種刺激和啓示；再加上個人對文學的心得和卓識深鑒，終於使他成爲兩晉間一位重要的文學批評家，並且能獨樹一幟，摧堅陷固，建立清新活潑的文學理論。

•貴文重道論

在儒家傳統的文學觀裏，文學是政教和道德的附庸，因此德行爲本，文章爲末的觀念，一直深植於人心。葛洪雖頗推崇儒術，但對這種重道輕文的哲學觀，則不敢苟同。他認為德行文學都是君子之根本，猶如巍峨嚴岫為山岳之本一樣，故德行文學二者應該並重。世人所以重道輕文，是因為德行可見於行事，容易表現，優劣亦立見。而文章微妙，其體難識，其術難精，必須靠天分表現，難於討好。但他認為凡是易見的東西都是「粗」的，難識的東西都是「精」的；如此「精」「粗」比較之下，文章的分量和價值自然提高，而不再委屈於末技的地位了。如此看來，他所主張的是「貴文重道」的文學觀。

在這方面他頗表現了個人的卓見和膽識，他一再的強調：文章絕非德性的餘事，文章和德性也沒有先後本末之分。他認為文章與德性，猶十尺之與一丈，並無輕重之分，一切事物各有其「德行」和功用，但也有其「文采」和光輝。而「文」正是用來「滋內輝外」的，凡文之所在，雖賤猶貴。如此，文質同為一物之所具，豈可偏重其一，豈能謂文是餘事。由此可見，他不但突破傳統輕文的觀念，而且表現出他好文重文的思想。不過對此我們必須注意兩點：其一，他所重視的文學是哲理性的雜文學，而非他所謂的「詩賦淺近之細文」，這是因為他特重子書，而次純文藝的緣故。其二，他雖然重「文」，但卻未賦予「文」應有的獨立性。他認為「文可以廢而道未行，則不得無文」（外篇〈尚博〉），可見他仍存有「文以行道」的觀念，只是反對先德行後文學的輕文態度而已。其所以致此，最主要的是基因於，他所倡導的是實用的文學觀。

・實用的文學觀

他之所以重視屬於子書的雜文學，而輕視詩賦等純文藝，很顯然的是由於前者有實用的價值，能用以行道的關係。因此，他認爲文學必須具有實用的功能，不徒以形式的虛華爲貴。在這方面，他可以說承受了儒家傳統崇質尚用的文學觀（但並不否定文學本身的意義和價值），因此對那些貴愛「詩賦淺近之細文」，而輕視「深美富博之子書」的人，誤以「切磋之至言爲騃拙，以虛華之小辨爲妍巧」，深深不以爲然。因爲這樣容易使得真僞顛倒，美疵無別，而這種現象在當時又是悠悠然皆是，令人深致慨嘆。所以他極力主張：立言爲文，必須以有助於風教爲貴，而不以華艷取悅，偶俗釣譽爲高。猶如一種制器，所貴在於能周急備用，而不以采飾外形爲美一樣。而子書之著作，正可以拯濟風俗之流遯，挽救世途之淩夷；而且「可通疑者之路，賑貧者之乏」，對社會對人生皆具有實用的價值，不像那些華美的細碎小文，雖具有春華之外美，莔蕙之徒芳，卻不能救人之飢寒。至於他稱讚古詩，正因爲它能美刺得失，所以有益而貴；而當代的詩賦，純以采飾爲虛譽，所以有損而賤。那麼，文之貴賤亦由此可見了。

他這種實用的文學觀，如從時代背景和文學思潮看來，也可以視爲對當代唯美文學的反響；所以雖然他生當文勝的時代，卻成爲一個反時代潮流的文學批評家。在魏晉之世，駢儷之風已盛，一般文士追求時尚，無不重文輕質，於是競爲侈麗綺艷之作；爲文往往只重在雕琢辭藻，但求粉飾外形之美，不復顧及內容實質，而漸失大家之風度。這與他所強調的，爲文著書，要能成一家之言，而且足傳於後的主張是不相合的，這也就是他在文學上爲什麼要反對時尚流俗的原因。其實一個文人要想完全脫離時代風氣的影響，也是很困難的事，就連葛洪自己也難免從俗；儘管他反對時尚，但《抱朴子》一書，整篇都是用駢儷的美文寫成的。這一點固然是由於個人無法抗拒時代的潮流，而霑染其風尚，但也未嘗不是受陸機文賦，商榷辭藻的薰染。不過他的爲文著述，內涵質美豐贍，都是「有益而貴」之文，絕不是虛飾徒華之作。從這一點看來，正可以印證他自己所主的「貴文重道」的文論。

•文學進化論

在傳統的文學批評上，因受崇古思想的影響，往往持著「今不如古」的退化的文學觀。對於這種貴古賤今的錯誤觀念，葛洪是不顧時人的非難，而大加撻伐。更進一步的，他積極的提出了「古不如今」，進化的文學觀，這也是他在文學批評上最突出的地方。他這種理論的萌發，一方面固然受到莊子進化論的啓發，但最直接的還是受東漢王充的影響，但他所論比王充《論衡》更加深切。

向來一般人由於崇古好古思想的作祟，認爲古人無不才大思深，而覺得其文隱微而難曉；謂今人意淺力近，而譏其文淺露而易見，於是而有古優今劣的說法。他認爲這完全是淺識之流，管穴拘閡的錯誤論調。他特別指出，古人非神非鬼，與今人無異，雖然他們的成就曾照耀於古昔，但其作品的精神，仍然可以從其文字中窺識，並不如一般人所謂的隱微難曉。其實古書之所以多隱，並不是古人故弄玄虛，而是由於時移世易，語言文字也隨之變遷，而造成古今語異義殊，南北土音方言相隔。或是由於歷經喪亂，簡篇亡失脫誤，或後人雜續殘缺。凡此種種，使得古書意隱而難知，也與人一種高深莫測的錯覺。很顯然的，這絕非是才思心力的問題，而是時空變化所造成的隔閡。事實上，文學是進化的，古人之文語約意簡而過於醇素，而後人之作清新淺顯而趨於華麗，這完全是隨著時代的需要而改變。如從實用的觀點來看，所謂「淺露易見的今文」，是更合世用，更具時代精神和社會意義的；這樣說來，反而今優於古了，這也就是文學進化之所在。

於是更進一步的，他嚴肅的指出，如果從文學形式的演進上看，古文反而不如今文。像《尚書》的文章，反不如魏晉時詔策奏議的清麗；《詩經》的作品，也比不上漢朝〈上林〉、〈羽獵〉、〈二京〉、〈三都〉諸賦的汪濊博富。而這種詳贍富麗的特色，正是今文勝古文之所在。然而今人卻一味的因循貴遠賤近的陳見，只信耳聞，不用眼睛去看，而造成無古不神，凡今皆下的可笑見解。其實，歷史的演進，文化的推展，一切的創作發明，無不後來居上，後世轉精；為何偏偏認為文章後人不及前人，真是令人不可思議。他這種文學進化論，嚴肅而圓融，在中國的文學批評史上，是深具意義和價值的。

•文學批評論

文學批評是一件複雜而困難的事，尤其是一般的批評，容易流於主觀的論斷；葛洪針對這一點，特別強調客觀批評的可貴。他認為人情多「愛同憎異」，或「貴乎合己，賤於殊途」，所以往往以「入耳為佳，適心為快」。如此，完全以本身的好惡和立場，作為批評的標準，必然喪失批評的意義和價值。文學批評除了態度要超然客觀之外，他認爲批評者的才力和識見，也是很重要不可缺的。假如才力不贍，識見不深，而妄加批評論列，那也是可笑而無益的事。在批評上，他的態度是很嚴肅的，由於他的才力和膽識，不但能立能破，而且能時時提出驚人之見。他常常從文學的觀點來批評儒家的經典，如前所述，謂《毛詩》不如漢賦，《尚書》不如魏晉之詔策奏議。就作品本身的價值而言，這似乎是過當之論，但如就寫作技巧之講究運用，和文體的演進而言，這種批評自有其意義和價值的。

對於文學的創作，他也表現了獨特精闢的評論。他以爲文學創作，必須要有天分，不是英才是很難有所創獲的。天分固然不可缺，但創作的技巧也不可不講究，故謂「梓豫山積，非班匠不能成機巧」；然而運用之妙，在乎一心，是不能死守規矩的。至於創作的可貴，是不在立異，而在創新。否則徒以「斟酌前言」爲事，實在不能算是文之能事，所以凡是模古擬古之作，皆毫無價值可言。這種論調，和他的文學進化論的精神是相映照貫通的。

談到文學創作的弊病，他認爲一般作家或多或少，各有「淺深之病」。「深」的毛病是「譬煩言冗，申誡廣喻」，這是由於不善裁度，而失諸煩雜，有違雅潔的特色。「淺」的弊病是「妍而無據，皮膚鮮澤，而骨鯁迴弱」：這是由於學殖不豐，徒恃才情，以致於形式華美，而內容空洞無物。還有一般的作家，也常多偏長一格，罕有兼通之才。故凡所作，參差萬品，或工於此，而不善於彼，以致難見完美之篇和不朽之作。這正是文學創作上的一大缺陷，也是最大的難題。

三、對後世的影響

葛洪，這一位亂世的高士，儘管他對傳統和儒道，有一分嚴肅的執持和敬愛，但卻無法完全超脫那悲慘而頹廢的時代，因此形成他枯寂而恬淡的人生，以及豐富而複雜的思想。雖然他終於成爲一個宏揚仙道的高士，但他的思想卻包容儒道，兼蓄名法，可謂集傳統思想的大成，而表現個人的特色。而這些思想，不管是入世的，或是出世的；無論是承受傳統的，或是自我創獲的；對他自己本身，或是對那個時代，都深具意義和價值。對後世也自有其無法避免的影響，正如同他的思想，隨著他的名字永垂於中國的學術思想歷史之中而不朽一樣，這一點是可以肯定的。茲分別就其對道教發展的影響，對調和儒道的影響，對後世文學批評的影響等三者論述於後。

1　對道教發展的影響

道教雖然創始於東漢，但那時只略具宗教的雛型，在那虛架的組織上，徒以符咒等方術欺弄愚民，談不上宗教的組織和教義，實在是一個粗濫的宗教形式。和遊民（甚至是盜匪）

的混合體，也是當時社會的一種非法組織。到了葛洪，因爲慨嘆世亂，絕望榮華，於是乃有嘉遁之思，想要超脫紅塵而追求肉體的永生。因此篤信神仙之說，而且熱心於道教的宣揚，也因此充實了道教的內涵，而建立其系統的理論；並袪除當時道士種種的迷信，力斥巫祝欺人的邪術。凡此，不但使道教脫去盜匪的色彩，和幼稚的宗教形式；而且對社會風氣的轉移，和民間迷信的破除，都有很大的貢獻。同時在信仰中更強調本身爲善積德的重要，融合了儒家的倫理思想於道教教義之中，這一點更有助於民間教化的普遍推行；而且更有意義的是，使得這中國唯一的宗教，和中國正統的思想，作一無形的結合。

至於神仙思想的提出，從科學史觀的立場來看，可以說是對自然的一種反抗：是想藉人類本身的修鍊和補救，來打破大自然所給予人在壽命和生存上的限制，而表現了人定勝天的科學精神。爲此，他力斥道家傳統所謂的尸解之說，認爲那是欺人之談；而且更積極的提出具體的理論和行動，想藉種種養生術和精神的修養，以延長人類的壽命，甚至於達到長生的境界。姑不論其神仙境界是否能達到，但至少他所倡導的各種養生術，不但更充實了道教貧乏的內涵，而且對促進我國醫藥衛生保健的發展，實有其不可磨滅的貢獻。凡此，使得道教——這個中國唯一的宗教，在它的理論和教義上，獲得完美而更充實的內容。而到了南北朝時，寇謙之和陶弘景，再在宗教的形式上，訂定其儀式和戒律，並創設道院神像，正式建立宗教的體制，使它成爲中上階層的信仰。至此，道教也才真正具有宗教的形式規模，這一點不得不歸功於葛洪在道教的內涵上所賦予豐富的生命力；同時也使他自己成爲道教教理上的祖師之一（另一是東漢末年的魏伯陽）。

另外，由於葛洪把道教依託於道家，於是道教也尊奉老子，諷誦《道德經》。他的原意一方面想提高本身的地位和聲望，藉以博得上階層社會和知識分子的信仰；一方面想使道教長生的理想，和道家出世的人生觀，能互相發越，而合乎亂世的個人理想。然而這種依託附會的結果，不但使後人容易混道教道家於一談；而且有使道家和道教的發展，傾向於彼此結合的趨勢。因此，後世的道家亦不廢養生之術，而道教信徒也多侈談黃老之術，自是不足爲怪的事了。

2 調和儒道的影響

葛洪是一位有理想、有抱負的思想家，絕非意氣用事、隨世浮沉的人。雖然他熱愛神仙之道，但並非完全陷溺其中，而否定一切，他的思想理智仍然是清醒冷靜的。在這方面，他表現了一個傳統的文人在亂世的應世之道，並作一難能可貴的抉擇；這也是他個人智慧的凝聚，和權變運用的成功。然而更重要、更具意義的是，他積極的表現了通古適今的精神，並致力於儒道的調和；這些對中國學術思想的發展，都具有相當的影響的。

一般說來，他對傳統是相當敬愛的，不輕言毀棄傳統，但也不是盲從附和；而是作審慎的選擇，有條件的接受，所以他能斟酌其中，而且能出能入。在這樣的情況下，他自然反對「叛聖違經」，但古今時移事異，立言則不能墨守前人；應該因事託規，隨時所急，不必專主一家，於是不得不調和儒道。其所以如此，當然一方面是由於個人理想之所在，一方面則是基於亂世社會的實際需要。就個人理想來說，當一個文儒是他一生的理想之一；而且言儒術雖無補於窮達，但卻足以鷹揚匡國，顯親垂名。至於黃老之道，雖多虛無不急之辯，但也正可藏光守拙，棲神養生。因此，儒道二家的學說自是他所深深愛慕，而不得不加以斟酌調和的。次就亂世社會的需要而言，儒家的政治哲學和教育思想，正是追求雍熙隆盛的治化所不可無的憑藉。而道家的哲學和人生，又可使人去名利之心，抑制爭競之俗，而有助於亂世之治。因此，欲追求國家社會的治化，也爲了亂世客觀環境的需要，儒道二家之術亦不能有所偏廢。

由於這種微妙的原因，使他既接受傳統，留戀儒家，而又逃避現實，熱愛道家。而在一切的主張和行事中，又莫不本乎儒家之道，而善用道家之術：不但援儒入道，而且積極的調和儒道，這也是他和何晏王弼諸人有所不同的地方。在這方面顯示出了幾個值得我們注意的事實：一是儒家正統的地位，仍能屹立不至動搖，就是一個熱愛道家的高士，也不能完全摒棄傳統的儒道。這一點正顯示出儒術放之四海而皆準，俟之百代而不易的永恆真理，及其難能可貴之處。二是儒道二者之間並非絕不相容；中國學術思想其淵源本就相同，諸子異家之說，要亦六經之支流餘裔；而諸家學術之所以蠭出並作，亦無非是世衰時弊之刺激。然而各據一端馳說，難免有所蔽短，也難合乎世用；故彼此之相融調和，更可以發揮各家思想的精神和價值。因此，在衰亂之世，儒道二家之調和，更是深具意義，在中國學術發展史上，亦自是一段難得的佳話。三是立言不囿於門戶之見，亦無古今輕重之分。立言若株守一家，無兼容之雅量；或一味墨守前人，食古不化，不知與世推移；或賤古貴今，矯枉過正，皆非立言之道，也不能算是通人之論。因此，袪除門戶之見，表現通古適今之精神，正是一個有理想、有抱負、深知卓識的思想家所應有的表現。以上所揭示的各種事實，對後代的思想家有很大的啓發作用，對後世學術的發展，也提供了歷史性的證明，而直接或間接的，產生相當的影響。

3 對後世文學批評的影響

葛洪在中國的文學批評史上，可算是一位非常的人物，這可以從他所表現的膽識和積極的精神看出來。他的這種精神有三：其一是反傳統的進化精神，其二是反時代潮流的改革精神，其三是積極的創作精神。這三者不但表現了個人在文學批評上的特色，和卓識深鑑，而且深深的影響於當代，影響於後世。

他的文學批評雖然是反傳統的，但並不是數典忘祖的離經叛道，也不是標新立異，肆意的破壞，因爲這些都是他所厭惡鄙棄的。而是一種歷史的覺醒和反省，也是一種積極的建設，因爲他表現了一種富有生機的進化精神。很明顯的是，他所強調的是文學創作的意義，和時代的精神；而嚴肅的提出「古不如今」的看法，也大膽的指出《尚書》《毛詩》等經書，不如魏晉的詔策奏議，或是漢賦的作品。這比起王充反對流俗的「好珍古，不貴今」，和消極的鄙薄經生，更顯得積極而有意義多了。他的這種文學進化論，不但可矯正盲目崇古的觀念，而且可刺激文學的發展，並賦予活潑的生機，以至開創新局。我們可以說，歷代文學之所以能從末流中自振，或別開新運，莫不與此種精神有關。最明顯的是，明朝反擬古主義的文學批評，莫不直接或間接的受其影響。像道學家王陽明的主張「師心不師古」，陳獻章、李卓吾等的強調「自我」的意義和重要；不但啓發了晚明的新文學運動，而且大膽的提倡俗文學。這種自我精神的發揮，不受傳統思想的束縛，予哲學與文藝之改革，帶來了新的契機。他如明末的李漁，清初的金聖嘆，盛清的袁枚，亦莫不受此種精神的鼓勵，而表現其「貴今」、「貴我」的文學精神。

其次，他反時代潮流的改革精神，表面上看起來似乎與文學進化精神相衝突；其實不但不衝突，而且足以補偏救弊，使之更趨於完美。因爲反傳統的文學進化論，固然在激勵當代文人的自我覺醒，並建立其信心，而表現時代的精神。但他卻生在一個文勝的時代，魏晉的文學雖然改變了傳統重道輕藝，貴質輕文的文學觀；但卻矯枉過正，造成重藝輕道，貴文經質，偏勝的局面。使得當代文學的創作，往往流於空洞無物的虛飾。由於這種矯枉過正的現象，破壞了文學進化精神的完美性。因此提出「貴文重道」，和實用的文學觀；不僅重視文學優美的形式，而且更強調其內涵的重要，這也就是他爲什麼不僅僅以詩賦之文爲滿足，而極力倡導子書的理由。他這種針對時弊的改革精神，不但使他反傳統的文學進化論，不致離經叛道，而且影響了後世「文道合一」的文論的發展，使得更趨成熟，更趨完美。同時也建立了他那個時代文學「清富贍麗」，「汪濊博富」的典型風格。更重要的是，這種反時代潮流的改革精神，帶給後代的文論家，更多的啓發和深省，而直接或間接的影響於各代文學的創作。

至於積極的創作精神，也是反傳統文學進化論更深一層的發揮。一般說來，傳統大都重述輕作，重經輕子，而不輕易發明；對於這種過於審慎和保守的態度，葛洪深不以爲然。於是提出了「作者之謂聖，述者之謂賢」（外篇〈喻蔽〉）的看法，特別強調創作的重要和難能可貴，以矯正傳統消極的觀念。既然崇尚創作，就不能再像漢朝說經的世儒，徒講訓詁考證，也不能像當代的文士，但作「詩賦淺近之細文，或以虛華之巧辨炫能」。因此，他積極的倡導子書，他以爲子書「深美富博」，而這種能創作子書的人，也就是他所推崇的「文儒」。於是他積極的付之行動，創作了一部《抱朴子》的子書；一方面以義理思想充實其富博的內容，另一方面，則以駢儷之體寄託其清麗深美的形式。不但表現了積極的創作精神，也實踐了「貴文重道」的文論。當然，文學的發展，惟有積極的創作，才能喚起生機，活潑文運，才能不停的向前推展而進化。也惟有能表現當代思潮和文藝特色的，才能創造具有時代精神和意義的作品。在這方面，葛洪是做到了，而且給後人提供了一個很好的典型。

參考書目

《抱朴子》　葛洪著，世界書局出版。
《中國哲學史話》　張起鈞、吳怡著，新天地書局出版，第十三章。
《禪與道概論》　南懷瑾著，真善美出版社印行，第六、七、八、九各章。

郭象

黃錦鋐　著

目次

郭象

一、郭象的生平和他的《莊子注》

郭象，字子玄，河南人。他少年的時候，就很有才辯，喜歡研究老莊的道術，每與人議論時事，就像懸河瀉水，滔滔不絕，大家都認爲他是王弼的流亞。州郡官府聽到他的名聲，爭相的延聘，請他擔任政事，他都婉言推辭，不肯應命，只是家居讀書著述而已。以後被徵召爲司徒府的屬吏，慢慢的升遷做到黃門侍郎，那時正是東海王司馬越執政，賞識他的才能，就引爲太傅主簿，於是任職，權勢傾動全府，也因此很受當時學者的批評。不過沒有多久，大概在懷帝永嘉末年，他就去世了。郭象的一生，我們所知道的，大概就是這樣。不過，他留下的《莊子注》，卻很受當時人的矚目，不但是當時清談的主要內容，也是後世學者討論研究的對象。郭象雖然還有《論語解》及文集等著作，除了《論語解》偶而可以看到後人引述外，其他文集都散佚了，而只有《莊子注》在學術界發射出耀人眼目的光芒。據説當時注《莊子》的不下數十家，只有支道林的《逍遙遊注》可以和郭象的《莊子注》相提並論，其他各家，沒有人能夠超出他所注的範圍。他《莊子注》的學說，支配了當時的時代潮流，也影響了後世的思想界，一直到明代馮夢禎還稱讚他的《莊子注》，認爲各家的莊子注，都不能和他相比，認爲郭象的《莊子注》，可以與《莊子》媲美，甚至有人說不是郭象注莊子，而是莊子注郭象，有淩駕莊子而上的趨勢。或許是郭象的《莊子注》太受人注意了，因此就有人討論到《莊子注》的作者問題，以爲郭象的《莊子注》是抄襲向秀的《莊子注》而來的。我們在說明郭象的思想之前，先有討論的必要。

關於郭象的《莊子注》是不是竊自向秀的問題，後人論述的很多，最早的資料，是《世說新語．文學類》所記載的，《世說新語》認爲：

> 起先注《莊子》的，不下幾十家，都不能說出《莊子》的要旨，後來向秀在舊注之外，另作解義，技巧的分析其中奇妙的奧旨，因此《莊子》的玄冥奧義，大為明暢通達，只是〈秋水〉、〈至樂〉兩篇沒有注完，而向秀就去世了，向秀的兒子年幼，不能繼承父業，因此注解的義理就零落散佚，但還有另外本子流傳。而郭象為人行為不端，以為向秀的《莊子注》已經不流傳，於是就竊向秀的注義當做自己的，自己又注〈秋水〉、〈至樂〉二篇，並換〈馬蹄〉一篇，其餘許多篇，只是點斷文句而已。但是沒有想到向秀注的另外本子流傳出來，所以現在《莊子注》有向秀、郭象的兩種，其內容其實是一樣的。

自從《世說新語》揭發這個消息以後，各人有不同的看法，有的人就根據《世說新語》的記載，認定郭象抄襲向秀的《莊子注》占爲己有，也有的人根據《晉書．向秀傳》的記載，說郭象也有自己的意見，不能說全是抄襲而來的。還有的人，則以爲時代已久，傳聞未必可靠，主張不必去深究這個問題。現在我把各家的意見歸納起來作一個簡單的說明。據我所瞭解，認爲郭象的《莊子注》是抄襲向秀的，有高似孫的《子略》、王應麟的《困學紀聞》、焦竑的《筆乘》、胡應麟的《四部正譌》、謝肇淛的《文海披沙》，陳繼儒的《續狂夫之言》、王昶的《春融堂集》、袁守定的《呫嗶叢談》、《四庫全書總目提要》、陸以湉的《冷廬雜識》、劉宗周的《人譜類記》、顧炎武的《日知錄》等等，這許多學者都認爲郭象《莊子注》是盜自向秀注的，不過意見都不很堅強，有的是根據《世說新語》的記述，也可以說是贊成《世說新語》的說法而已，認爲「《世說新語》的作者距離晉代不遠，所說的應該是實在的」，像焦竑《筆乘》便是。有的則以郭象的人品來判斷，認爲郭子玄行薄，爲東海王太傅主簿，任職當權，是屬於富貴場中的人物，像這樣的人是不可能會寫《莊子注》的，因此就判斷他的《莊子注》是抄襲向秀的。這種說法，可以陳繼儒《續狂夫之言》，以及王昶《春融堂集》爲代表。其他只是說明郭象《莊子注》是抄襲別人的，並沒有提出確實的證據，說「盜竊別人的書爲己有，自古以來就是這樣的，像虞預盜竊王隱，郭象盜竊向秀，何法盛盜竊褚生，宋齊邱盜竊譚子等都是。」這可以陸以湉《冷廬雜識》、劉宗周《人譜類記》、顧炎武《日知錄》爲代表。近人楊明照、壽普暄、劉盼遂等，則列舉《釋文》、《列子注》、《文選注》所引有關郭象、向秀的《莊子注》來比較兩者的異同，說明郭象的《莊子注》是竊自向秀義。現在就以上述各家的說法，來說明我個人的意見。根據《世說新語》的材料，認爲「《世說新語》作者距晉代不遠，所說應該是事實」。這只是推測之辭，不足以證明郭象的《莊子注》就是竊自向秀的。因爲是否盜竊，要看證據確實不確實，不是看時代近不近。就是同時代的人，意見相左的也很多，不能說時代相近的，說話都是可靠的。所以這個意見並不能說明事實的真相。至於說郭象行薄，任職當權，就認爲他的《莊子注》是竊自向秀，這也不很公平，一個人的道德品行好不好，和著書立說是兩回事，不可混爲一談。品行端正的人，不一定就會著書立說，反之，品行不端正的人，也不一定就不能著書立說，而且〈文士傳〉裏面還記載說「郭象少有才理，慕道好學，託志老莊，作《莊子注》，最有清辭遒旨」呢，可見郭象的才學也自足以著書。再說《世說新語》，不盡爲信史，劉孝標所注，屢次指出錯誤，劉知幾也說「《世說》所載，詼諧小辯，神鬼怪物，不一定可靠」。近人楊明照、壽普暄等列舉的《釋文》以及《列子》張湛注和現存的郭象《莊子注》來比較，可以說不失爲客觀的一種辦法，可是結論卻失之武斷。楊明照認爲郭象和向秀的《莊子注》，在八十九條中，意義相同的有四十七條，相近的有十五條，意義相異的有二十七條。楊氏認爲相同的既然過半，其他雖然不能確定，但可由此推知郭象《莊子注》是竊自向秀的（詳見楊明照〈郭象《莊子注》是否竊自向秀檢討〉，文刊《燕京學報》第二十八期）。壽普暄也錄《釋文》及《列子》張湛注引向秀所謂「隱解」的和郭象注比較，所得結果，有向注而無郭注的約二十條。向、郭二注並見彼此各異的約十七、八條，向、郭二注相同的約十八、九條。壽普暄氏也以「向、郭二注即使有相異之處，也不足以證明郭象沒有取自向秀，無寧反證郭象取自向秀，存其精華而棄其糟粕，反而較爲妥實」（詳見壽普暄〈由《經典釋文》試探《莊子》古本〉，文刊《燕京學報》第二十八期）。這種的結論，只是類推而已，類推的方法，只能說「理當如此，實則無據」，固然其中意義相同的過半，我們可以說郭象《莊子注》大部分是因襲向秀的，但我們又何嘗不可以把兩人《莊子注》不同的意見，還之於郭象、向秀，那麼，現存的《莊子注》，是向秀、郭象兩人共同的作品了。我這樣說，並不是否定郭象《莊子注》不因襲向秀的，而是說明以上各家所據的證據不足以說明事實的真相。而且楊明照、壽普暄等所據以說明的資料，大部分是字義的訓詁，而少涉及義理方面的解釋，這大概是字義訓詁比較具體，容易把握，而文義較爲抽象，不容易說明的緣故。我認爲郭象的《莊子注》因襲向秀注最大的證據是文義的因襲，例如張湛注《列子．天瑞》引向秀說：

> 吾之生也，非吾之所生，則生自生耳，生生者豈有物哉！無物也（原本無「無物也」三字，據王叔岷《列子補正》補），故不生也。吾之化也，非物之所化，則化自化耳，化化者豈有物哉？無物也，故不化焉。若使生物者亦生，化物者亦化，則與物俱化，亦奚異於物，明夫不生不化者然後能為生化之本也。

這一段話的意思是說，「萬物（包括我在內）的出生，並不是有一個所生者來生萬物，而是萬物自然出生的，主宰產生萬物的那裏有形體存在呢？因爲沒有形體存在，所以主宰萬物出生的是不會出生的。萬物的變化而消亡，也不是有一個主宰來使物變化消亡，而是萬物自然變化消亡的，主宰萬物變化消亡的那裏有形體存在呢？因爲沒有形體存在，所以主宰萬物變化消亡的是不會變化消亡的。假使是主宰萬物出生的，它也產生出來，主宰萬物變化消亡的，也變化消亡了，這樣的話，它和萬物一樣的變化消亡，那與萬物又有什麼不同呢？知道那個使萬物產生變化消亡的主宰是不生不化的，然後它才能做爲產生萬物，變化萬物的主宰。」唐長孺以這個「不生不化之本」不是物，認爲向秀有「無生有」的傾向（見《魏晉南北朝史論集》），而他又以《莊子注》卻貫徹「崇有」的思想，所以說，向、郭的《莊子注》，即使有很多地方相同，在「崇有」這一點上，只能說是郭象的主張（詳見原書三三四頁，大意如此）。這種說法，很有商榷的餘地，《莊子注》既然貫徹「崇有」的思想，而「崇有」又是郭象的主張，那麼，《莊子注》也都是郭象的主張了，這是不合乎情理的結論。我的看法，恰與其相反，我認爲向秀所說的「吾之生也，非吾之所生也，則生自生耳」並沒有「無生有」的傾向，而有「自生」說的傾向。而這個「自生」的理論，正是郭象「萬物自然」說的所本。郭象《莊子．大宗師》注說：

> 天者自然之謂也，夫為為者不能為，而為自為耳，為知者不能知，而知自知耳。自知耳，不知也，則知出於不知矣。自為耳，不為也，則為出於不為矣。

這裏所說的「爲爲者不能爲，而爲自爲耳。爲知者不能知，而知自知耳。」和前文向秀注的「生自生耳，化自化耳」不但含義相似，就是在句型的組織形式也相似。這是郭象因襲向秀理論的具體說明。當然郭象自己也有意見，這是我們也應該指出的。例如郭象注〈知北遊〉說：

> 明物物者無物，而物自物耳，物自物耳，故冥也。

向秀只說「生者自生，生生者是無物，因爲是無物，所以不生，化者自化，化化者是無物，因爲是無物，所以不化」，但是沒有說明生者自生，化者自化的過程，只說那個「不生」、「不化」的，才是「生」、「化」的本源。而郭象則更進一步提出一個「冥」字來。照這個情形看來，郭象因襲向秀的《莊子注》是可以確定的，但《晉書·向秀傳》所謂「郭象述而廣之」也是可以相信的。

《莊子注》既然大部分是向秀的原義，郭象不過只是述而廣之而已，那麼，我們以《莊子注》來說明郭象的思想，是不是有張冠李戴的毛病呢？這個問題，我認爲是這樣的，郭象的《莊子注》即使大部分都是因襲向秀的原注，這也可以說明郭象和向秀的思想大部分是相同的，最低限度可以說郭象贊成這種的主張，所以我們用《莊子注》來說明郭象的思想是不會有什麼距離的，何況郭象也是研究《莊子》的，而《莊子注》中還有一部分是他自己的意見呢！

二、郭象與支遁的《莊子·逍遙遊》義

〈逍遙遊〉，是莊子主要的思想之一，也是最不好理解的一篇，很多名賢學者都在研究，各人有各人的意見，各人有各人的見解，真可說是議論紛紛，莫衷一是，不過，他們的理論學說都不能超越向（秀）、郭（象）的範圍。那麼，向、郭的〈逍遙遊〉義是什麼呢？爲什麼許多名賢學者所討論的都不能超過他們的範圍呢？我們且先看郭象的《莊子·逍遙遊》義是什麼？根據郭象的《莊子·逍遙遊》注，他認爲物的大小雖然不同，只要處於自得的場合，任物的本性，配合他的才能，各適其分，逍遙是一樣的，其間是沒有什麼分別的。劉孝標在《世說新語·文學門》注也提到向秀、郭象的《莊子·逍遙遊》義說，大鵬上飛九萬里的高空，尺鷃只能飛到榆枋樹上就停止，雖然小大有不同的差別，如果各任個性所適，都能迎合其本分的話，那麼逍遙都是一樣的。劉孝標的注和郭象《莊子·逍遙遊》的注義，大體相同。不過，我們要指出的是向秀、郭象以及劉孝標的《世說新語》注對《莊子·逍遙遊》義的意見，和《莊子》原意並不符合，《莊子》裏面，所謂逍遙遊是說鷽鳩所飛不過到榆枋樹上而已，有時飛不到，就停止在地上，尺鷃也不過是騰躍數尺而上罷了，都是有限度的，不能突破那個時空的界限，不能算是逍遙。小的像鷽鳩、尺鷃固然不能逍遙，就是大鵬又何嘗能夠逍遙呢？大鵬

雖然能飛到九萬里的高空，那可以說是非常的高了，高遠的程度，就像我們在地上看天空一樣，是一種蒼蒼然的顏色，大鵬在天空看地上，也是一樣的。這在我們世俗的眼光看來，那可以說是逍遙了。但是莊子卻認爲大鵬還是不能逍遙，這是爲什麼呢？簡單的說，莊子所謂的逍遙遊，是超時空的，凡是我們在時空中認爲逍遙的，莊子都認爲不逍遙，所以不但是鷽鳩，尺鷃限在一定的空間中，不能算是逍遙，就是大鵬雖然沖破九萬里的高空，又何嘗超出時空的界限呢？既然不能超出時空的限制，那還是一樣的不能逍遙，所以莊子特地指出，大鵬是要靠著六月海動的大風才可以高飛九萬里的天空（見《莊子口義注》），假使沒有大風，是不能承受大鵬那麼大的翅膀的，而這個大風，又必是在六月海運時才有的，很顯然的，是說受了時間的限制。鷽鳩、尺鷃不必等待大風，可以隨時的飛，不受時間的限制，但是受了空間的限制。大鵬好像不受空間的限制，但受了時間的限制。鷽鳩、尺鷃不知道自己受了空間的限制，所以笑大鵬，莊子稱爲「以小笑大」，這又和「知效一官，行比一鄉，德合一君而徵一國」的人是一樣的。自以爲是很可以了，但也局限在一定的世俗雜務之中。宋榮子能夠超脫世俗毀譽的羈絆，不受榮辱的影響，但仍有榮辱之見存在心中，不能自樹立。就是列子能夠御風而行，超出世俗榮辱之見，可以說是很好了，但仍然需要等待風，還是不能逍遙。這和大鵬要等待六月海動所發的大風才可以高飛，情形又是一樣的。用一句術語來形容，都是「有待」的。莊子把世間的一切，無論在物方面像鷽鳩、尺鷃，在人方面從「知效一官」的掾吏，忘榮辱的宋榮子，以至於能御風而行的列子，都是不能逍遙。那麼莊子所稱的逍遙境界又是什麼呢？簡單的說，是「無待」的。莊子認爲只有「乘天地之正，御六氣之辯」的人，才能無所待逍遙遊於無窮無盡的時空中。所謂「乘天地之正，御六氣之辯」的「辯」字，和「變」字是相通的。「正」就是不變，是說能掌握住那不變的樞紐，適應六氣的變化，與大道化合的人，才能遨遊在無窮的宇宙中，不受時間空間的限制。莊子所說的逍遙遊，也可以說是與宇宙的本體化合，那是一種什麼都有，什麼都沒有的境界。既然什麼都有，所以和物不相忤，任由自然的變化，可以「不行而至，不疾而速，圓通周流，無所滯礙」，那就無往不逍遙了。既然什麼都沒有，那又是超出自我的逍遙，莊子認爲世人都被一個自我所限，爲血肉之軀所繫累，所以莊子要人消除自我，不要執著形骸，達到「無己」的地步，而遊於廣大無窮的無何有之鄉。這種境界，是尺鷃、鷽鳩所不能想像得到的，也不是「知效一官」以及宋榮子、列子等一般人所能達到的。所以郭象說「小大雖然不同，逍遙是一樣的」，那是他自己的看法。當然，郭象的逍遙遊義，有他主客觀環境所造成的因素，和他理論的根據。在主觀的環境說，根據《晉書．郭象傳》的記載，州郡要徵召他出來做官，他不肯俯就，只是閒居著述，過著像隱士一樣的生活，他之所以愛好老莊、能清言，大概就是在這個時候表現的。等到被徵召做司徒府的掾屬，東海王薦引做太傅府的主簿之後，任職當權，聲勢傾動內外。由此可見他前後期的生活頗不相同，前期是像隱士的生活，後期則是任職當權，聲勢顯赫的生活，這兩種生活是有矛盾的。在客觀的環境說，這種隱居與出仕矛盾的生活，在魏晉時代的人物中，不在少數。別的姑且不談，就以和《莊子注》有密切關係的向秀來說吧！他開始也是過著隱居的生活，以後才出來做官，所以當向秀到洛陽——也就是當時的京都，向朝廷報告工作概況的時候，司馬昭就曾當面諷刺他說：「既然有隱居的志向，爲什麼來京師呢？」向秀只好自己解嘲的説：「像巢父、許由那種隱居的人，個性狷介，不會瞭解堯爲天下百姓的苦心，不值得去羨慕他們。」言外之意，所以自己又出來做官了，這是先隱後仕最好的說明。和向秀同爲竹林七賢的山巨源（濤），就因爲隱仕無常，受到孫興公的批評，曾對人說，「山濤我很不了解他，官吏不像官吏，隱士不像隱士。」郭象的情形，和他們正相似。他爲了要替這種矛盾的行爲，找一個理論的根據，所以他就根據《莊子》書中「周將處材與不材之間」，以及「無可奈何」，「固有所不得已」的理由，安於「無所逃於天地之間」，把名教自然合而爲一，也就是把「隱居」和「出仕」調和起來，所以他必須認爲小大都可以逍遙，就是隱居也好，出仕也好，都是相通的。所以神人也就是聖人，聖人身在廟堂之上，然其心無異在山林之中。就像堯一樣，天下雖然擁護堯做國君，但是堯自己卻未嘗有天下的係累。我們看他坐在帝王的位置，日理萬機，但他心裏未嘗不逍遙。照這樣說，郭象一邊出仕當權，一邊談老莊，就不會有抵觸了，這可以說是郭象逍遙義爲什麼要認爲小大都可以逍遙的主觀因素。至於郭象逍遙遊義的客觀因素，根據近人陳寅恪先生說，和當時的社會潮流很有關聯。我們知道，在東漢的時候，就有人倫鑒識的論調，到了魏晉人物才性論，更是爲當時人士所樂道，像劉劭的《人物志》，就談論到人材各有所宜，不在乎大小的問題，他認爲大的可以包容小的，就像雞和牛一樣，牛大而雞小，煮的鼎也應該有大小，小鼎固然不能烹牛，但是大鼎可以烹牛，也可以烹雞。由此推論，治理大郡的人材，也可以治理小郡，所以人材各有所宜，不僅是大小而已。這種理論，和郭象所說的「做事要切合他的材能，適應大小的性分」的說法，在某一觀點上，是有若干近似的地方。而且在

「適性」的意義上，郭象更有若干的發揮，譬如說，大鵬一飛就是九萬里，到了天池才休息，小鳥一飛只有半天，到榆樹上就停止。就才能說，是有區別的，但在「適性」的觀點看，都是一樣的。郭象的意思，只要「適性」的話，大小都是一樣的逍遙。因此他一邊研究老莊，一邊任職當權，也是「適性」。他又把握住《莊子．逍遙遊》中「水載船」的故事來比喻，水假使不深的話，就沒有浮力可以托載大船，在小坳地上注滿了水，放一根草在上面就可以浮，如果放一個杯子就立刻會沉下去，這是因爲物重水淺的緣故。郭象就從這種理由推論出去，認爲大鵬飛到九萬里高空，也是因爲翅膀大，所以必需要大風才能飛，由此可見體積小的所憑藉的不需要大，體積大的所憑藉的也不能小，所以郭象告訴達觀的讀書人，應該瞭解這個旨趣，不要拘於形跡固執不變，那就不會曲解《莊子》的大意了。這大概就是一般人所說的「隱解」，因此，郭象對逍遙遊的意見即使和莊子的旨意不合，自有他的理論根據，並且也有發展，所以一般人所討論的，不能超過他的範圍。

這種情勢，一直到支遁出來後，才稍稍的改變。支遁，字道林，本來姓關，是河南陳留人，少年時就很聰明，開始到京師，太原王濛就非常看重他，認爲可以和王弼（輔嗣）媲美。曾經在白馬寺，和劉系之等談論《莊子．逍遙遊》，大家都認爲「適性」就是逍遙，支遁提出反對的論調，他認爲如果是以「適性」就是逍遙的話，夏桀、盜跖以殘害人類爲適性，那夏桀、盜跖也可算是逍遙了。於是他就自己注〈逍遙遊〉，羣賢看到，沒有不稱贊的。有一次，支道林在白馬寺，和馮太常晤談，因談及逍遙遊。支遁居然超越向（秀）、郭（象）二家所談的意旨之外，和當時的名士賢人也卓然不同，其內容都是當時研究《莊子》名家所沒有談論到的，於是大家以後就採用支遁的意見。當王逸少在會稽的時候，孫興公帶著支遁一同去看他，王逸少本來就氣質不凡，自視很高，輕視天下名士，支遁到時，不與交談。當王逸少要離開時，車已經在門外等候，支遁就告訴王逸少說，你慢點去，我和你談兩句，就論說《莊子·逍遙遊》，支遁拿出舊作數千言，辭藻新奇，才華映發，王逸少看了，讚嘆流連，不能自已。以後東晉的孫綽，更把七個高僧比作竹林七賢，就把支遁比作向秀，就是認爲他們都是莊子學的權威，雖然時代不同，但討論《莊子》的玄理，都各有所長哩！

支遁的《莊子·逍遙遊》義，爲什麼可以和向（秀）、郭（象）的逍遙遊義分庭抗禮，並且有駕凌而上的趨勢，而令人流連忘返呢？因爲文獻不多，不知道其中的詳情，不過，我們可以肯定的，支遁所談的《莊子·逍遙遊》，必定和佛教的經義有關，是沒有問題的。因爲研究道行經是支遁的專業，他在注〈逍遙遊〉之後，又注《安般四禪諸經》、〈即色遊玄論〉、〈聖不辯知論〉、〈道行旨歸〉、〈學道誡〉等。到晉哀帝即位（西元三六二年），屢次派遣使者，徵召他入都，住在東安寺，時常講論「道行般若」，無論僧俗都推崇他，朝野悅服。現在《出三藏記集》第八載有支道林的〈大小品對比要鈔序〉一篇，大小品就是道行經，《高僧傳·四康僧淵傳》說：「放光道行二般若，即大小品也」。道行經詳細的叫大品，簡略的叫小品。支道林其他的著述，雖然大部散佚，但從他所著現存的篇目看來，知道他對《般若經》用功極爲勤奮，他借《般若經》的經義來解釋《莊子·逍遙遊》，也是理所當然的一件事。在理論上說，當時以向（秀）、郭（象）《莊子注》爲玄談的內容，已經發展達到飽和的程度，所謂「諸名賢已不能拔理於向、郭之外」，玄談的資料，必須另外吸取外來的思想，以充實它的內容，就在這個時候，支道林適時的扮演了這個角色，他把佛經的般若學中取得了新的啓示，擴大了玄學的領域，加濃了玄學的內容，使玄學發展的同時，也促進了般若學的繁榮，通過了二者的合流，使般若學終成爲玄學的支柱。當然，佛教經義的本身，也需要藉《莊子》的內容爲媒介而傳播。這就是後來所稱的「格義」，所謂「格義」，就是拿「外書」的義理，做爲佛經的子注，使一般人都能瞭解，這大概是因爲佛經初傳入中國，受到一般士大夫的排斥，所以用中國的子書來比附，容易爲大眾所接受，就像慧遠講經的故事一樣。慧遠在二十四歲時，就擔任講說經義，曾經有外客聽講，以實相義（也就是佛義的本體論）相責難，討論愈久，疑問愈多，以後慧遠就引用《莊子》的義理來比喻說明，於是疑惑的人才明白過來。就在這種情形之下，「格義」大爲流行。因爲「格義」的流行，玄學更與佛學密切的結合起來。另一方面，當然也是般若學的經義和《莊子．逍遙遊》義有若干相通的地方。我們先看支遁所說的逍遙遊義是什麼，他說：

逍遙遊的意義，是要說明「至人」的內心，莊子創言大道，而寄跡在大鵬、尺鷃身上。大鵬因為營生的路徑很曠廣，所以體外不自適。尺鷃以在近而笑遠，內心有矜伐之意（都可以說是不逍遙），至於「至人」高興的乘天地的大道，放浪形骸遊於無窮的時、空中，主宰萬物而不受外物的主宰。自我就不會受拘束，不為而自然玄冥感應，不求快速而自然快速，那就逍遙而無往不適，這才叫做逍遙。假使是有欲望，當他滿足的時候，滿足所滿足的欲望，快意像是適性逍遙了，但是仍然像是饑餓的人吃飽飯，渴的人喝夠了水一樣，那裏是真正能夠忘情物外呢？如果不是自足，那裏是真正的逍遙呢？

支遁所說的逍遙義，就是根據當時流行的《般若經》。所謂「般若學」，當時研究的人很多，各抒新義，派別很多，有所謂六家七宗，支道林是屬於其中的第三宗——即色義。「即色義」的理論，已經亡佚，不知道詳細的內容是什麼，不過從《肇論》中所引的原文及批評看來，和他所論的逍遙遊義，在理論上是有密切的關聯。我們再看《肇論》所引的支道林即色義：

即色這一派，是說明外物不是自己形成的，所以雖然成為物質，但並不就是物質。

又支遁文集中的〈妙觀章〉及〈世說文學注〉說：

物質的本性，並不是自己形成的，所以說「色不自色」，物質既然不是自己形成的，所以雖然成為物質，也是空幻的，因此說，「物質就是空幻的現象」，所以說「色即是空」。但是心裏有了物質的存在，好像物質是確實存在的，那物的存在又和空幻的現象不同了，所以又說「色復異空」。

從這兩段文字看來，即色義的含意是「物質不是自己形成的」，所謂「色不自色」。色之性既然不自色，所以說「色即是空」。那麼，色怎麼會呈顯色相呢？根據《肇論新疏》說，那是「因心而起色」，就像青、黃等色相，並非色的本性呈現的，如果心裏沒有青、黃等色的存在，那青、黃色都是空的，所以說「色即是空」。那麼爲什麼又說「物的存在和空幻的現象不同」，所謂「色復異空」呢？那是就「因心而起色」說的，因爲心裏有了色的存在，那所顯現的色又是有，並不是空幻的了。所以又說「色復異空」。這和支遁逍遙遊義所說的「主宰萬物而不受外物的主宰」，就是「物物而不物于物」是同一形式的。「物物而不物于物」正是「色色而不滯于色」。「色不能自色」，和「物不能自物」的意義也相通。而只有「至人」之心，可以色色，也可以物物，心與萬物感通，因應無窮，看他是動的，其實也是靜寂的，所謂「萬聲的鐘響，但響只是一而已。萬物感通聖人，聖人也只是寂以應之而已。」所以支道林主張「寂」不必也不可能離開了「動」來求得，「無」不必也不可能離開了「有」而求得，這樣的「寂」只能因應，而「至人」就是「寂以應之」。這些意見，正是支遁逍遙遊義的理論根據，這樣的「至人」就超出了向（秀）、郭（象）的「冥于內而游于外的至人」的範圍了。而向（秀）、郭（象）的意見，是「物自物」，不是「物物而不物于物」，《莊子．知北遊》郭象注說：

> 要瞭解主宰物的是無物，而是物自己主宰物，就是「物自物」，物自己主宰物，所以稱為「冥」。

這裏所說的「物自物」，顯然的和支遁所說的「物不自物」、「色不自色」的意義相異。向（秀）、郭（象）是把現象和本體，也就是有和無綜合，所以說，「天下雖然推崇堯爲君，而堯自己未嘗有天下」，郭象稱這種境界叫做「冥」。世人只看到堯的現象，沒有看堯的本體，在現象說，堯是在做國君，在本體說堯已經達到「冥」的境界，從現象看本體，現象與本體是不相同的，但從本體來看，才能體悟現象就是本體。從這一觀點出發，我們就可以瞭解爲什麼郭象要說「物的大小雖然不同，只要是處於自得的場合，任物的本性，配合他的材能，各適其分，逍遙是一樣的」了。支遁的逍遙遊義則是現象與本體的冥化，因爲他主張「色不自色」，那麼和色相對的「無」也不是自無了。「無不能自無」，理也不能爲理。理不能爲理，那理也不是理了。無不能自無，那麼，無也不是無了。所以是「有」、「無」俱冥。在形式上和向（秀）、郭（象）是同樣的，但在內容上卻大有區別。這樣，就給逍遙遊義開闢了新的境界，所以能「卓然標新理於二家之表，立異義於衆賢之外，皆爲諸名賢尋味之所不得」。但是，雖然支道林的逍遙遊義能夠「拔理於向（秀）、郭（象）之外」，然而影響當時思想界的，還是郭象的《莊子注》，這是我們要知道的。

三、郭象的自然觀

司馬遷說：「莊子散道德放論，要亦歸之自然」。大體道家一派都崇尚自然。《莊子》書中，提到自然的地方不多，但其本質上都是談論自然卻可以斷言，不過，莊子談自然，僅就萬物產生的現象而說，郭象談自然，則是直探萬物的根原，以自然爲創造宇宙的本體。這是郭象以前各家談論自然所不及的。也因爲這樣，郭象《莊子注》中所談的自然義和莊子的本意，當然也就有若干的距離。《莊子．秋水》也說：「牛馬四足，是謂天，落馬首，穿牛鼻，是謂人。」這是很明顯的告訴我們，牛馬稟於天性，自然有四隻腳，非關人事，所以叫做天。我們人羈勒馬頭，貫穿牛鼻，這是出自人的意向。把自然與人爲分得很清楚，郭象卻把自然和人事給等同起來，他說：「我們生活，可以不用牛乘馬嗎？既然要用牛，要乘馬，那裏有不羈勒馬頭，貫穿牛鼻的呢？牛馬不能避免羈勒貫穿的命運，這是天安排好的，假使是符合天的安排，那即使是人爲的，而根本也還是天註定的。」郭象的意見，羈勒馬頭、貫穿牛鼻雖然是人爲的，但根本則是天命安排好的，不過是假借人去做罷了，這樣就輕易的把自然和人爲合一了。郭象這種說法，一方面是基於他「儒道合」的理論，他認爲名教和自然是可以調和的，所以自然和人爲也可以合而爲一。另方面，當然也有他理論的根據。早在漢武帝時，《淮南子》已經有自然調和人爲的理論了。《淮南子》論道，是要以這個「道」做爲總攝調和百家的樞紐，既然道是統攝百家的，難免就會落實到人事上面，所以《淮南子》儘管說「瞭解道的人，不以人爲改變自然」，如果真的是這樣的話，自然和人爲分別得很清楚，那人類必定回到原始狀態，一切文明都在排斥之列，所謂「雖有舟車，無所用之」，那是極端的「不以自然改變人爲」的，「民老死不相往來」的社會。然而，我們的社會多少還有「雞犬相聞」的人們存在，既有「雞犬相聞」的人們存在，就不能抹殺人類因本性及本能的需要而產生的人爲的事。《淮南子》認爲「用火來烤乾井，引淮水來灌山」，這是運用人爲的力量違背自然，所以叫做「有爲」，然而《淮南子》卻認爲「水行要用舟，泥地要用車，因高地而爲山（山字原來是田，根據王念孫的意見改爲山），因低下的地形而爲池。」這些都是「無爲」，這和《淮南子》所說的「不先物而爲者叫無爲」是有抵觸的，因爲「因高爲山，因下爲池」已經是「先物而爲」了。天道把「無爲」和人道的「有爲」混爲一談，那「自然」和「人爲」也就沒有什麼界限可言了，「自然」和「人爲」既然沒有界限，那道家和儒家的思想也就可以調和了。到了東漢，王充把自然的定義更爲具體化起來，他認爲自然和人爲是有區別的，人的行動和天地的運動是不同的，人的行動是有意識的、有目的的，天地的運動則是出於自然，人的行動是有爲，不是無爲，所以說：「人的行動是有爲的，因此人道是有爲的。天的行動、施氣，是自然的，施氣則萬物自然產生，並非特地施氣去產生萬物。氣不動就不施，氣不施萬物就不產生，和人有爲的行動不同。日月五星的運行，都是施氣的結果。」由這些理論看來，王充是把人爲和自然有明顯的區分。不過我們應特別注意的，王充是認爲萬物是氣生來的，而這個氣是自然施行而產生萬物，並不是有意的去安排，從外表，氣是由天運動而生，萬物又是從氣而產生，好像是有爲的，但事實上這都是出於自然。這一點和郭象的萬物自生說很有關聯，郭象注《莊子．齊物論》「若有真宰，而特不得其眹」那一段話說：

> 萬物萬情，趣捨不同，像是有真宰，使萬物那樣子，但是要去找真宰的跡象，始終不能得到，因此可以知道萬物都是自己那樣的，沒有使萬物產生的真宰。

這裏所說的「像是有真宰，使萬物那樣」和王充所說的「外若有爲」意義是相同的。而所謂「萬物都是自己那樣，沒有使萬物產生的真宰」和王充的「內實自然」其實也有同等的意向。

王充雖然沒有把天道自然和人道有爲混爲一談，但又認爲兩者並非對立，而是相互相成的。所以說：「天雖然施氣產生萬物，但不能成物，成物的還是人。萬物是自然產生，但也要靠人爲來輔助。」他用耕種來比喻，「春天播種，這是人爲，當種子播下，日夜長大，這是人不能爲的，假使要用人爲去幫助，那是毀敗之道，就像宋國人憂慮禾苗不能長大，用手去拔它長大，苗就枯槁而死了。」這裏的含意，和莊子所說的不可以人爲去幫助天然是相同的，但就另一方面說，只靠天然，沒有人爲去播種，也是無濟於事的。這就很明顯的說，天地雖然是自然的生萬物，但還要靠人爲來輔助。這又和《淮南子》所說的「禾稼春生，人必加功焉，故五穀得遂長」，也有若干的血緣關係。郭象則繼承這兩者的理論而加以發展，使自然的理論系統化起來，並且賦予一種新的意義，在中國哲學史上占一重要的地位。

那麼，郭象自然的理論是什麼？簡單的說，郭象自然的理論，是寄託在他「自生」的基礎上，他認爲萬物都是自生自化，沒有生萬物和化萬物的。他注〈大宗師〉篇「神鬼神帝」說：

> 無，那裏能夠生神？不神鬼帝而鬼帝自神，這是不神之神，不生天地而天地自生，這是不生之生呀！

《莊子》書中本來是認定產生萬物的有一個「道」存在的，雖然那個「道」很抽象，不容易去說明它，但「道」是存在的，郭象則根本否定那個「道」的存在，因爲否定「道」的存在，必須肯定萬物是自生的，所以說「天地自生」。郭象的自然觀，就建築在他「自生」的基礎上。萬物既然自生，不是「道」所生，「道」既不能生物，萬物當然也不能生「道」，那麼，所謂「道」也是自然的了。郭象認爲萬物都是「自生」而並非任何物體所生，這種現象叫做天道，也就是所謂「自然」。所以注〈齊物論〉「日夜相代平前，而莫知其所萌」句又說：

> 天地萬物，變化日新，與時俱往，沒有任何物使它這樣，都是自然而然的。

莊子認爲「有先天地生」的道存在，這個「道」又是遍在的，郭象既然否定萬物是由「道」產生，都是「自生」、「自然的」，宇宙間一切的變化，都是自然而生的，自然而化。因此，認爲莊子所說的「先天地而生」的「道」的本體，只是個「無」，他在〈大宗師〉篇「在太極之先而不爲高」句注說：

> 說道之無所不在，因此道在高處為無高，在深為無深，在久為無久，在老為無老，無所不在，而所在都是無。

莊子明明說有一個道存在，郭象卻把它轉化變成「無」。既然是「無」，那誰在萬物之先呢？以陰陽爲萬物之先嗎？陰陽也是物呀！誰又比陰陽更先存在呢？那只有歸之於自然了。而自然就是上面所說萬物自己這樣產生的。所以郭象在〈知北遊〉篇「有先天地生者，物耶」句注說：

> 以「至道」在萬物之先，「至道」又是「至無」，既然是「無」，又誰在先呢？在萬物之先的究竟是誰呢？假使說還有在萬物之先的東西存在，那物之先還有物，就永遠沒有停止的一天，根據這個推論，可以明瞭萬物都是自然產生的，沒有使它產生的東西存在。

這也是很合乎邏輯的推論法，因爲物類的產生要推到最先的原始祖先，是有困難的，莊子是聰明的人，他只描繪了一個輪廓，像是有那麼一個抽象的東西存在，但是說不出來那究竟是什麼東西，所以只好稱它爲「道」，有時稱爲「大力」者，但當你要認真的去看看那個「道」是什麼時，那又看不見了，你要給那個「道」下任何定義都不對，所以莊子教人要認識那個「至道」，只有超出這個體，達到「忘我」的境地，去與道化合，才能體悟到道的真實，其實就算你真的體悟「道」是什麼，你自己也說不出來。因此，有人說莊子的「道」是不可知的，郭象要在莊子不可知的「道」的本身，給它下個定義，當然是有困難的，就像後世詞彙學家要給某一個「詞」下定義一樣，即使繞得很遠，最後還是繞到原來那個詞的本身，譬如：《說文》上面說：「恨，怨也」，再去查「怨」字，又說是「恚也」，再去查「恚」字，又回到原來的詞上，說是「恨也」。這種訓詁學家叫做「互訓」，說穿了，互訓的解釋等於沒有解釋。不過話又說回來，訓詁學家也有他不得已的苦衷，因爲文字的功能有限，而人類的情意無窮，用有限功能的文字，要去解釋無窮的情意，是有困難的，最好最聰明的辦法是用「互訓」，讓讀者自己去找適當的字義好了。文字的訓詁還有困難，何況要解釋包羅天地萬象以及無窮無盡的道體呢？所以莊子只好說「大道不稱」，郭象是要給《莊子》做注的，莊子可以說「大道不稱」，郭象不能也跟著說「大道不稱」，他必定要具體的說明在萬物之先的「道」到底是什麼，因此他就創出一套理論，說「至道」是「無」，在萬物之先的「至道」既然是一個「無」，那萬物的產生當然是自然如此的了，這是郭象給「道」，也是給產生萬物的原因找出一個比較具體的解釋，郭象的自然觀，就是這樣形成的。其實，郭象的自然觀，是要給莊子「先天地生的道體」做注解的，他事先並沒有想要違背莊子意義的企圖，更沒有想要反駁莊子的計畫，他只是想把莊子抽象的道體，把它說得比較具體一點，沒有想到結果卻與莊子的原意相違背，把莊子原是至道「神鬼神帝，生天生地」，而變成「鬼神自神，天地自生」，鬼神天地都是自然的，既然是自然的，那就沒有什麼先天地而生的大道了。本來是要替「道」作注的，變成否定道的存在，這恐怕是郭象所沒有想到的。

對《莊子注》來說，這種注解，可以說是「隱解」，在郭象自己說，就成爲他自然觀的宇宙論了。

郭象既然是肯定「道」是「無」，萬物都以「自然」生，因此凡是《莊子》書中論及萬物產生的現象和過程，郭象都用「自然」來解釋。譬如：〈知北遊〉篇「天不得不高，地不得不廣」句，郭象注說；「這都是不得不然而自然罷了，並不是道使它那樣的」。又〈秋水〉篇「北海若日，知道者必達於理」一節，郭象注說：「瞭解道的，知道道是無能，既然是無能，何以能生我，那麼我是自然而生的呀！」甚至郭象認爲「天」也是「自然」的，因爲他肯定「天地」是萬物的總名稱，萬物既然是「自然」而生，那天地當然也是「自然」的了。他在〈齊物論〉「夫吹萬不同而使其己也」句注裏，有很巧妙的說明。他說：

無既然是無，就不能生有，有之未生，又不能生物，那麼生萬物的是誰呢？單獨的自己產生罷了。自己產生，就不是我生的，我既然不能生物，物也不能生我，所以物都是自生而不是從任何地方生出來的，這就是所謂「天道」。

郭象的意思，萬物既然是自然而生，天地又以萬物爲體，所以天地也是自然，全天地一「自然」。這是種聰明的意見，因爲儘管推論萬物所以產生的原因，最後還是「塊然自生」，倒不如乾脆說「天地萬物都是自然產生」，來得具體些，萬物既然是自然生，進一步說，也就是不等待什麼，所以郭象又提出「無待」這名稱來，他認爲造物到底是有呢？還是無呢？如果是無，當然就不能創造萬物；如果是有，也不能夠創造各種不同形狀的萬物，因此可以知道萬物都是自己創造自己的形狀，這才可以說是「造物」，所以創造萬物的沒有主宰，萬物各自造，物各自造，還等待什麼呢？這是郭象「無待」的理論根據，最後他把這「萬物自造而無所待」的現象，看做天地的常道。

然而，宇宙間的萬物，是無時無刻不在變化的，所謂「萬化未始有極」，那麼這種變化的現象，誰是主宰呢？郭象認爲萬物的變化，也是「獨化」，當然，這種觀念是從他「自生」和「無待」的理論推衍出來的結果。因爲物既自生而無所待，那物的變化，當然也是「獨化」了。譬如我們可以說，有形體才有影子，影子可以說是等待形體，形體可以說是等待於造物，那麼，造物又等待什麼呢？這樣，等待又等待，直到無窮，最後的必定是無所等待，那萬物「獨化」的道理就很明白了。郭象的意思，宇宙間萬物，一切都是「獨化」，無所等待，無待也可以說是自然，假使甲物體要等待乙物體，那就不是甲物體的自然，或且是乙物體要等待甲物體，那也不是乙物體的自然，所以說萬物各自然，獨化而不相待。由自生而獨化而不相待，構成郭象自然觀理論的一環，也是郭象的中心思想。

四、郭象自生說的理論基礎

自生之說，是郭象的思想中心，也可以說是整部《莊子注》的環節，那麼，郭象的自生之說，到底有沒有它的理論根據，以及它產生的背景是什麼？有提出來說明的必要。我們知道，當時玄學的主要派別，有所謂何（晏）王（弼）的貴無派，和裴頠的崇有派。郭象的《莊子注》，則是貴無和崇有的綜合。「無」和「有」的問題，是魏晉哲學上所討論的問題，宇宙間的事物，在無時不變的觀點看，事物是不存在的，它只是幻象而已，可以說宇宙間沒有事物的存在，但是在事物不斷的永恒的變幻中，事物又是存在的，也可以肯定宇宙事物的存在。郭象就是要在這事物存在（有）與不存在（無）的現象中，找出一套理論來，所以他必須一方面繼承王弼貴無的理論，一方面又發展裴頠崇有的觀念，創造出「寄言以出意」的自生之說來。郭象在〈齊物論〉「有成與虧，故昭氏之鼓琴也，無成與虧，故昭氏之不鼓琴也」句注說：

聲音不可勝舉，所以吹管操絃，雖然有繁手，聲音遺漏的還是很多，而拿著籥彈著弦，目的是要表演聲樂，然而表演聲樂而聲音反而遺漏，不表演聲樂，聲音反而齊全。

郭象所說的「聲音齊全」，其實也可以說是沒有聲音。沒有聲音倒有音樂的效果，古人所說「無聲勝有聲」，道理或即在此。好像開音樂會一樣，停頓不唱的時間，也會有音樂的意義，可見「有」是生於「無」。不過，無聲之所以能勝有聲，還是因爲有聲的緣故，停頓不唱的時間，所以有音樂的意義，也是有一個人在唱歌，那停頓的時間，才會發生意義，假使沒有人在唱歌，停頓不唱的時間，是不發生什麼音樂意義的。又可見「無」還是生於「有」，郭象就企圖在這「無」和「有」的循環產生中，找出他對宇宙萬物所以產生的答案來。所以郭象繼承王弼的「貴無」思想，但在方法上，還是有若干的不同點。用一個杜撰的名詞來形容，郭象是主張循環律，王弼則是用溝通律。因爲是循環律，所以郭象主張「自生」說，因爲是溝通律，所以王弼倡言「睽而知其類，異而知其通」。何晏王弼的意思，都認爲宇宙萬物無時不變，所以客觀存在的事物，都是幻象，但是只要把握住那變化的關鍵，就可以主宰萬物的變化。那主宰萬物變化的，就是「寂然無體」的道。何晏「《論語集解．述而》「志於道」句注說：「道不可體，故志之而已」。爲什麼「道不可體」呢？因爲道是虛靈的，皇侃說：「不可體，謂無形體」。王弼則直接的認爲「道」就是「無」。他說：「道者，無之稱，寂然無體，不可爲象。」「道」既然是「無」，那萬物的變化產生，都是由「無」而來的。《周易》王弼注說：「天地雖大，富有萬物，雷動風行，運化萬變，寂然至無，是它的本源。」這個本源沒有形成，也沒有名稱，是萬物的開始，如果是已有形體，有名稱時，那已是萬物的形成了。就在那沒有形成沒有名稱渾然一片的當時，便稱它爲「道」。所以「道」是渾然沒有形體、沒有名稱，只好稱爲「無」。那麼「無」又是什麼呢？換句話說，「無」派生出來的意義又是什麼呢？這樣就只好歸於「自然」了，所以王弼又說：「自然者，無稱之言，窮極之辭」。因爲天地之中，蕩然因任自然，不可得而窮，王弼是認爲「自然」和「無」都是產生萬物之前的原始名詞，郭象繼承這個觀念，也談論「自然」和「無」，不過，王弼把「無」和「自然」認爲是同義詞，郭象則是認爲「無」和「有」的冥合中，說明產生萬物的自然現象。全部的《莊子注》，就在這個觀念的聯鎖中得出來的結論，〈秋水〉篇「言之所不能論，意之所不能察致者」句注說：

> 夫言意者，有也；所言所意者，無也；故求之于言意之表，而入乎無言無意之域，而後至焉。

這幾句話的意思，就是說，明顯的語言文字，是具體的形象，文字所代表的情意，是抽象的觀念，應該在具體的語言文字之外，找出抽象的意念，那才能夠得到確切的真義。郭象的主要論點，就是要從具體的事物形象之外，去尋求抽象的意念，用術語來說，叫做「寄言以出意」。因爲「寄言以出意」，所以儒與道因而相合，名教與自然可以混而爲一。王弼也談「言意之辨」，「得意忘言」和「寄言以出意」都可以使儒和道調和而不相違，不過其本質上還是有不同的地方。王弼是認爲「言生於象，所以尋言可以觀象，象又生於意，所以尋象可以觀意」。既然言生於象，所以忘言可以得象；象生於意，忘象可以得意，要由具體的事物直探宇宙的本體。把握本體，則一切都可以會通。執一可以御萬。所以說：「眾不能治眾，寡才能治眾，動不能制動，貞一才可以制動。少者多之所貴，寡者眾之所宗。」郭象則是在具體的事物中探求本體，抽象的本體就是具體事物的本身。因爲王弼主張「執一以御萬」，一是道，也是自然，所以應該是「自然生萬物」。郭象認爲本體就是物的本身，所以主張「自生」之說，也就是「萬物以自然生」。因此我們知道郭象雖然繼承了王弼「無」的學說，他本身還是有發展的。

郭象一面繼承了王弼的「貴無」說，一面又繼承了裴頠的「崇有」說，那就是「至無不能生有」的問題，裴頠認爲「無」不能生「有」，所以開始生物的必定是「自生」。但是「自生」必定要根源於「有」，所以遺棄「有」而「生」虧。譬如說：工匠不是器物，但是製作器物必要工匠，不能說製作器物不是器物，以工匠不是具體的存在。郭象繼承了「無不能生有」的理論，也認爲「無既然是無了，就不能生有，有還沒有產生，又不能產生萬物，那麼產生萬物的是誰呢？是自己產生的吧了」。因此後人認爲郭象的自生說是繼承裴頠的「崇有論」而來的。從片面說是對的，但從另方面看，郭象自己也是有發展的。因爲裴頠的由「無不能生有」，說到萬物必自生，但是這個「自生」必定要根源於「有」，就像工匠造器物，器物雖然不是工匠，但必須有一個工匠，才可以造器物。萬物雖然是「自生」，但是「自生」是有條件的。郭象的「自生」說，一面肯定的說「無不能生有」，然而萬物是無時無刻不在變化的，它是不間斷永無休止的，所謂「變化日新，未嘗守故」。這一點爲郭象所承認，他在《莊子注》中還特別強調萬物變化的理論，譬如〈齊物論〉「日夜相代乎前，而莫知其所萌」句注說：

日夜相代，新的替代舊的，天地萬物，變化日新，與時俱往，什麼東西是開始呢？都是自然而然的罷了。

萬物既然是變化的，無時非生，無時非化，那「自生」之說必是沒有條件的，這和裴頠「自生必體有」的理論是有距離的，所以郭象說到萬物「自生」，都是忽然、突然的產生，無緣無故的產生，是沒有條件的。所以說：「忽然而生，沒有本，忽然而死，沒有根」。不但是「無不能生有，有也不能生有，因爲有能生有，那自生就是有本有根了。〈庚桑楚〉篇注說：

「有」還沒有產生，那什麼產生萬物呢？所以必定是自有，那裏是「有」所能「有」的呢？

所以郭象的「自生」說，一方面是在萬物忽然而生的基礎上立論的，但是這「忽然而生」又是無本無根沒有條件的，所以一方面又要受「無不能生有」，並且「有也不能爲生」的規定，假使「無能生有」，那「無」就是「有」的本源，「生」是有條件的，那就不是「自生」了。因此郭象「自生」的理論，是認爲「生生者」和「生者」是同一事物。從「自生」是「無本無根」的觀念看，「自生」可以說是不變，從「自生」是「忽爾而生」的觀念看，「自生」又是變化的，在理論上說，郭象「自生」說，是變與不變的綜合。變與不變本來是有矛盾的，但都在「生生者」和「生者」是同一事物的觀念上調和起來，瞭解這個道理，我們就可以明白郭象調和名教與自然的立論根據。當然，這理論的淵源，也是和王弼的「貴無」說和裴頠的「崇有」論，有直接間接的關係。

從變與不變的綜合的觀念中，又導出「迹」與「所以迹」的理論，「迹」與「所以迹」可以說是郭象思想的中心，與「貴無」與「崇有」的學說，和「自然」與「名教」都是有血緣的關聯。什麼叫做「迹」和「所以迹」呢？簡單的說，就是後天和先天的區別，六經是後天的「迹」，自然則是先天的「所以迹」，「迹」是客觀世界的具體事物，像典章文物制度等等，「所以迹」是主觀，所體會的「物自身」，郭象所說的「物的真性」，也可以說是「本體」。假使用現實的政治來比喻，那堯舜只是帝王的名稱，都是「迹」，聖人寄堯舜的「迹」，而「迹」不是聖人。為什麼呢？因為堯舜的名稱，是後人稱呼的，用知識可以理解的。用知識可以理解的東西都是「迹」，而不能算是聖人，聖人是「無心玄應，唯感是從」，泛乎若不係之舟，任由自然不是出於自己的主見。所以只有自然的和百姓的意見共通，那就無往而不為天下的君主了。這種的聖人，就在於「迹」的本身，因此「所以迹」也可以說是「無迹」。因為它反任物性，與物性合而為一，混冥一體，所以又是無迹，也惟有無迹的聖人，才能「乘羣變，履萬世」，因應世間無窮的變化，這不是有迹可以做到的。簡單的說，「所以迹」是超乎現象的。事物的現象叫做「迹」，超乎現象的是「所以迹」，由「迹」到「所以迹」，中間的過程，郭象稱為「冥」。用知識所見到的只是「迹」，不用知識去瞭解的才是「冥」，才是「所以迹」。換句話說，要達到「冥」的境界是「無心」的，不是「有意」的。沒有軌轍可循，是直指人心，不可言說的，很像後世禪宗的見性成佛。「迹」與「冥」是不同的，所謂「自迹觀冥，內外異域」，但另一方面說，「迹」與「冥」

又是一致的。堯是迹，但是堯也是冥。從堯是迹來說，那是「聖人未嘗獨異於世」，從堯是冥來說，那就是「與時消息」，世人只見堯的迹，不知道堯的冥。其實迹也是堯，冥也是堯，是自我的統一。聖人的形體是迹，通過思維活動，「物來即鑒，鑒不以心」的委順自然的悟，那就進入「冥」的境域。這就是郭象所說的「無心者」才能「與物冥」。當然，這種「迹」與「冥」的合體，自我統一的理論，和「貴無」、「崇有」也是有關聯的。

郭象一面繼承裴頠的崇有論，認爲萬物是自然而然，而不知其所以然，突然自生，沒有使萬物產生的主宰，這樣的話，萬物又從何而產生呢？古來以萬物是天地產生的，但郭象又認爲天地也只是萬物的總名稱罷了。所以〈齊物論〉「怒者其誰邪」句注說：「所謂天籟，並不是另外有一物體的存在，天籟也只是眾竅比竹之類而已，那麼產生萬物的，不就是獨化自生的嗎？」這意思就像是牛的紋理間隙，就在筋骨上，宰牛之道，是由技而進乎道，所以道無所不在，而所在又都是無。道之所在既然是無，無不能生有，那萬物豈不就是獨化自生的嗎？不過，從這裏所說的「道所在是無」來看，又是繼承王弼的貴無說。王弼和郭象一樣，認爲「體」與「用」不可以分爲兩截，所以貴無說就是著眼在本體的「無」，所以說：「凡有皆始於無。」又說：「萬物始於無而後生」。從這些理論看，郭象的自生說，雖然是有他自己的創見，但基礎上也還是繼承王弼的貴無說和裴頠的崇有說而來的。所以說，郭象自生的理論，是王弼貴無說和裴頠崇有說的綜合。

五、郭象的政治觀

郭象生當西晉末年，正是諸王割據互相攻伐的時候，他有心要表現自己的才幹，然而現實又不可能，所以在他前期的生活，只是研究老莊，過著像隱士的生活，以後他終於得到一個機會，表現他的才華。我們看他任職當權，熏灼內外，就可以了解他出仕的生活是相當愜意的。因此，很多人都爲他前後期不同的生活而惋嘆，《晉書》本傳說他在任職當權之後而素論去之，他的友人庾敳也在他擔任太傅主簿之後，慨嘆的說：「卿自是當世大才，我疇昔之意，都已盡矣」。但是，假使我們綜合研究郭象前後期不同形式生活之所以然，不難發現他研究老莊過著像隱士的生活，只是爲將來出仕的準備。郭象是想通過莊子的思想，找出他一套的政治理論。也可以說研究老莊是因，是手段，任職當權才是果、是目的。後人批評他爲人行薄，除了說他抄襲向秀的《莊子注》之外，並沒有說明郭象「行薄」的其他事蹟。假使我們說他利用老莊的研究爲手段，以達到政治的目的，以爲批評他行薄的根據，那倒是十分公允的。《莊子注》可以說是郭象政治思想的結晶，〈文士傳〉說，郭象作《莊子注》，最有清辭遒旨，遒旨就是遒勁的主旨，換句話說，有很濃厚的主觀意見。郭象對於《莊子》的訓詁，並不注意，所謂「鯤、鵬之實，吾所未詳」，但對於《莊子》的意旨，卻大有發揮，而所發揮的意旨，也就是他政治理論的根據。那麼他所發揮政治理論的根據是什麼呢？我們且先看他〈逍遙遊注〉的幾句話。他說：

> 《莊子》的大意，在乎逍遙遊放，無為而自得，所以能夠盡小大之致，以說明性分的所適，達觀之士，應該瞭解他的大要而遺棄他所寄托的言辭，不可以事事曲解而生異說，自然不會妨害其弘旨。

這幾句話可以說是《莊子注》的全體大綱，指出遒旨之所在。也道出《莊子》的大意，只是無爲而自得而已。無爲，就是「極小大之致」，自得就是「性分之適」，這是全部《莊子注》的大意，當然也是郭象主觀的意見，郭象一面提出自己主觀的主張，一面又怕別人誤解，也可以說是怕別人反對他的意見，所以又說，達觀之士，應該瞭解大旨，不要事事曲解原意，因此原來有很多篇的《莊子》書，也被他認爲有一部分是一曲之士，不能暢其宏旨，而妄竄奇說，有的像《山海經》，有的像占夢書，不合《莊子》的原意，刪掉剩下三十三篇。這三十三篇當然都是合乎他「遺其所寄」以及「寄言以出意」的宏旨了。也因爲有這個憑藉，所以即使他意見有和《莊子》不合的地方，也都在「寄言」的條件下，輕易的開脫了。知道這個道理，然後才可以知道郭象政治觀之所在。因此郭象所說的無爲，其實也是有爲；所說的「自生」，也是對已生既存的物質作用的否定，所以他說：

> 所謂無為之業，不是拱默。所謂塵垢之外，也不是說伏於山林。

無爲，既然不是拱默，那又是什麼呢？原來郭象的意見，無爲是相對的，無爲就是各任其自爲。他在〈天道〉注裏有一段很明顯的表示，把有爲和無爲，區分出很明顯的界限，他以工人刻木和用斧爲比喻：工人不去刻木，而善於用斧，工人不刻木，是無爲，但工人善於用斧，卻是有爲。由此可見郭象認爲政治的道理雖然標榜無爲，原來還是有爲，只是應該各管自己的事罷了。由「工人無爲於刻木而有爲於用斧」的道理推出去，國君也應該在政治上無爲，但在任用臣子卻要有爲。郭象把這種各任其自爲，都解釋做無爲。所以說，「臣子親任政事，君上能夠任用賢臣，利斧刻木，而工匠用斧，各任其職，這都是天理之自然，並不是有爲。」可見郭象在政治上的理想，就是以〈逍遙遊〉篇所說的「適性」爲學說的中心，和「物任其性，事稱其能」是一意相因的。因此郭象《莊子注》的宏旨，也就是郭象政治理論的根據。

從「適性」的理論看來，郭象是希望一個君臣上下各守其本分的理想社會，這樣就是他所說無爲政治的實現，否則的話，如果是「主代臣事」，那就不是君主分內的事；不是君主分內的事，而君主去做，郭象叫做「非主」。同樣的理由，如果是「臣秉主用」，就是臣子去執行君主的職權任用臣子，那也不是臣子所應做的分內事，臣子做不應做的事，郭象稱爲「非臣」。一定要君臣各司其任，上下都各盡所能，那就是無爲的道理。這種論調，當然也是從「適性」的觀點出發的。全部的《莊子注》，似乎到處都在說明這個觀點，〈在宥〉篇注說：

君位無為而委任百官，百官有所司而國君不去參與，這兩者（即國君與百官）都是不去做分外的事，而自適其性，那就君主安逸，臣子勤勞，勤勞和安逸是不同的，假使不去省察這個道理，而君臣之位就亂了。

〈天道〉篇注也說：

在上位的人，只憂慮他不能無為，而去替代人臣所做的事，這樣的話，就會使人臣不得執行他的職權，羣下失去所當做的事，而主上就疲困勞苦了。

君臣守分是國家治亂主要的關鍵，守分則是「無爲」，郭象所說的「無爲」，當然也含有天下太平的意思，君臣不守分，則天下大亂。郭象身處西晉紛亂之際，其「適性守分」之說，雖是借題發揮，但也不能不說是有感而發呀！

郭象的君臣守分的政治觀，在「無爲自然」的意義上說，是先天的安排，不是後天去追求的。郭象認爲後天的追求，也會造成社會的混亂。因此他認爲小大都是分定，大的不必笑小，小的也不必羨慕大。各人求自己性分的自適。那都是合乎「守分」的要求。〈養生主〉篇注說：

天性所受，各有本分，不可逃，亦不可加。

很明顯的，性分自足，是天賦的。不是人力所能改變的，既然是天賦的，就不必去「慕孝」、「尚賢」。只要各安天性，就可以逍遙終生。否則妄事追求，也只是徒勞而已。因爲天賦予的各有分，智慧的人終生是智慧的，愚笨的人至死也是愚笨的，不可能中途改變的。這種觀念，當然也是根據他的自然觀出發的。自然的含義，就是不爲。所以大鵬一飛九萬里高空，尺鴳只是搶榆枋而後止，大椿五千歲爲春，五千歲爲秋，朝菌朝生而暮死，在郭象看來，都是天賦自然的，不是去「爲」而做到。這樣看來，郭象的政治觀，可以說是「各安現狀」的社會結構。論萬物的品類，則千差萬別，論萬物的性分，則各有所能，任其所能，使萬物充分發揮自己的才性，不必要去改變他，也不可能去改變他，這就是郭象理想的社會組織。但是因爲時代是不斷的在變化，而自爲必須適應時代的變化，所以這種個別獨立的性分自足論，勢必在自爲的範疇下，脫離社會的相互關係，從現實的社會進入各當其分，沒有差別的無爲的混沌世界，也可以說是現實政治觀的理論化。然郭象又是實際從事政治的，他又必須從理論的政治落實在人生社會裏，那又是現實的社會秩序，必須固定，不可踰越，消滅貧富貴賤的等差，貧富貴賤只是各人的性分，大鵬也不比小鳥尊貴，小鳥也不必去羨慕大鵬，換句話說，君臣、上下、貴賤、貧富，都是自然、自爲的，不是任何人去區別他們的，這樣才算是真性的表現，萬物才能得到逍遙。其理論的背景，一方面固然是受時代思潮的影響，一方面也是在爲自己任職當權做注腳。

總而言之，郭象的政治觀，是性分自足的無爲，消滅個體相對的差等，使其絕對的獨立，達到「形大的未爲有餘，形小的也不爲不足」的境地，以構成他理想的世界。

六、結論

郭象自然觀的宇宙論，和莊子原意雖然有許多相異的地方，但總是從莊子的原意發探出來的，不過是現象過程的不同而已，並不是本質上的差別。近人認爲《莊子·大宗師》說「有大力者在」，肯定莊子在萬物產生的過程之外另有一本體，而郭象則認爲本體即是產生萬物過程的本身。不過，根據我的看法，莊子並沒有明顯的說明產生萬物過程之外另有一個本體，莊子雖然認爲有一個產生萬物的道存在，但是這個道卻普遍存在於物的本身，離開物就沒有道的存在，好像我們人體，具備了百骸、九竅、四肢、五體，構成了人身，在這個人身上，好像有一個主宰我們的「真君」，然而如果沒有這百骸、九竅、四肢、五體構成的人體，那個「真君」也就不存在了。不過，這個「真君」也就是「道」，莊子是肯定在萬物之先就存在的。這話是怎麼說的呢？譬如電燈發明了，電燈的理，固然即在電燈之中，但是在電燈沒有發明之前，那個造電燈的理就已經先存在了，道先萬物而存在的理由也一樣。郭象則根據這個道理，直接說明那個「道」是無，產生萬物的主宰，就在萬物的本身，所以郭象雖然主張萬物以自然生，但好像還是認爲這萬物以自然生，冥冥之中，有一個「理」存在。不過，這個理不是在萬物未生之前就存在的，而就寄寓在萬物之中，理與萬物可以說是同時產生的，所以說：「人之生也，理自生矣」（〈德充符〉注）。因爲這樣說也是自然的，〈齊物論〉注說：

> 論到萬物，都是自然這樣的，並不是相互而成為這樣的，所以任其自然而「理」也就自然寄寓其中。

從這幾句話看來，郭象是認爲宇宙各種各類的事物都有一個理，所以說：「物物有理，事事有宜」。只是這個「理」受他「自然說」理論的規定，是自然產生的罷了。既然「理」是自然產生，所以或以爲「有」，或以爲「無」，在「理」的本身都是無所謂的，因此這個「理」可以說是沒有是非的，所以說：「理無是非」。其實郭象所說的理也就是道，因爲道是絕對的，所以沒有是非，郭象認爲道是「無」，所以就以「理」來替代，這種理論，和宋代理學家所談的「理」有直接間接的影響。朱子曾經說：「太極只是一個實理，由理而生氣，太極生陰陽，就是理生氣，陰陽生則太極在其中，理生氣，理又在氣之內」。這裏所說的「太極」、「理」，和郭象所說的絕對的「理」，雖然内涵的意義不盡相同，但在形式上說是共通的。尤其是郭象所說的「物物有理」，和宋人所說的一物有一物的理，所以要今日格一物，明日格一物，一直到一旦豁然貫通，眾物的表裏精粗無不至的地步。這些理論雖然是宋代理學家的創見，但不能不說郭象早已開其端，宋人雖然把理與氣區分爲形上形下兩種名稱，但這只是就說明方便而說，其實宋人一直是主張理與氣二者不相離的，和郭象「理自然寄寓萬物之中」的觀念是有相因的關係，不過，宋人只說「天地之間有理有氣，理是形而上者的道，是產生萬物的根本；氣是形而下的器，是產生萬物的形具。人類萬物必享受這個理而後有性，必享受這個氣而後有形。」對於萬物產生的過程只承認是理與氣的結合，不承認自然說，這當然是因爲郭象是要以儒而合道，宋人則對道家思想，多少仍有點排斥性。總而言之，郭象談「理」的學說，對宋人是有直接和間接的影響，中國儒家從道理的「理」、治理的「理」，發展爲「理」與「道」平列，「理」與「自然」同稱，後世儒家把「理」釋爲「性」、釋爲「天命」，以及「心即理」等等的學說，在中國思想史上，都佔有重要的地位，而郭象實是其中承轉期的重要角色。

參考文獻舉要

郭象的資料，我們所能看到的很少，他的著述，除了《莊子注》以外，還有論語、碑論、文集等，但是大部已經散佚，不能看到它的全貌。所以歷來研究郭象思想的，都是根據那還有問題的《莊子注》。這可以說明《莊子注》和郭象關係還是很密切的，所以我們用《莊子注》來說明郭象的思想，大概是不會有太大的距離。

談起《莊子注》，坊間出版的書籍非常多，有藝文出版的《南華真經》，和世界、河洛等書局出版的《莊子集釋》，都可以參考。當然《莊子注》還有其他的本子，各本的文字，也難免有些出入，近人王叔岷有《郭象莊子注校》，甚便參考。

其他研究郭象的論著，有：

錢賓四先生 〈郭象莊子注中之自然義〉，這篇論文發表於民國三十八年五月《學原》第二期至第五期，以後和錢先生所著的〈王弼郭象注易老莊用理字條錄〉一文都收入《莊老通辨》那本書中，本篇論「郭象的自然觀」，頗有參考，讀者可以參閱。

其他近人 〈郭象的哲學〉，刊於民國十六年三月《哲學評論》第一卷第一期。

湯錫予 〈向郭義之莊周與孔子〉，收《魏晉玄學論稿》中，民國六十一年十月臺北廬山出版社印行。

陳寅恪先生〈逍遙遊向、郭義及支遁義探源〉，刊《清華學報》第十二卷第二期。

附：日本部分

福永光司〈郭象的莊子解釋〉，《哲學研究》四二四號、四二五號。

關正郎〈郭象的莊子注及其自然觀〉，《人文科學研究》二十八期。

村上嘉實〈關於郭象的思想〉，《東洋史研究》六卷三號。

戶川芳郎〈郭象的政治思想及其莊子注〉，《中國學報》十八集。

有關向秀和郭象《莊子注》的問題的論著有：

楊明照〈郭象莊子注是否竊自向秀檢討〉，《燕京學報》第二十八期。

壽普暄〈由經典釋文試探莊子古本〉，《燕京學報》第二十八期。

劉盼遂〈申郭象注莊子不盜向秀義〉，《文字同盟》第十期。

王叔岷〈莊子向郭注異同考〉，《中央圖書館館刊》第一期。

張亨〈莊子注的作者問題〉，《許詩英先生六秩誕辰論文集》。

黃錦鋐〈關於莊子向秀注和郭象注〉，《淡江學報》第九期。

道安

藍吉富 著

散文

目次

道安

一、傳略

漢末桓、靈二帝在位期間，安息國的安世高傳譯小乘佛典入我國，這是佛書正式傳譯為中文的開始。從此以後，西域諸國如安息、月支、龜茲，乃至於印度的僧人，遂陸陸續續到中國來。一直到東晉為止的兩百年間，這些西域或印度來的佛教徒，為我國翻譯了不少佛典。儘管這些佛書並不是有系統、有計畫的傳譯，但在這些零散的中文譯籍中，當時人已大略可以窺見佛教的基本輪廓，已經可以擺脫漢末「視佛教為神仙方伎」的錯誤觀念了。經過二百年的點滴輸入，佛教在這時是應該可以在中國開始奠定下堅實基礎的。

在這佛教基礎尚未穩固的時候，要求中國佛徒去直探印度梵文或巴利文原典，自然是一種不合理的苛求。但是如果有人根據當時的翻譯佛典，去探討佛教的基本義理，則未始不可以把握到這一宗教的真正方向。如果更有人利用所有中文佛典，而作一總合性的深入探究，然後向國人做一種適合國情民俗的弘傳，則佛教當可以在此時紮根於中國。在東晉初年的佛教界，這種人材當然很少。外國僧人由於語言的隔閡，除了翻譯之外，很難做其他弘法工作。而中國人之能具有夠水準的佛教素養及宗教熱忱者，也頗難覓得。道安，便是在這種時代背景下的中國佛教徒。他所扮演的歷史角色，就是此一時期中國佛教的奠基者。

道安出生在一個大動亂的時代。晉懷帝永嘉五年（西元三一一年）晉室武力被胡人石勒全部消滅。懷帝被匈奴人劉聰所俘。接著，繼洛陽失陷之後，長安又淪於胡人之手。次年，懷帝遇害。動蕩的晉王朝，在幾年內乃告南移，北方遂陷入胡人與胡化漢人瓜分混戰的紛亂局面。道安的出生，就在懷帝遇害的這一年。

道安原姓衞，俗家名字已不可考。出生於常山扶柳（河北省冀縣西南約六十里）。這一時期的北方人，命運幾乎是註定要「生逢百罹」（道安語）的。因爲永嘉之亂以後，黃河以北是個戰禍頻仍的地方。道安的家世原本不惡，但遭逢到這種時代，乃使他幼年即成爲父母雙亡的孤兒。也因此，他才寄居在一位孔姓表兄的家裏。

幼年的道安，即已表現出過人的記憶力。七歲時，其讀書之默誦能力，已傳誦鄉里。到十二歲左右，他出家爲沙彌。現存較早而且完全的道安傳記——《出三藏記集》（卷十五）與慧皎《高僧傳》（卷五）等書的〈道安傳〉都沒有說明他爲什麼出家。但一個生長在戰亂時代中、而且寄人籬下的孤兒，其步入空門，當不是一件足以令人驚訝的事。而且，道安的家鄉，這時已建有佛寺。幼時的耳濡目染，加上身世之孤苦，當是促使他出家的主要原因。

道安出家後的三年內，其聰敏的心智及過人的記憶力，並沒有受到該寺主持的重視。因爲他膚色黝黑，形貌頗爲醜陋。寺院裏那位凡庸的師父，就這麼驅使道安做了三年打雜等田舍間的勞力工作。然而，道安具有傳統中國佛教徒的美德——勤勞、精進、守齋戒而不發怨言。就這樣在寺院裏服了幾年勞役後，他才向師父求授佛經。

師父取來一部五千字左右的佛典——《辯意長者經》給道安。道安當天帶著這部經到田裏工作。就利用休息時間，把該經全部背誦下來。傍晚回寺院時，他向師父求取另一部經，並且說明今天所取的已經全部能夠闇誦。師父當然不相信，也並不太注意這件事。不過，他還是取來一部《成具光明經》給道安。這部書將近一萬字，而道安在次日的田間工作時間裏，又把它全部背誦下來。傍晚時，取回去還給師父。這回師父終於想到要考考他了。沒料到一考之下，道安真的能夠一字不差地背誦下來。就這樣，道安才開始引起其師父的驚奇與注意。其後，乃爲道安授具足戒。使他成爲具有正式資格的比丘。而且，也允許他到各處去參學。

在道安弱冠之年時，北方外族中，石勒以羯胡小种，稱霸中原。其所建國家即五胡十六國中的後趙。在石勒與其姪子石虎統治期間，後趙一國，對佛教相當尊崇。當時有一位西域比丘佛圖澄，是一個在修持與教義兩方面都具有相當素養的出家人。此人被石勒叔姪敬爲「國之大寶」而禮遇有加。西元三三五年，石虎把國都從原來的襄國（今河北省邢臺縣西南）遷到鄴（河南臨漳縣西）。佛圖澄也隨著石虎移居新都。就在後趙遷都之後不久，道安遊學到鄴都。在當地寺中遇見佛圖澄。到底佛圖澄的識鑒，比道安原來的師父要高明多多。他與道安對談，立即就發現這位形貌不雅的青年和尚是佛門中的一塊璞玉。兩人談論終日，使佛圖澄的徒眾們覺得憤憤不平。他們覺得以佛圖澄之尊貴身分，實在不應與一位尋常比丘談論一整天。但是佛圖澄回答那些來表示異議的人一句話，他說：「此人遠識，非爾儔也。」從此，道安拜佛圖澄爲師。這年，道安是二十四歲。

師事佛圖澄，是道安一生中的重要轉捩點。佛圖澄是當時我國北方的佛教名僧。受知於後趙國主、徒眾甚多。因此，其所住地方自然形成當時的佛教重鎮。一個好學的人，處在這種環境，其收穫當然會比在其他地方豐碩的。道安本具有過人的稟賦與基本素養，加上名師之扶掖，優良環境的薰陶，乃使他成爲佛圖澄弟子中的皎皎者。

當時的我國佛教教育界，也還保有印度佛教的一種「覆講」制度。即師父在講經之後，爲了使某些仍不完全明白經義的徒眾能更進一步的瞭解，往往命某一優秀弟子再重新宣講該經。在佛圖澄門下，道安即經常擔任這種角色。由於同門的嫉視，使道安在覆講時，常遭到不少師兄弟的故意駁難。他們立意要難倒這位被稱爲「崑崙子」（當時指膚色黑的人）的同門。但是道安「挫銳解紛、行有餘力」，使那些心有成見的師兄弟，爲之結舌無語。當時人就流傳著這麼一句話：「漆道人，驚四鄰」。所謂「漆道人」指的就是膚色黝黑、其貌不揚的道安。

道安在佛圖澄門下共耽了幾年，史料不足，吾人已無法確知。然而其佛學素養，在這位名師門下奠定堅實之基礎，則是明顯的事實。離開佛圖澄之後，道安在河北一帶四處遊方問學，訪求經律。而其學識與修持，也逐漸贏得當時佛教徒的讚賞。石虎去世時，掌握後趙朝政的石遵，即曾遣使迎道安入居鄴北的華林園，以事供養。不過，他在華林園的時間，爲時甚暫。沒多久，道安即離此他往。

石虎去世以後，後趙陷入相互屠殺的內亂局面。石遵殺其兄石世而篡位。旋有石虎之養孫、胡化漢人的冉閔崛起，殺石遵，並鼓勵漢人誅殺羯胡。北方遂陷入一片胡漢相殺的紛亂局面。為了避開冉閔之亂，從此道安開始過著輾轉流徙的生活。此後十餘年，他在河北先後共遷居九次。主要居住地有濩澤（山西陽城縣西）、飛龍山（一名封龍山，在河北獲鹿縣）、陸渾（河南嵩縣東北）。他的大部分中年生涯，就在這種不遑寧處的日子中度過。然而，道安之所以能成為佛教史上的一流高僧，即在此處可以看出端倪。在那種顛沛流離的困苦日子裏，他仍然精誠修持，不斷弘講。並且勤奮地作那註釋佛典的工作。這種矢志一心，艱苦護法的行為，比起那些只會躲在山林之中吃素唸經、自鳴清高的「自了漢」，當然是不可同日而語的。

晉哀帝興寧三年（三六五年），道安已經五十三歲了。經過幾次的移居之後，他這時偕其徒眾正潛居在陸渾修學。然而由於前燕王子慕容恪攻略河南，迫使陸渾也陷入戰亂之中。不得已，道安只得率領數百同道及徒眾南奔，想要轉移到襄陽（湖北省襄陽縣）。當眾人到達新野（河南省南陽縣南）時，他乃生起一項新的構想。他覺得在那種戰亂頻仍的年代裏，要使佛法廣被，實在不能這麼只結集一個團體，作「眾星拱月」式的東奔西走。如果能把這幾百個人分化成幾個小團體到四處弘法，則其效果當必更佳。於是他告訴同行諸眾：「今遭凶年，不依國主則法事難立。」在沒有國君護持的情況下，為了使佛法廣布，他希望各人能依照他這計畫進行。於是，竺法汰率眾到揚州。法和與徒屬入蜀境。而道安本人則率眾南下襄陽。

這種「分張徒眾」的舉動，對於佛法之弘傳，當然有相當大的效果。其方式與基督徒之千里傳教，是大體相同的。只不過後者的組織較嚴密而已。十幾年後，道安在襄陽再度遭遇戰火，其時他又把隨從徒眾再度分成幾個團體，勉勵他們分赴各地弘布佛法。這種因勢利導的方便作法，自能使東晉佛教大為廣布。由此也可以看出其人之弘法熱忱及見識之不凡。

道安抵達襄陽後，居住在白馬寺。幾十年的弘法修學，已經使他成為佛教界的知名人物。因此四方學者，常有來和他論道求法的。當時鎮守江陵（湖北省潛江縣西）的東晉征西將軍桓豁，也邀請道安前往江陵暫住。其後，梁州刺史朱序又把他請回襄陽。一直到晉孝武帝太元四年（三七九年）被前秦苻堅的軍隊俘到長安為止，道安在襄陽共住了十五年。這十五年間，是道安一生中弘法與為學最重要的時期。由於這些年間，北方苻秦、慕容燕等國正交相爭戰，尚無暇南犯東晉。因此荊襄一帶才能暫免兵災。也因此，道安才能較安寧地為佛教作弘法、研學的工作。其有關般若系經典的注疏、僧尼行為軌範之制定、以及在我國目錄學史上有重要地位的《綜理眾經目錄》一書，大抵皆完成於此一時期。

由於白馬寺寺宇較狹，不敷應用。道安得到信徒的贊助，得以另建檀溪寺居住。檀溪寺原為當地一名流的住宅，經過擴建後，乃成為一座具有四百房間的大寺。並且附有一座五層塔。此後，該寺即成為道安在襄陽弘法的主要道場。而四方名流，聞風而至者，也為數日多。道安並不擅長逢迎顯貴，也不特意去結交仕流。但由於德高行粹，自然聲望日隆。諸方善信也就逐漸輻湊於檀溪寺。前秦國主苻堅曾遣使送來數種珍貴之佛、菩薩像。涼州刺史楊弘忠送來銅材萬斤，道安乃遣人鑄成丈六佛像。此外，晉孝武帝曾遣使下詔致敬。稱讚他「居道訓俗，徽績兼著。」撰〈奉法要〉一文的名士郗超，對道安也相當欽崇。曾送米千斛，殷勤寄意。如果這些貴族顯要的護持是道安刻意結交而得，則他必難逃歷代僧史作者之非議。因爲中國歷代佛教界，對僧格的維持一向相當重視。例如唐初嘉祥吉藏、宋代佛教學者贊寧，都因爲有曲意結交權貴的趨向，而爲後代史家所惋惜。關於這一點，慧皎《高僧傳》序錄內曾提出兩個範疇來判別。他把追隨時代潮流而「寡德適時」的出家人，稱爲名僧。把「實行潛光，高而不名」的出家人稱爲高僧。兩者的境界格調，當然是高下判然的。若以這標準來衡量，道安雖然名氣不小，但其行爲則仍可屬於高僧之列。否則慧皎在《僧傳．義解》末裏也不會特別讚嘆他「戒節嚴明、智寶炳盛、使夫慧日餘暉，重光千載之下」了。

在道安的交遊中，與習鑿齒的往來，是最爲膾炙人口的。習鑿齒是襄陽名流，不惟以文筆著稱於世，且博學善談論。「鋒辯天逸、籠罩當時」。他對道安即相當傾倒。在道安抵襄陽之前，習即曾致書表示禮敬。及道安到達該地，習前往拜訪。當時賓主坐定之後，習即表現出其名士風範，坦然自稱：「四海習鑿齒」。沒想到道安也隨口說出「彌天釋道安」的句子來。兩晉時期的上流社會裏，對於言談之巧、容止之美，都相當注意。因此習、道這兩句自稱之詞，立即被當時人認爲是「佳對」。道安所答的下聯，也被譽爲「名答」。

據宋朝所編的一部類書——《太平御覽》內，曾引載一段習、道二人的故事。據說習鑿齒來看道安時，寺內眾僧都「捨鉢、斂衽」，對習氏施禮表示歡迎。然而見到道安時，道安卻仍然只顧進食而未曾稍輟。習氏當時即作一短詩謂：「大鵬從南來，眾鳥皆戢翼。何忽東老鴟，腩腩低頭食。」這故事的真實性也許會遭人懷疑，但由此也可窺見習、道二人的交往，是歷代文人喜歡談論或附會的話題。

無論如何，習鑿齒對道安是極其推服的。在他後來給東晉名人謝安的一封信裏，不惟道出他對道安的尊敬之情，也清楚地顯示出道安師徒那種平凡而踏實的佛徒風範。在那封信裏，他說道安師徒數百人，平素踏實修行，齋講不倦。「無變化技術可以惑常人之耳目，無重威大勢可以整羣小之參差。而師徒肅肅，自相尊敬。洋洋濟濟，乃是吾由來所未見。」不依賴神異事蹟，不用重大威勢，而徒衆自然肅穆相敬。這種力量，若非具有充足的涵養、熱忱與學問，自是無法如此。「從平凡中顯現偉大」的風格，是聖者的風格。道安一生行事，確近乎此。

魏晉南北朝時代，清談名士是社會上的特殊階級。名士們一向自視甚高，若非某人真有玄學才具與清高的風格，則必不輕易推許。因此，道安之爲郗超、習鑿齒一類人所推服，必有其實質內涵在。此即習氏〈致謝安書〉中所說的：「其人（指道安）理懷簡衷，多所博涉。內外羣書，略皆徧覩。陰陽算數，亦皆能通。佛經妙義，故所遊刃。」除了上列的博學、通達、精研佛理之外，（《晉書．習鑿齒傳》）且還稱道安爲「俊辯有高才」。怪不得習氏要爲之傾倒不已了。

我們從道安的稟賦與才具中，發現他具有某些清談名士的特點。他諳玄理，善談論，博學多才，格局寬闊；不爲一經一論所拘宥。凡此，都足以使他發展成爲一個清談名僧，而躋身於名士之列。但是他並沒有朝這方向發展，他的宗教熱忱與弘法的使命感，使他不能僅以清談名士爲滿足。既然體認到佛法確實有益於衆生，則把那些道理儘量傳播於社會，當是一個出家人最重要的職務。僅僅把佛教教義當做玄理，去作逞口舌之能的清談，對道安而言，是無甚意義的。這應該就是他沒有成爲清談名僧的原因。也是他比那些清談釋流（如支道林，支愍度等人）更值得後人景仰的理由。

在道安弘法於襄陽的十幾年間，北方諸胡中，氐族崛起。雄才有大志的苻堅逐漸地把前燕、前涼等國消滅，終於統一了北方。這位頗思「混一天下」的氐族國君，除了對當時偏安於南方的東晉極有野心之外，對佛教也頗具好感。尤其對卜居襄陽的道安甚爲心儀。因此，常常對臣下表示出他想羅致道安的心願。晉孝武帝太元四年（三七九年），苻堅派大將苻丕南取襄陽。東晉的這一西部重鎮遂告失陷。苻丕在這一役中，有三位重要人物被俘到長安。除了晉梁州刺史朱序外（此朱序，即後來肥水之戰中，暗中搗亂苻秦軍心的東晉大功臣），另兩人就是習鑿齒與道安。後來，苻堅告訴他的臣下，他耗十萬大軍在襄陽一役中的收穫，就是得到「一人半」。「半人」指的是當時已患腳疾而跛足的習鑿齒。而「一人」，指的正是道安。

我們在這裏並不批評苻堅這種品鑒人物的標準是否正確。我們所要提醒讀者的是，這一事實，顯示出當時道安聲譽之隆，並不只在佛教界中爲然。至於他何以能使苻堅對他如此重視，這當然由於其個人之修持、弘法與爲學之有豐碩成果使然。關於他在佛教方面的業績，我們稍後再談。

從在襄陽一役、被苻堅大軍俘到長安之時起，到他去世爲止，道安在長安共計七年。此數年間，道安受苻堅的護持，在住有僧眾數千的五重寺內，弘揚佛法。很自然的，他乃成爲長安城內士流公認的第一高僧。當時，苻堅曾在出遊東苑時，不顧臣下的反對，命道安來與他同輦（帝王的車子）而坐。此外，又曾下令朝中學士，凡有疑問，皆可求教道安。因此，當時京兆（長安一帶）間遂有「學不師安，義不中難」的傳言。博涉內外羣書的道安，不只成為長安學術界的最高權威，而且成爲衣冠子弟，爲文依附致譽的對象。當然，苻堅是個軍事家與政治家。並不是一個單純的佛教徒。因此，他對道安的推崇，自有一定的限度，是不可能對一切都言聽計從的。所以，當道安勸他不要南下伐晉的時候，他就恢復爲一個霸主的身分，而不相信那以佛教慈悲理論作基礎的政治哲學了。

道安在長安七年，主要工作是對佛書的整理核定，與提倡譯佛典爲中文。長安所以能成爲當時佛教界的翻譯重鎮，道安的提倡，自是重要原因之一。當時人稱道安爲印手菩薩。因爲他左臂上生來便附有一片多出來的皮，大小約一寸見方。手肘附近，又多出一塊方型像印章的肉。所以時人給他這個稱呼。晉孝武帝太元十年（三八五年）二月八日，道安預知即將去世。在告知徒眾後，乃無疾而終。死後，被葬在長安城內五級寺中。享壽七十四歲。

二、著作及思想

根據現存佛教目錄書（如《出三藏記集》等書）所載，道安的著作共有二十餘種。這些著作大部分是佛經的注解。篇幅都很小，除了幾部是二卷本外，其餘皆爲一卷本。茲誌其標題及卷數如次：

《陰持入注》、《大十二門注》、《放光般若折疑略》、《答法汰難》等四書，各爲二卷。《光讚折中解》、《光讚抄解》、《放光般若折疑准》、《同起盡解》、《道行集異注》、《小十二門注》、《了本生死注》、《密迹金剛》、《持心梵天二經甄解》、《賢劫八萬四千度無極解》、《人本欲生經注撮解》、《安般守意解》、《大道地注》、《眾經眾行十法句義連雜解》、《義指注》、《九十八結解約通解》、《三十二相解》、《綜理眾經目錄》、《三界諸天錄》、《答法將難》、《西域志》，此上諸書皆僅一卷。另有《實相義》，《淨土論》二書，不知卷數。

此上所列諸書，除《人本欲生經注撮解》一書尚存於《大藏經》（《大正藏》第三十三冊內）之外，其餘諸書，皆已佚失。其中，《綜理眾經目錄》一書雖亦不存，但南朝僧佑所撰《出三藏記集》一書（現存），則將道安此書融匯於其中。因此，我們仍可藉僧佑之所撰，略知道安原著的大概內容。此外，《出三藏記集》內，也存有道安所撰經序十餘篇（如〈陰持入序〉、

〈人本欲生經序〉等）。這些序文，很可以幫助我們了解道安佛教思想的方向。

綜觀今存道安遺文及有關史料，我們發現道安對佛教的看法及其學說，有三點值得注意的特質。

第一，道安的思想立足點，完全是佛教式的。換句話說，是宗教的，不是純玄學的。他固然有一套類似清談玄理的佛學理論（本無論），但他與那些佛教清談家絕對不同。他絕不以徒逞玄談、或博取上流社會之清譽爲已足。而係以其理論，作爲信仰的心理基礎。

第二，在當時的中國佛教徒中，道安固然是第一流的思想家，但以今人視之，其佛教哲學理論並不完善。這並不是道安本人稟賦不佳所致，而是時代環境使然。當時的中國佛教界，經論不夠，思想界大師（如鳩摩羅什、智顗、玄奘等人）又未及見。時代的限制，思想環境的貧乏，自然使他在先天上即有所不足。這是任何啓蒙時代之思想家的特徵，不能算是道安個人的缺陷。

第三，當時思想界的玄談風氣極盛，清談家談論佛理時，常將佛法中的條目式名詞（如五陰、十二入、四諦等）拿來與老莊玄學詞彙相比附，這就是所謂的「格義」。道安在中年以前，也曾受到這種風氣的薰染，因此其理論或文章中，也常用這種方式來宣說佛理。他不只以條目式名詞相比附，而且將佛、道二家理論之類似者，拿來相互說明。

道安思想之爲宗教式的，此一特質，在今存道安各篇經序中很明顯地洋溢出來。在那些文章裏，充滿著他對釋迦牟尼的崇敬、對經典與佛法的敬重、與護持佛教的虔誠心理。以這種心理作基礎，發而爲文，自然與那些專門逞露玄理之巧妙的玄學家不同。他並不僅僅注意佛教裏的玄學體系，而且對那能使一個佛教徒步入解脫之道的戒律與禪定，更加重視。他以爲戒律、禪定、與玄理啓發的智慧，是「至道之由戶，泥洹之關要」，是解脫之道必備的條件。尤其是戒律，更是佛教徒的修行基址，絕對不能忽略。因此，對於記載戒律的經典，是亟須加以蒐求的。對於當時戒本之不完全傳來中國，道安曾深致慨嘆。他說：「云有五百戒，不知何以不至？此乃最急。四部不具，於大化有闕。」這種慨嘆，可以看出其人之重視修持。他並不是一個僅僅重視佛學體系的出家人。

至於禪法，他在慨嘆「晉土禪觀廢弛」之餘，也註釋、整理了不少安世高所譯的各種禪經。在他所註釋的各類經典中，有關禪法的書，爲數僅次於般若典籍。其對禪法的重視，由此可見。

大乘佛教，大體可分爲空、有兩系。兩晉時代，空系的般若學，風行於佛學界與清談界。道安生當斯世，自難免受到時代思潮的影響。加上專揭性空義理的般若思想，又很能滿足人們的哲學趣味，因此，道安之對斯學特下苦功，自是不足爲奇。

在道安所著存佚諸書中，據標題顯示，有關般若學的，共有十餘種之多。在晚年的二十載歲月裏，他每年必講《放光般若經》兩遍。至於對各種般若經典的讚嘆，也常見於其所存諸序文中。他曾在〈道行般若經序〉中說：「大哉智度，萬聖資通，咸宗以成也。」「智度」是梵語般若波羅蜜多的意譯。指的就是般若法門。

從漢朝末年，一直到道安時代，般若系經典是中國最爲流行的佛書。般若（Prajñā）的語意，原是指遍知諸法實相的智慧。而依照佛典所說，諸法實相正是「緣起性空」。亦即謂一切事物，都是由各種因、緣組合而成；其根本內涵並沒有那種固定不變的本體（只否認「本體」而已，此處並不是說一切現象都沒有）。這種對本體的否定，就是佛教徒所最常提到的「空」。般若系經典所說的道理固然五花八門，但其重心卻是在空義的闡揚上。這一系經典，雖然到唐玄奘時，才有集大成的綜合翻譯（即《大般若經》），但是在道安以前，其中的一部分（如《道行》、《放光》、《光讚》等般若經）則早已由支婁迦讖、支謙等人譯成中文了。道安對般若空義的理解，主要就是從這些早期傳譯的般若譯本推究得來的。

由於道安所處的時代，玄學風氣極盛，因此，內涵辯證法及玄學義趣的般若經典，也成爲佛法中的第一顯學。當時闡揚般若空義的佛教學者相當多。由於各人理解不同，乃使這一時代的般若學說，衍成不同的七派。此即所謂的「六家七宗」——本無、本無異、即色、識含、幻化、心無、緣會等七宗。（其中提倡「本無」說者，分爲「本無」與「本無異」兩派，所以六家才衍成七宗。）道安所持的學說，是七派中最重要的一派——本無宗。

很遺憾，關於道安「本無」說的原始資料，已經完全佚失。因此，現代人要研討此一學說的內涵，只能依據後代學者的評述史料。依據這些間接史料，當然不能完全把握到道安玄學思想的全貌，所以，此處所述，只能約略揭出其學說之大意而已。這些間接資料，主要包含在僧肇的《不真空論》、《名僧傳抄．曇濟傳》、嘉祥吉藏及元康的《兩部肇論疏》、及日本三論學者安澄的《中論疏記》等書中。

「本無」一詞，原是梵語「Tathata」的對譯。後世多譯之爲「真如」或「如」。其原義是指宇宙間一切人事物的真實相狀或本性。這相狀或本性，並不是人類肉眼等感官所能感覺出來的那種。而是必須經由般若智慧才能觀照體會出來的。這真實相狀就是因緣和合，就是空。這種空義，與魏晉以來玄學家「貴無賤有」的風氣頗爲接近。因爲玄學家們往往認爲天地萬物皆以無爲本。因此，當佛典翻譯家（如支讖、竺叔蘭、竺佛念等人）譯該詞爲「本無」時，此詞及其所內涵的義理，在當時即頗爲清談家所愛用。在佛學界，也逐漸與「空」成爲同義語。

道安認爲一切現象，由眾生感官來觀察，雖然有千差萬別、動靜紛雜的不同，但是其本性是空寂的。是至常至靜、寂然不動的。這種空寂至靜的本性，即是「本無」。這種本性，可以由禪定所生的般若智觀照到。此外，他又以爲在時間之大流裏，「無」在萬化之前而有。「空」是一切形相的開始。「本無」或「空」是一切法的根本。而一般眾生所感覺的紛然萬象則是「末有」，是枝葉。凡夫之心，滯在「末有」的種種現象上，所以有紛紛雜雜的許多「異想」。如果此心能回到「本無」的境界，則一切異想，便會自然地息滅。

道安這種理論，在般若中觀玄理大白於世的後代研學者看來，其缺點是很明顯的。所處時代稍後於道安的佛學天才僧肇，即批評他「不能悟諸法本來是無。所以名本無爲真，末有爲俗耳。」以今人眼光衡之，道安所持「無在萬化之前，空爲眾形之始」的看法，確實不太妥當。因爲佛家所揭出的空義，是當體即空的，是超越時間概念的。後世佛徒常用「無始」兩字來襯顯事物之由因緣和合而成，就是在儘量避免受到時間概念的拘宥。因爲，如果事物都「有始」，則最初的元始事物，必成爲後來事物的第一因。那麼這第一因就必不是因緣所生法。這與佛教的緣起法則是相衝突的。道安對這道理，似未及注意。

超越時間概念的空義，即所謂的「當體即空」。對這種空義的體會，絕不可以分成「本無」與「末有」兩個階段。因爲在佛家的緣起法則下，事物的生滅，是「如環無端」的。沒有開頭，沒有結尾，一切法的緣起現象是環狀的。這種道理，如果在般若中觀學理如日中天的後代，並不難體會清楚。但是道安那時代，不惟所譯經典不夠，而且那種「類似而實不同」的清談玄理，往往也會使一個佛教思想家不自覺地與老莊玄學理論合流。道安本人將空義分成本、末兩截，顯然是受到玄學家「本末有無」思潮之影響。若再追溯本源，則顯然亦曾受到老子學說的暗示。

魏晉間，清談家何晏、王弼之流，主張天地萬物皆以無爲本，主張反本歸一。他們認爲現象界的一切，是表面的，不是最重要的。這些表面現象，叫做「末」，或「有」。而超越現象界之上，另有一種永恆的精神實體，叫做「本」。這本體是無形無象的，所以又叫做「無」。這「本」、「無」恰好與現象界之「末」、「有」對立。這種魏晉玄學家的「重本貴無」理論，對於道安的影響，是顯而易見的。此外，清談家的寶典——老子《道德經》一書中，也曾說：「無，名天地之始；有，名萬物之母。」「天下萬物生於有，有生於無。」這類思想，與鄰近虛無的般若學說，自是甚易混淆。道安處在這種老莊思想成爲顯學、而佛家又風行格義方式的時代，當然難免受到薰染，受到誤導。

然而，從另一面看，道安的學說雖然頗有老子氣味，但與《道德經》內的本體論並不全同。前引老子有「天地萬物生於有，有生於無。」之句。而今存《名僧傳抄．曇濟傳》內，曾特別提到道安主張「非謂虛豁之中能生萬有也」。可見道安的「本無論」，與老子書中那種

「本體牛起現象」的理論並不完全一致。他能夠警惕到這一點，可見仍未落入如印度梵天外道一類的理論窠臼之中。他仍然是盡力地固守佛教崗位的，只不過對空義的最微妙部分，尚未透徹了悟而已。

從現存的道安遺文，我們很容易發現道安思想染有濃厚的格義色彩。因爲他經常用老莊哲學的名詞或概念，來比附、說明佛法。茲舉數例於次，以見一斑。

(1)「行茲定者，冥如死灰。雷霆不能駭其念，火燋不能傷其慮。蕭然與太虛齊量，恬然與造化俱遊。」（《人本欲生經註》）

(2)「寄思故有六階之差……階差者，損之又損，以至於無爲。」（《安般注．序》）

(3)「其爲像也，含弘靜泊，緜緜若存，寂寥無言。……怳忽無行。……」（《道地經．序》）

(4)「以大寂爲至樂，五音不能聾其耳矣。以無爲爲滋味，五味不能爽其口矣。」（《陰持入經．序》）

(5)「世俗者，可道之道。無爲者，常道。」（《合放光、光贊略解．序》）

上舉諸例中，第一句用《莊子．逍遙遊》的境界來形容禪定。其次四句，稍諳老子《道德經》者，都可以看出是借用該書的用語來說明佛理。這種以中國本土思想來比附佛法的傳教或清談方式，是當時頗爲流行的。竺法深、支道林、支愍度、竺法汰等人，便是這一類格義名家。道安兼通佛理與世學，自然能得心應手地運用這種方法。然而，兩種不同文化系統下的思想內容，固常有類似之處，但求其全然相同者必不多。因此，如果經常用這種附會的方法來宣講佛理，定會引起國人對經義的誤解與混淆。道安在中年之後，也逐漸警覺到這種方法可能造成的不良後果。他曾向同學僧光說：「先舊格義，於理多違。」這種看法，雖然沒有得到僧光的同意，但道安還是開始禁止其門下研習俗書，以免爲格義佛教再作蔓延的張本。

格義佛教的風行，表示當時翻譯佛典數量之不足及欠缺精確。因爲佛典如已大量傳譯成中文，其精確性如果到達某一水準，則格義方法的附會與錯誤，必極易爲世人所發覺。此外，這一風氣也顯出當時的中國人很難直接地去接受佛法。換句話說，當時中國人的思想基礎，還不夠直接去了解真正的佛理。

道安本人從未到過西域或印度，其一生學問全在中國求得。而且不通梵文，無法逕讀佛教原典。因此他對佛法的理解，必有其先天性的限制。然而，他能夠在那種環境下，發覺格義方式的缺陷，這不能不說是他個人的卓識。儘管他無法像稍後的鳩摩羅什一樣，用精確、大量的翻譯去使格義的風氣自然消除，但能夠發現這一問題，已經是同時代諸哲所難以比肩的了。從佛教教理在中國的發展來衡量，道安這種意欲捨棄格義方式的見識，有其劃時代的意義。漢末的中國人，視佛教爲神仙方伎一類的旁門左道。魏晉間，國人又視之爲清談玄學之流亞。以爲老莊、佛理，並無二致。到了道安悟出格義之不當，乃表現出中國人對佛法的進一步認識，並將佛法從玄學思潮中隔離出來。此後羅什來華，大量地、較精確地迻譯佛典，乃使佛教教義在吾華成爲諸子百家以外的一大思想體系。在上述這幾個不同的發展階段中，道安具有相當程度的歷史地位。他是第一位能判別佛學與玄學之差異的中國人。

道安的般若學，雖然不盡切合佛法真義，但在當時的六家七宗之中，卻是最接近性空大義的思想。曾經師事道安的僧叡，在稍後見過鳩摩羅什之後，曾對六家七宗之般若學作一總評。他說：「格義迂而乖本，六家偏而不即。性空之宗，以今驗之，最得其實。」此中「性空之說」，即是指道安的本無思想。由於道安一生大力弘揚般若理論，因此鳩摩羅什來華之後，乃得以順利地弘闡斯學。而羅什高足僧肇之能對空義有較透徹的體會，道安的奠基之功，也是不能埋沒的。

道安一生對翻譯佛典一事相當熱心。除了鼓勵胡僧迻譯佛書之外，他本人也常常參與譯場的策劃與校訂工作。加上其下半生具有整理、校勘佛典的長久經驗，因此他雖然不通梵文，但對翻譯之道仍有若干心得。在我國翻譯學史上，道安當是第一位對譯學有獨特看法的人。

道安在所撰〈摩訶鉢羅若波羅蜜經抄序〉一文裏，曾指出將梵文佛典譯成中文，會產生五種與原文不盡相符的地方。此即其所謂的「五失本」。其一，梵語的句法結構與中文相反，因此譯成中文時，勢須改成中文句法。其二，在文詞上，佛典敘事樸直，不尚修飾。而中國人雅尚文采，因此翻譯時常加潤飾，以迎合國人心理。如此，則可能扭曲原意。其三，在內容上，佛典敘事詳細，常常一而再、再而三地反覆申說。而翻譯時每將此等原文刪除。其四，對於原文中之某段解釋文章，翻譯時常加節略。其五，佛典原文中，後段重複說明前段之文字，在翻譯時亦每被刪節。除此「五失本」之外，道安又有「三不易」之說。論述譯梵爲華的困難所在。其一，對於古雅的經文（如《般若經》），必須改寫成適合當時習俗的文字，這是經文本身的困難。其二，要使千年以前的佛陀聖言，傳譯爲當代能懂的文字。這是年代久遠、凡聖差別所引起的困難。其三，千年以前佛陀去世時，大迦葉、阿難等證道的阿羅漢在結集經典時，尚且兢兢業業；而道安當時的譯者，則僅係平凡的佛教徒。這是譯者能否體會佛典真意的困難。

此上諸項，以今人眼光視之，當然無大足稱者。但道安生在佛教輸入不久的東晉時期，居然能警覺到這類文化移植可能造成的問題，而且也已窺見「翻譯就是叛逆」一問題的嚴重性，這種見識及其敏銳的觀察力，方諸其同時代之學僧，道安實在是高明多多。

由於翻譯佛經，有上述問題在，因此，身具護持佛法之使命感的道安，在主持譯事時，自然會儘量要求譯者避免對佛典原義的扭曲。因此，對於翻譯的方法問題，他當然要主張質樸存真的直譯法。對於那些爲求文句之美、或求適合中國習慣而不忠實佛經原義的譯筆，他是反對的。他寧可容忍譯筆不雅，但對信、達之基本目標，則必嚴格要求。

三、對佛教的貢獻及其歷史地位

道安畢生獻力於佛教，其一生所行大事，幾乎無一不在爲佛教設想。釋門中常見有「乘願再來」之句，真可以做爲他對佛教所負使命感的最佳寫照。茲分條敘述其貢獻如次：

㈠到處奔波，積極弘法，使我國佛教能有一空前的、全面的開展。

晉初的中國佛教，雖然已略具基礎，但就整個中國來看，其傳播地區及信徒數量仍然甚爲有限。道安一生所爲，即曾將佛教作極有效的擴張。由於他的大力推動，使當時的中國佛教，有了全面性的開展。他在中年以後，曾輾轉流徙，先後住過鄴都、濩澤、飛龍山、襄陽、長安等十餘地。每到一處，他便率其徒眾積極弘法。加上他曾受知於後趙及苻秦國主，因此在社會上的影響力，自非常人可以匹敵。其所曾住之襄陽、長安二地，即皆成爲一時之佛教重鎮。就此一事，可見一斑。而在率眾流徙各地時，曾經兩次分張徒眾，也使佛教得到相當程度的擴展。其中，竺法和率徒入蜀，使蜀境佛教始具規模。竺法汰也曾與徒眾四十餘人弘法於東南。凡此都是道安一人之所策劃。至於東晉廬山慧遠之爲南方一代宗師，其影響尤大。而慧遠則爲道安的第一高足。此外，道安之其他無數徒眾對東晉佛教界可能引起的影響，也是可想而知的。

道安的傳教方式不固執、不迂腐，而效果甚佳，頗值後代佛徒取法。亂世中的佛教，不依靠統治者的護持實難壯大。道安中年以後，即曾受後趙與前秦國主所信仰，而使佛教大大擴展。此等行爲，比那些因矜持名節、自鳴清高而隱居深山、不問外事的自了漢，當然要更勝一籌。此外，因勢利導，分張徒眾，尤爲當時擴展佛教之一大創舉。以世學、玄學接引士流，使當時讀書人能由敬慕他個人，進而信仰佛教。這也是兩晉時期弘法的方便法門。此外，若與前此之僧人比較，道安講經的規模極大，弘法的地域甚廣，前代僧人很難覓得能與他等量齊觀的。

㈡爲當時佛教教團確立新制；勤求戒律，使之成爲僧尼行爲的準繩。

在道安所立新制中，當以定釋氏爲出家人共同姓氏一事，最爲後人所樂道。前此的中國僧人，多半以其師父（往往是胡僧）的姓氏爲姓，而胡僧則多以出生國名爲姓。因此中國僧人名字的第一個字，常有竺、康、帛、支、安……等字之不同。道安以爲釋迦牟尼爲所有佛教徒的宗教本源，與其讓出家人各有不同的出家姓氏，不如讓全體僧人都歸宗「釋」氏來得有意義些，而且可以表示皆同爲釋尊之門徒。於是，他本人也自稱爲「釋道安」。這一規定，乃成爲迄今尚存的我國佛門準則。

此外，道安又對當時僧尼日常生活中的各種儀式，作有條理的統一。他把講經方式、講讀戒律及懺悔過錯的儀式、日常做佛事及其他種種生活上的規矩，都加以統一整理。使出家人的生活行爲，有一適合國情風俗的固定標準。至於對各種佛教戒律原本的蒐求，道安尤其注意。鳩摩羅什以前的中國佛教界，對戒本搜求之勤與譯事之注意者，當以道安爲第一。凡此種種所爲，都可以看出道安的主要目的是在鞏固教團的基礎，與促使佛教徒日常信仰儀式的劃一。這些也都是奠定中國佛教基礎的大事。

㈢整理佛典、獎勵譯事、編輯佛教目錄。

道安在中年時，即感到當時中文佛典譯筆不盡信達。爲了彌補這一缺漏，他乃從事校閱羣經的工作。且先後曾經爲《般若》、《道行》、《密迹》、《安般》等經作注釋。以促使隱晦難解的經文，能漸趨明白。這種僅僅比較各種譯本、而不根據原典的注經方法，當然有其缺陷在。但這卻是當時一個不通梵文的華僧所能做到的最佳方法。而其所整理、注釋之諸經，於國人對佛教理論的理解，自有其一定的輔助作用。

道安晚年，深深感到翻譯佛典才是當時我國佛教界的當務之急。因此乃轉而盡力提倡譯事。當他居住在長安時，即曾促使不少佛典譯成中文。當時，曇摩侍、耶舍等人傳譯戒律典籍；僧伽跋澄譯出《阿毗曇論書》；曇摩難提迻譯《阿含經》；僧伽提婆譯《阿毗曇八犍度論》；凡此，皆與道安的獎掖、推動有關。他除了籌劃譯事之外，往往親自校定譯文，並爲諸經作總攝大義的序文。這種工作，是道安晚年的弘法重心。一直到去世方止。由於道安的提倡，使長安具備了翻譯事業的穩定基礎。其後鳩摩羅什入關，我國佛教翻譯事業乃有劃時代的成就。此與道安在關中所造成的翻譯風氣，自有一定程度的關係。

道安曾撰一本佛教目錄書，名爲《綜理眾經目錄》。此書原本已佚。但其主要內容，在現存的《出三藏記集》一書內，還可以窺見大略。這部書雖只一卷，但對於譯者的考訂、真僞的辯別、以及翻譯年代、譯筆優劣等問題，書中都曾注意。一千五百年前的出家人，居然有這種考證、辨僞的史學方法意識，實在令人讚嘆。佛教目錄學著作，是我國目錄學史上的瑰寶。如果沒有佛教目錄書，則我國歷代目錄學內容，必定貧乏不堪。而道安以前，傳說雖有數部此類著作，但真相不明、真僞莫辨。而且道安此書，其中體例，頗爲後世佛錄所取法。因此，說該書是我國佛教目錄學的鼻祖，應不爲過。

㈣綜合前代佛學研究成果，而加以統一整理。

道安重視般若學，一生研講此系經典最力。重視戒律，搜求戒本至勤。注意禪法，對安世高所譯禪籍，注釋甚多。對竺法護所譯大乘經，也表揚備至。晚年在長安主持譯事，其所策劃，又多爲印度說一切有部之論典。道安本人，雖然自有其思想偏尚，但他對前代般若、禪法、戒律等系佛學的綜合攝取與表彰，使原本零散的佛學思想，乃得以較完具的面目公諸於世。因此，道安實可被視爲漢晉間佛教思想的集大成者。

綜合上述諸事，我們不難看出道安其人在中國佛教史上的地位。其對佛教的傳布、教團內部制度的確立、譯事的提倡、佛典的整理、佛學思想的集大成等，任舉一項，都足以使他名垂史籍，更何況兼而有之。會百川於一路，使中國佛教從四處的涓涓細流，融匯成一大澤國，道安這種功績，在我國佛教史上無人可以比擬。除了工作業績之外，其人一生所顯現的風格，也爲後代佛教徒樹立一高僧的典型。精進、勤奮的傳教態度、堅苦卓絕的弘法精神、理論與實踐並重的修持方式，在在都足以使他成爲後世僧人行爲的最高楷模。而由於他一生的努力，不惟爲前此中國佛教的素樸、草創時期作一總結，而且大體確立了我國佛教的發展方向。因此，我們稱他爲中國佛教的奠基者，應該不算是過譽之詞。

參考書目

《漢魏兩晉南北朝佛教史》　湯用彤著，臺灣史學出版社，六十二年第一版。本書第八、第九兩章可參考。

The Buddhist Conquest of China, by E. Zürcher.　臺灣汎美圖書公司影印本，六十四年。本書第四章可參考。

《中國目錄學史》　姚名達著，臺灣商務印書館，五十六年臺三版。本書二四四—二四六頁可參考。

《釋道安研究》（日文）　宇井伯壽著，岩波書店出版，日本昭和三十年（西元一九五五年）。

《出三藏記集》　梁僧佑撰。收在《大正藏》精裝第五十五冊。此書卷十五有〈道安傳〉。卷二至卷五收有道安《綜理眾經目錄》一書之主要部分。卷六至卷十一間，收有道安所作經序等短文十餘篇。

《高僧傳》　梁慧皎撰。收在《大正藏》精裝第五十冊。此書卷五有〈道安傳〉。

《人本欲生經註》　道安撰。收在《大正藏》第三十三冊。

《中國佛教通史》　塚本善隆著。本書第一卷第七章〈中國佛教通史上の道安〉可參考。

《中國佛教の研究》　橫超慧日著。本書前三篇特別關係到道安的戒律問題。

《中國佛教思想の形成》　玉城康次郎著。本書第一卷第五章〈道安の佛教〉可參考。

《支那佛教の研究》　常盤大定著。本書第一册第五篇可參考。

慧遠

田博元　著

慧叡

田博元 著

目次

慧遠

一、傳略

慧遠，俗姓賈，雁門樓煩人（山西省崞縣東），生於東晉成帝咸和九年（西元三三四年），卒於安帝義熙十二年（四一六年），享年八十三歲。慧遠出身雁門冠族，自幼便雅好讀書，珪璋秀發。十三歲時，北方趙石虎方強，中原粗安。慧遠隨著舅舅令狐氏到了河南的洛陽、許昌一帶遊學。洛、許是當時北方政治、經濟、文化的重鎮，文人學者雲集，學術氣氛非常濃厚。果然，慧遠在宿儒的薰育下，自己又肯發奮用功，沒過多久，他的學問便有了驚人的成就。不僅博綜六經，尤其精邃老莊；加上他的性度弘偉，風鑒朗拔，所以，很得時儒英達的推重。

二十一歲時，慧遠本想遠渡江東，就范宣子學習；適遇晉將桓溫北征，南路阻塞，只得中止下來。恰好道安正在太行恆山立寺說法，一時聲聞遠著。慧遠求道心切，便與弟弟慧持前往依歸。有一次，聽安公講解《般若經》，慧遠心契意領，豁然開悟，不禁歎道：「儒道九流的學術，不過是一些糠粃罷了。」於是，便和弟弟落髮出家，作了安公的弟子。這段求道的過程，慧遠於晚年致送劉遺民的信中，曾經有一番自白：「想起從前遊心世典名學，便以爲是當年的華苑。及見老莊，頓悟名教只是應變的虛談而已。以現在來看，則知沉冥的志趣，豈得不以佛理爲先嗎？」可見慧遠的出家，實由學悟而來，不是尋常的出家可比。

出家後，慧遠胸懷大志，毅然以佛法爲己任；爲使理想實現，慧遠夜以續晝地精思諷持，絲毫不敢懈怠自己。是時，局勢不穩，動亂頻繁，慧遠兄弟旅遊在外，經濟來源幾乎斷絕，生活過得非常的清苦。然而兄弟兩人精進爲道，無時或懈。這種向道的精神，感動了同學曇翼，時常資助些燈燭的費用。安公聽到這件助舉，非常的高興，說：「曇翼果真知人呀！」這種刻苦求道的生活，持續了好幾年，二十四歲的慧遠，終於通達無生實相的要諦，徹悟般若中道的玄妙。佛教中心思想的般若義理通達以後，安公不禁時常讚歎著說：「將來能使佛法向東流傳的，想必是慧遠這個人了。」由此可見，慧遠所受安公的信任與倚重了。果然，這年慧遠開始登座講說：某次，講到實相的妙諦時，有些聽眾一直不得曉解，雖經慧遠的反覆剖析，仍然滿腹疑團。這時，慧遠靈機觸動，便拿老莊的哲理來解說，不僅惑者釋然，由衷的佩服他混融玄釋的妙化無跡。連風才照灼，志業清敏的同學法遇、曇徽也非常的傾服。

事實上，慧遠所處的時代，正值政局欠穩，戰亂不息，社會長期動盪不安，人民生活極端痛苦的時代。先是東漢末年，黃巾叛亂，羣雄並起，形成三國鼎立的局面。接著，司馬氏建立晉朝；不久，賈后之亂，八王之亂，踵繼發生，連續了二十多年。永嘉之亂，晉室倉皇東渡，偏安江左，而北方又陷入五胡十六國互相爭伐的局面。由於政治的黑暗與社會的混亂，再加上儒學的支離瑣碎，早已失卻維繫人心的力量。以致魏晉時代，崇尚自然無爲，標榜恬淡無欲的老莊哲學勃然起興，清談風氣極爲盛行。而一般談玄之士，又認爲老莊與佛學殊無二致，所以時常混淆並論。佛學在這種機緣的因應下，便也極端的興盛起來。因此，慧遠早年的沈浸莊老，除有恬淡超脫的個性外，實是受了習俗的影響。所以，後來的遁身空門，也正是理所當然的事。而當他登座講說佛理時，爲了方便教化，不得不借助老莊來解釋，正顯示他的精通內外典，且已達兼融妙用的境地了。

晉穆帝升平三年（三五九年），慧遠二十六歲。是年，旱災蝗禍，寇賊縱橫，慧遠只得隨著安公等五百多人，開始七、八年困頓流離的生活；首先，他們進入王屋山（在山西省陽城縣西南），稍後，渡河，棲止於陸渾山（在河南省嵩縣東北），由於流徙在外，有時竟窮得以樹皮果實充饑，但師徒仍然安貧樂道，修學不倦。不久，慕容儁的燕軍逼近陸渾，師徒爲避戰禍，匆匆南行。先次南陽（河南省鄧縣東南），再投新野（河南省新野縣南），最後抵達襄陽白馬寺；稍後，移住檀溪寺。自是以後，在襄陽前後停留了十五載，這時，北方適值秦、燕交兵，無暇南圖，荊、襄一帶，得以少安。於是，道安釐訂經典，作爲目錄；每歲講《放光經》兩遍，並注疏般若諸經。慧遠朝夕承受教誨，佛學日益精進，著名的《晉襄陽丈六金像頌》即在這時撰成。又曾因奉師命南下荊州，向竺法汰問疾，正好遇沙門道恆倡心無義，大行荊土，汰說：「這是邪說，理應破滅。」於是會集名僧，令弟子曇壹加以非難，彼此據經引理，往復辯剖，毫無結果。隔日，慧遠就席攻難數番，才破了道恆的心無義。足證襄陽的求學生活，使得慧遠的佛學幾達圓熟的境界了。所以，後來南下弘法時，果能不辱師命，使廬山成爲南方佛教一大中心。

晉孝武帝太元三年（三七八年），慧遠四十五歲，秦將苻丕寇并襄陽，道安受到拘留，不能離去。於是，安公分遣徒眾，各往四方弘揚佛法。每個將要上路的長德，安公都剴切的誨約一番，獨對慧遠一人，竟然吝於片語的教示。這使慧遠感到異常的惶惑，以爲自己是個不可教的人，趕快跪在地上，說：「只我沒得到訓勉，恐是因我不成材吧！」安公說：「像你這樣的人，難道還需我來擔憂嗎？」安公對慧遠的認識是相當清楚的，他知道像慧遠這樣的人，不需要教誡，自然做得很好的。南方的佛業不正等著慧遠去樹立嗎？

於是，慧遠與弟慧持，同學曇徽，偕同弟子數十人，南去荆州，住在上明寺。這時，慧遠想起素與同學慧永相約結屋羅浮山，便決定前去。中途，行到潯陽（江西省九江縣西南），遠看廬山是如此的閒曠清靜，盡可以息心養性，便改變主意，在廬山龍泉精舍住了下來。這時，慧永也因郡人陶範的苦苦相留，老早住在廬山的西林寺。慧永與慧遠本是同門舊好，便邀遠來寺同住，並對刺史桓伊說：「遠公剛剛開始弘道，便有很多的徒眾來親近他，將來必有更多的學者跟隨。貧道所住的地方，過於褊狹，恐怕無法容納得了，該怎麼辦呢？」桓伊聽了慧永的話，就發心護慧遠的法，在山的東邊，離精舍十五里遠處，更立房殿，創建了一座歷史上著名的東林寺。從此，慧遠在廬山住了下來；並且，三十多年的時間，從不出山一步。偶或送客，也以虎溪爲界。據說，慧遠送客，倘若超過此溪，山中的老虎就會鳴叫，虎溪由此而得名。有一次，陶淵明與陸修靜來訪，臨走，慧遠送客，邊行邊談，由於言語契機，不覺忘我，直到超越虎溪，始形驚覺，三人相視，不禁大笑。這就是留傳後世的「虎溪三笑」的逸事。這逸事本身雖然未必可信，但是，慧遠三十餘年不越虎溪一步，卻是事實，這種持戒的堅毅精神，正爲佛門樹立了嚴肅的風範；而慧遠的圓融無礙風格，也可由此窺見一斑了。

慧遠遁跡廬阜三十餘載，雖然影不出山，跡不入俗。由於內通佛理，外善羣書，親近他的學徒，沒有不心悅誠服的。且因深悟般若中道的奧妙，自然散發無礙無著，理行並重，悲天憫人的菩薩精神，而不是以遯世無聞，但求自了爲標的。因此，廬山弘法的三十多年，轟動了整個大江南北。不僅王侯仕宦非常的敬仰；文人高僧也羣來皈依。晉安帝於義熙元年（四〇五年）自江陵（在湖北省江陵縣）旋歸京師時，途經廬山，詔令慧遠來見，輔國何無忌也勸遠候迎，而慧遠卻託詞有病，不能下山。於是，安帝派遣使者殷勤慰問，並致書表示欽慕的心意。秦主姚興素仰慧遠德望，屢屢致書問候，並贈送龜茲國的細縷雜變像等。羅什譯出《大智度論》時，關中道士互相推謝，不敢作序。姚興也送論遺書，請慧遠造序。他的德高名重，真是不分南北，天下同欽。他如殷仲堪任荆州刺史時，曾經親自入山，一方面表示禮敬，一方面請教易的體要。慧遠與他共臨北澗，很親切地爲他解答問題，移景而不倦。又桓玄爲江州刺史時，聲勢烜赫，不可一世。某次，行軍路過廬山，要慧遠出虎溪一見，慧遠也藉病婉辭，絕不畏於權勢，破例出虎溪一步。於是，桓玄親自入山，想要一睹慧遠的真面目；及見慧遠的容止，竟不由自主地禮敬起來。據《僧傳》的記載，慧遠神韻嚴肅，容止方稜，凡是瞻覿的人，沒有不心形戰慄的。有一沙門手持竹如意，想要奉獻慧遠，到了廬山，竟不敢親自陳上，暗中留置屋隅，默默地離去。另有慧義法師，原是個強正不憚的人，不相信慧遠有如此的德望，對慧遠的弟子慧寶說：「你們這些庸碌之輩，才對慧遠如此欽服，現在試看我如何？」可是，當他一走上廬山，剛巧碰到慧遠講《法華》，慧義雖屢次想要提出難題，卻心悸汗流，說不出口。凡此，都可看出慧遠的威儀德望了。

慧遠所處的時代，佛教頗爲興隆；可惜品類雜蕪，佛門漸漸失去規儀，甚至有僧尼與帝王抗禮，出入宮庭，參與政事的，如桓玄借助妙音的力量，令帝以殷仲堪刺荆州等。所以，元興元年（四〇二年），桓玄想要沙汰沙門，並非無的放矢，而是有爲而發的。這時，慧遠爲了維持僧伽的人格，辯護佛教的教法，不得不挺身而出，與玄論料簡沙門，並廣玄條制，結果，贏得了桓玄的同意。其實，先前桓玄所下教令的末尾就說：「僅有廬山是道德所居的地方，不在搜簡的範圍內。」可見廬山道場恬淡苦修的精神，原爲時人所推重的。

不過，釋尊提倡眾生平等，自然與王權互相牴觸。早在晉成帝咸康元年（三四〇年），車騎將軍庾冰輔政時，就懷疑沙門抗禮萬乘的非是，因而要求沙門應該禮敬王者；尚書令何充等人則爲沙門辯護，反對沙門致拜王者。雙方之間，引起一場熱烈的辯論，最後採用何充等人的意見，才中止爭論。可是到了元興元年，桓玄出屯姑孰（安徽省當塗縣治）時，以爲庾冰的用意固在尊敬君王，維持國家的體制，可惜所據的理由稍嫌薄弱。於是，重申沙門應敬王者的意思；結果，又引起一場激烈的爭論。當時，桓謙、王謐等人都與玄有過論難，而玄另致書慧遠，詢問他的意見。慧遠贊同謙、謐的意見，堅持沙門不應盡敬王者。慧遠認爲佛俗的禮數迥然不同，出家已是方外的人，必須絕物修道，才能拯拔罪惡，超度眾生。所以，僧徒的服飾禮節，與世俗全然有別；不致拜王者，並非表示不敬。況且，若修道有成，整個天下的人都能蒙受恩惠，這種功德，自與王者相同。既然不須感受王者的厚恩，而又能有王者的功德，也就無須致拜王者了。桓玄雖然執持自己的意見，終究猶豫不決。等到元興二年（四〇三年）冬，桓玄篡位，才下書沙門不必禮敬王者。於是，慧遠另著〈沙門不敬王者論〉，徹底發揮釋尊平等的精神，敦促僧侶人格的自覺；以爲沙門遁世變俗，誠應高尚自己的行跡。從此，沙門始得保全方外之道。

慧遠雖然遁跡匡廬，不入都邑；卻是孜孜爲道，專心弘法。每逢西域一賓來到，就懇切的諮訪。太元十六年（三九一年），罽賓沙門僧伽提婆到了潯陽，慧遠即時請他重譯《阿毗曇心論》，與《三法度論》。義熙年間（約四一〇年），覺賢由北方來歸，又請他譯出《達摩多羅禪經》，佛大先的禪法，始得興起江東。不過，慧遠不僅迎來學者；同時，也遣使西渡求法。太元十七年（三九二年），慧遠感於律典和禪法的闕廢，便命令弟子法淨、法領遠期天竺，尋求經典。元興三年（四〇四年），弗若多羅來到長安，誦出《十誦》梵本，由羅什譯爲晉文，可惜三分僅譯出二分，多羅忽然棄世。慧遠對此非常的慨歎，痛惜大法不能東傳，後來聽到曇摩流支來到姚秦，是個善誦《十誦》的學者，趕緊派遣弟子曇邕致書祈請，請他在關中將未譯出的《十誦》餘分翻譯過來。果然，曇摩流支不負所託，譯足了完整的《十誦律》，這是慧遠敦促的功勞。至於鳩摩羅什，慧遠素來欽敬高風，廬山僧眾入關的很多，如道生、慧叡、慧巖、慧觀諸人，都是在廬山受教後，再入關向羅什學習，這是慧遠獎勵的力量。而什公去世後，徒眾四散，竺道生等人南下，傳羅什所譯於江東，如《成實》、《十誦》、《三論》、

《法華》等經，才能在江東弘揚開來，這是慧遠坐鎮廬山，精進護法所致。《高僧傳》本傳說：「蔥外妙典，關中勝說，所以來集茲土，都是慧遠的力量。」可說是實錄。

晉安帝元興元年（四〇二年），慧遠集合彭城劉遺民，雁門周續之，南陽宗炳等名儒緇素百有二十三人，同在般若雲臺精舍阿彌陀佛像前，立往生西方的誓願，由於寺前有白蓮盛植池中，所以取名蓮社，這是我國結社念佛的開始。據說恃才傲物的名士謝靈運嘗要求入社，因心雜而受拒。值得注意的是，廬山白蓮社的聚眾念佛，在佛教派系中，屬淨土宗法門，主張稱念歸一，以使心境淨化。而試觀佛教在中國的演化，若使沒有淨土的規儀，恐怕又是不同的光景了。因爲佛教的儀式，諷誦與領眾行道等威儀，多半出於淨土宗風，而廬山道場的朝夕惕厲，精勤不懈的念佛精神，正是僧團的最好式範。而談到廬山的念佛，事實上，與今世的聲念有異，它本身就是一種禪觀。又在東林寺內也特別設有禪林，重視修持禪定的功夫，希冀從禪定中，以契合念佛三昧。這種念佛坐禪的風規，正是後世禪淨雙修的端緒。

慧遠在八十三歲那年（晉安帝義熙十二年，西元四一六年）的八月初，就略顯微疾，到了六日，病勢轉劇，他的弟子和一些大德都跪請飲下豉酒，慧遠不肯，眾人改請飲米汁，慧遠還是不答應；眾人又請飲蜜漿，慧遠仍然擔心違背律制，堅持要律師先檢尋律文，看看是否可飲。誰知律文尚未檢完，慧遠就從容西逝了。這種嚴持戒律，始終如一的風範，實在爲佛門立下最好的典型。慧遠在佛學上最重要的著作爲《法性論》，早已亡佚。此外，《高僧傳．慧遠傳》說：「所著論序銘贊詩書，集爲十卷五十餘篇。」《隋書．經籍志》集部著錄有

《慧遠集》十二卷，可惜也已散佚。近人烏程、嚴可均校輯《全晉文》，輯有慧遠作品如下：〈答秦主姚興書〉、〈答王謐書〉、〈答戴處士書〉、〈又與戴處士書〉、〈與隱士劉遺民〉等書，〈遺書通好鳩摩羅什〉、〈重與通好鳩摩羅什〉、〈遺書通好曇摩流支〉、〈答桓玄書〉、〈與桓玄書論料簡沙門〉、〈沙門不敬王者論〉、〈沙門袒服論〉、〈答何無忌難沙門袒服論〉、〈明報應論〉、〈三報論〉、〈廬山記〉（附〈遊山記〉）、〈阿毗曇心論序〉、〈三法度經序〉、〈大智度論鈔序〉、〈廬山出修行方便禪經統序〉、〈念佛三昧詩集序〉、〈襄陽丈六金像頌〉、〈曇無竭菩薩讚〉、〈萬佛影銘〉、〈澡灌銘序〉等文。

二、學術思想

1 慧遠的般若思想與法性論

慧遠的佛學思想以及圓融無礙的風格，一言以蔽之，實導源於般若。事實上，當初慧遠即因聽安公講解《般若經》，豁然開悟以後，才毅然出家的。而安公本是當時般若學的權威，在名師的耳提面命，日夜薰育之下，加上慧遠自身研習不輟的態度，終能通達佛法的要義，且將所得融化在行持上，而形成了獨特的圓融風格。

般若，本是梵語，譯成華語是智慧、慧、明的意思。在一切智慧中，最爲第一。可以說，般若思想是佛教教義的中樞，缺少般若，便無佛法可言。質言之，般若就是佛母。而般若部經典的要旨，一言以蔽之，是在闡明「真空妙有，諸法實相」的真諦。在中國來講，自炎漢以來，直訖劉宋初年，最流行的佛典，就是《般若經》；以譯本而言，也是諸經之最。如漢靈帝光和、中平年間，支婁迦讖、竺朔佛譯有《道行經》，吳支謙有《道行》異譯的《大明度無極經》。朱士行西行得梵本九十章。無羅叉、竺叔蘭譯出《放光般若經》，西晉時甚爲流行。而西晉竺法護譯有《光讚般若》，後得道安的表彰，也稍有流傳。等鳩摩羅什入長安，並譯大小品，又是《放光》、《道行》的另一異譯。可見魏晉時代，《般若經》的譯本，凌乎他經之上。加上這一時期，老莊學說極爲盛行，談玄之士都認爲老莊與佛學本無不同，以致時常混融相論。如劉虬、范曄等。僧人中，也有將般若融合老莊的情形。如佛圖澄弟子竺法雅與竺法朗等。般若空學在老莊學說的輔翼下，如日中天，特放異采。

歷史上，竺法雅與竺法朗是最先拿外書——《老》、《莊》、《周易》三玄來附說內典——佛經的僧人，這種方法，叫做格義。而晉初格義學所以興起的原因，當是般若空義確與老莊思想有相通的地方，因此容易風行。加上佛法本爲外來的宗教，般若學又浩若煙海，一時之間，必然很難使人領悟；所以一些僧徒就想引用本國固有的義理來申明它的並非怪誕。果爾，當時弘法的苦心也可想見了。尋檢道安的論著文字，如〈安般經注序〉等，知道安初期也襲於習尚，拿三玄來比附佛學。如「損之又損，以致於無爲」，是《老子》第四十八章的話；「忘之又忘」，是《莊子》的意思。「開物成務」，是《易．繫辭》語。然而，道安畢竟是精警敏悟的人，稍後，即察覺格義的方法，往往違背佛理。佛教般若的空理，究竟不容許混淆老莊的虛無思想，否則容易穿鑿附會，混濫佛法。於是，道安極力提倡廢用格義的方法。

慧遠是道安的得意弟子，他的佛學，源自安公。道安注釋的般若經典甚多，對於般若學，有非常精湛的研究。慧遠承受師學，也終身研尋般若學不輟。《僧傳》記載，慧遠二十四歲時，登座講說，曾經引《莊子》來解說實相義，可見慧遠闡發佛理時，也是依傍玄言的。這當然是爲了方便教化，使聽眾容易曉解的方法。道安是廢用格義的，對於慧遠的藉引俗書，卻不加禁止。主要原因，當是慧遠博通內外書，且能兼融妙用，不背佛理，何況這種方法確有助於佛法的弘揚吧！據說慧遠一聽到羅什入關，不覺喜形於色。大概慧遠對於混淆般若學說，早已梗梗於中了。義熙九年（四〇五年），羅什譯出《大智度論》，關中道士，互相推謝，不敢造序。秦主姚興特別送論慧遠，請爲作序。那麼，慧遠的精擅般若，誠爲時人所推重的。慧遠又因《大智度論》文字繁富，初學的人很難尋檢，於是抄錄要論，凡二十卷。（今佚，序存）又與羅什以及他的門下，時常互通音問，足證慧遠發揚般若真諦，是不遺餘力的。所以，談到中國佛教思想的般若正顯時代，廬山慧遠學風與羅什的譯出《大智度論》，並有不可磨滅的功績。

關於般若空義，異說紛紜。姚秦僧肇《不真空論》舉本無義、心無義，即色義三說。劉宋曇濟著有《六家七宗論》。後來諸書所述各家法師，互有出入。湯用彤先生嘗綜合般若各家，分爲三派：第一爲二本無，解釋本體的空無。第二爲即色、識含、幻化以及緣會四家，都是主色無的，而以支道林最有名。第三爲支愍（敏）度的心無說。事實上，心無、即色、本無三說，固是般若學的主流，僧肇《不真空論》所破的是這三家；吉藏《中國論疏》說羅什未到長安以前，已有三種不同的義解，也是指的這三家。現在將二本無義，支道林的即色義，溫法師的心無義，略述於左：

「本無異義」是琛法師之說，竺法琛以「無」來解釋般若的空義，他所謂的無，是指的實無，而不是「非有非無」的無。無所以生出有，有無宛若實物，直似以有無的「無」來解釋「空」。這是根據《老子》第十四章「天地萬物生於有，有生於無」而說的。「心無義」是溫法師之說。溫法師把形有看作實有，而色也是真色，只要心體虛妄不執，內照本心，不凝滯於外色，那麼，色想自然廢止。簡言之，是空心而不空境的意思。如此的解釋般若空義，是根據《老子》第一章「常無欲以觀其妙」而說的。「即色義」是支道林之說，支道林以爲色只是個假名，所以存有色名，是爲了解說實相。色的本性是空，知道是空性，就可即色而遊玄了。因此，他所注〈逍遙〉，超脫拔俗，氣象開闊，且能引人入勝。「本無義」是道安之說，名與法琛同，而旨趣有異。道安以爲一切諸法，本性空寂，所以「有」不可執著。假若能知解本無的道理，那麼，異想自然停息。質言之，他所說的無，不是有無的無，只是無以名之，強名曰無。「無」是真諦，是針對俗諦來說的。這種說法，已經漸近般若真諦了。

前文述過，慧遠因聞《般若經》而出家，二十四歲已登座講實相義，後來，又面斥道恆的心無義。足證慧遠的般若學確有很深的造詣，並已自成一家的精論了。毫無疑問的，他的這些精論，當保存在《法性論》中，史載慧遠因感般若諸說，不能窮究妙實，於是著《法性論》。理深辭婉，獨拔懷抱。連羅什見論，也禁不住讚歎說：「邊國的人沒見到經，便闇與理吻合了。」《法性論》已經亡佚，無從了解他的本論。如今尋檢慧遠的論著文字，如〈大智度論抄序〉、〈沙門不敬王者論〉，以及〈慧遠肇論疏引廬山法師本無義〉諸文，也可稍稍了解慧遠的法性本旨了。

慧遠對般若空義，也是宗主「本無」之說。而他所說的本無，則與法性同實而異名。什麼是法性呢？簡單地說，無性的性，即爲法性。換言之，當即「觀諸法的如其所如，對之更無分別的虛妄執著，而知其本性空寂，別無自性，而觀這無自性即爲其性」的意思。所以，並不是諸法本性空寂以外，另有體相可體的。事實上，諸法原是因緣合和而生，因緣所生的諸相，瞬息萬殊，並不是真性。《法性論》（見《高僧傳．釋慧傳》所引）說：「至極以不變爲性，得性以體極爲宗。」所謂「不變爲性」，是對「至極」而說的，指明法性是不變的；知道不變，即爲得性。而這並不是說實有不變的性，也沒有至極不變的體；因爲不寂不滅，非空非有，始是真性。由此可知，慧遠當已持泥洹常住之說了。是時，《大涅槃經》尚未譯出，中土並沒有泥洹常住的說法。不過，般若實相，涅槃佛性，經雖非一，理無二致。般若破除執相，涅槃掃除八倒；般若的遮詮，正所以表涅槃的真際。明白般若的實相義，才可與談涅槃的佛性義。因此，我們相信，慧遠實已深悟般若的空諦，而且妙解涅槃常住之說。《法性論》雖已亡佚，當是推闡這個旨意而作的。

總之，般若所說的空，不是虛無的空，而是空中能生妙有。然而有不得滯空，真空所以顯現妙有。只有空有相融，自然妙智中生。慧遠由於通達無生實相的玄義，徹悟般若中道的妙諦。因此，不執不滯，無礙無著，從而妙智中生，悲情滿懷，生出度人覺世的悲願；而以莊嚴國土，成就眾生爲標的。廬山這種圓融灑落的學風，正是佛法最高義理——中道第一義諦；雖說空義，而不遺四悉檀（悉檀，梵語，成就的意思。佛爲眾生說法，使各成就佛道，凡有四法，故云四悉檀）。所以，慧遠大師的德望威儀，蔚然盛貌於雲霞掩映的名山古刹中，且能遺風萬古，永垂而不朽。

2 慧遠的禪思想要論

自炎漢以來，禪學的發展有二大系統，一是安世高系的禪法，偏於小乘。一是支讖系的般若，屬人乘學。慧遠的禪思想，集合了這兩系的大成，從而開創了他那獨特的禪風，為中國的禪學發展，立下一重要的里程碑。下面先分述這兩系的禪學，以便明白慧遠禪思想的特色。

安清，字世高，安息國的太子，世稱安侯。漢桓帝時，來到洛陽，不久，通習華語，開始宣譯佛經，改梵本為漢語。從桓帝建和二年（一四八年）到靈帝建寧中（約一六八年至一七一年）二十餘年，譯出三十九部經，數百萬言。他所譯出的經論，義理明析，文字允正；辯而不華，質而不野。是當時傳譯諸經中，最好的譯本。

安侯貫綜經藏，尤其精擅阿毗曇學，兼通禪經。他所譯經典，《出三藏記集》著錄三十四部，四十卷。其中，僅有《五十校計經》一卷，與《大集經．菩薩品》同為大乘經典，其餘都是小乘經典。所以，世稱為小乘學者。安侯所譯出的禪經，多關於禪數。如《安般守意經》將數息觀分為六階段，明定應觀四諦。《陰持入經》以三學為止觀，說明三十七品的道科。《修行道地經》以不淨觀和數息觀為止，以五十五事觀為觀。《大小十二門經》以不淨觀為主，敘述四禪、四無量、四空定等十二門禪。以上所舉諸經，多並列數字，稱為禪數之學。大概安侯對漢人說經，都是依藉法數來互相發明的。所以，道安讚揚他「善開禪數」。

事實上，安侯對中國佛教的影響，也在禪法。他的禪法，漢、魏兩代，頗爲風尚。安侯本人重視禪觀，而且拿禪法教人。漢末，以行禪而知名之士，如韓林、皮業、陳慧等人同是學於安侯。陳慧且注《安般》，敷演安般大義。唐僧會似是他的得意弟子。

支讖，是支婁迦讖的簡稱，本是月支國人。漢桓帝末年，遊於洛陽。於靈帝光和、中平（一七八年至一八九年間）年間，譯出《般若道行品》、《首楞嚴》、《般舟三昧經》等。他的譯文，審得本旨，了不加飾。支讖所譯，《出三藏記集》著錄十三部，二十七卷。除五部散佚外，其餘都是大乘經典，世稱爲大乘學者。

支讖的譯品，漢魏時代，最流行的是《道行般若》與《首楞嚴》等。《道行般若》十卷屬小品，是竺朔佛口授，支讖傳譯，而由孟士元筆受，這是中國般若經的第一譯。西晉時，《光讚般若波羅密經》、《放光般若波羅密經》譯出，同屬大品。而《光讚》在東晉時，因得道安的敷揚，稍稍流傳；《放光》在西晉時，已經行世。及羅什入長安，重譯大小品，盛弘性空的典籍，般若學於是盛行於世。《首楞嚴經》，支讖是第一譯，這部經在漢、晉間共九譯（藏中現存的是鳩摩羅什《首楞嚴三昧經》），可見是魏、晉間最盛行的大乘經典。《般舟三昧經》，漢、晉間共有三譯，與《首楞嚴》都是大乘禪觀。這部經，魏、晉時，並不盛行，且要藉神仙方術來傳世，直到慧遠才開始提倡這般舟三昧。

漢末以來，這兩系的學說及傳授，固頗壁壘分明，同是中原禪學的兩大重鎮。到了三國時代，才傳至江東。安侯的禪法，依據《安般守意經》、《陰持入經》、《修行道地經》、《法鏡經》爲主，偏重小乘禪。後來，他的弟子嚴浮調、陳慧、康僧會諸人出，上承漢代的道術，專主養生成神，重視神靈不滅，想要得到神通，造成了很獨特的禪風。而支讖的禪學，完全依據《道行經》、《首楞嚴經》爲主，提倡大乘禪。後來，逐漸與老莊的玄學合流，主張神與道合，著重般若空理，以印證涅槃常住義。這兩系的禪學，到了慧遠而集其大成。慧遠不僅推崇僧伽提婆與佛跋陀羅所傳的小乘禪，而且鑽研般若，提倡般若三昧的大乘禪，使得安世高系的禪法，以及支讖系的般若，結合成一體，這實在是中國禪學史上的一大盛事。

東晉孝武帝太元十六年（三九一年），罽賓沙門僧伽提婆南遊廬阜，慧遠大喜過望，請重譯法勝《阿毗曇心論》，等到譯出後，慧遠如獲瓌寶，因爲當時江東禪典殘闕，禪法不興。而安世高所譯的禪經，如《安般守意經》、《陰持入經》、《修行道地經》，又都偏重數息及不淨觀等禪數。不僅缺少禪教，且無受法。而《阿毗曇心論》論列三賢、四善根、四聖等品位，正是安世高禪典所闕少的。所以，慧遠不僅敬慎寶重，而且，獎勵門人研究阿毗曇。於是，廬山阿毗曇學大爲興盛。使當世的佛徒，多把《方等大乘經論》看作是魔書。可見影響人心的深遠。

然而，法勝《阿毗曇心論》析論阿毗曇學的綱要，雖然有助於安世高禪典的闕漏，畢竟不是禪學的專門著作。所以，晉安帝義熙六年（四一〇年）左右，佛馱跋陀羅（覺賢）受到羅什門下的擯斥，而與弟子慧觀等四十餘人，南下廬岳時，慧遠欣喜異常，趕緊請他譯出《達摩多羅禪經》（一名《修行方便禪經》）。本經出自達摩多羅與佛大先之說，慧遠贊揚備至，譽爲禪訓正宗，且是釋尊以後，一脈相傳的根本禪法。它的傳授源流，灼然可信。慧觀〈修行地不淨觀經序〉曾列舉阿難、末田地、舍那婆斯、五通仙人（優婆崛）、富若蜜羅、富若羅、曇摩多羅、佛陀斯那(佛大先)諸大師,謂爲「高宗承嗣之範」。所以,這部有宗的禪典,正是優婆崛五部分崩以前,禪訓的正宗。

依慧遠〈修行方便禪經序〉所說,本經出自達摩多羅與佛大先。不過,達摩多羅傳如(平等)色(差別)平等的大乘禪觀;而佛大先教人,則由淺而深,漸入奧理;可以說,佛大先是以小乘禪觀,作爲達摩多羅大乘禪的階梯。本經所敘,自安般觀至十二因緣觀,都是佛大先的說法。由此可知,《達摩多羅禪經》實是具備大小乘禪法的寶典。

本經所明諸禪,凡分三觀:一爲安那般那觀,二爲不淨觀,三爲界觀。這三觀中,安那般那觀分作方便道(三賢、四善根)與勝道(四聖)二大段。方便道別爲四種,就是退分、住分、升進分、決定分。勝道也有這四別。不淨觀分作退、住、升進、決定四段。界觀不立區別。其次又說四觀,所謂四觀,就是四無量三昧、陰觀、入觀、十二因緣觀。本經繼《阿毗曇心論》譯出,其中所明示的禪觀,對於安世高禪典的闕點,很有補益。所以,慧遠讚揚是「進入如來無盡法門」的稀有寶典。可證廬山的禪,頗受佛大先禪法的影響。

慧遠獎勵阿毗曇學,推崇有部系的禪經;且又鑽研大乘般若,倡導般舟念佛。完全是禪淨並弘,空有兼施的作法。這種作法,自有過人之處、慧遠認爲禪離了智,便不能窮寂;智離了禪,也不能深照。祇有禪智雙運,寂照相濟,才能窮神達本。所以,禪法與般若是相輔相成的;好比車的兩輪,鳥的雙翼,是不能偏離的。藉著禪數所以收攝亂心,透過般若所以徹悟本真,二者的關係是密切而不可分的。因此,慧遠對於禪法與般若,自始至終,弘揚鑽揚,毫不懈怠。

東晉安帝元興元年（四〇二年）七月二十八日，慧遠在廬山山陰般若雲臺精舍，集劉遺民等百有二十三人，在無量壽佛前，立往生西方的誓願，提倡般舟念佛。而所根據的教典，是《般舟三昧經》。這部經雖沒有明述彌陀淨土的莊嚴，但說依三昧得見西方阿彌陀佛。「三昧」的意思，是指窮玄極寂，體神圓融的精神統一狀態。進入這個境界，就可隨宜應物，顯現妙境了。由於慧遠認爲這是功高易進的禪法，所以倡導這種般舟念佛。不過，慧遠的般舟三昧，也不是純粹以《般舟經》的大乘思想爲主。其中也融有老莊思想與安世高的禪思想。試以安世高禪法的權威，三國康僧會的〈安般守意經序〉與慧遠〈念佛三昧詩集序〉對照，就可發現二者的內容辭語，殊無二致。例如序文中所用的「思」、「志」、「靖恭」、「無幽不徹」等語，都與康僧會的用語相同。又如「志一不分」，正是出自《莊子．達生》「用志不分，乃凝於神」句。「氣虛」，出自《莊子．人間世》「氣也者，虛而待物者也」句。由此可知，慧遠的般舟三昧說，誠然融合有老莊思想與安世高的禪思想。

對於大小乘的禪法，慧遠認爲原是一體的。大乘必須以小乘爲基礎，而小乘應該以大乘爲極致。大小乘的名目，固是隨時代而隆替的。瞭解這一點，就可明白慧遠所以能融匯安世高的禪法和支讖的般若，且又提倡般舟念佛，以形成廬山圓融灑落的禪風了。如此，使得炎漢以還，禪學的二大主系，因慧遠而集其大成。

3 慧遠的淨土宗要論

追溯淨土的思想，大概要從釋尊於闍崛山講《無量壽經》說起。到了王舍城說《觀無量經》，祇樹給孤獨園說《阿彌陀佛經》後，淨土的思想已經非常的圓熟。佛滅後六百年（西元一五〇至二〇〇年），淨土三部經——《觀無量壽經》、《阿彌陀佛經》、《無量壽經》相繼刊行，這是淨土宗最早的成文經典。他如《般若》、《華嚴》、《涅槃》諸經典，間或也載有彌陀西方的淨土思想。不過，諸大乘經典雖有十方無數諸佛，各住他的淨土，各教化他的眾生的說法；然而有獨立經典的，只有阿彌陀佛、阿閦佛、藥師佛等。其中又以阿彌陀佛的經典為最，而且詳述阿彌陀佛在因位時的發願、修行以及他的淨土——西方極樂世界的莊嚴構造。因此，自古以來，彌陀淨土成為諸佛淨土的代表。

至於淨土宗的宣揚，則從龍樹、世親、馬鳴諸菩薩的造論贊述三經奧義開始。龍樹婆娑論說有念佛易行道，而且讚歎阿彌陀佛的功德；他的《大智度論》更闡揚淨土的教法。世親的《淨土論》則倡導往生淨土的信仰。馬鳴《起信論》專門敘述阿彌陀佛的攝護與往生淨土。不過，上述諸菩薩雖唱淨土，卻缺乏獨立的宗門，一直要到東傳中土以後，才正式形成了宗派。

淨土思想的東流，以後漢靈帝光和二年（一七九年）支婁迦讖譯出《般舟三昧經》為嚆矢。稍後，吳支謙、晉竺法護等傳譯有《大阿彌陀佛經》、《平等覺經》等。姚秦鳩摩羅什、劉宋寶雲、畺良耶舍等譯出《阿彌陀經》、《十位毘婆沙論》、《無量壽經》等，於是淨土的經典齊備，僧俗之間，逐漸有了信仰的人。最早求生西方的，大概是西晉的闕公則。不過，談到中土淨土思想的確立，那是完全靠的東晉慧遠大師的力量。

慧遠在東晉安帝元興元年（四〇二年）七月二十八日這一天，集合彭城劉遺民、雁門周續之、南陽宗炳等名儒緇素百有二十三人，同在般若雲臺精舍無量壽佛前，立往生西方的誓願，這就是著名的廬山白蓮社，也是後世結社念佛的濫觴；流風遺韻，影響深遠，所以，慧遠被推爲蓮宗的初祖。

慧遠的淨土思想，可以說是建立在篤信識神不滅的說法，以及深怵輪迴報應痛苦的基礎上。慧遠確信形滅而神不滅，神的傳於異形，就像薪火相傳一樣。薪異而火一，形易而神同。一般的惑者以爲一生已盡。此生的形體腐朽後，識神也自然隨著喪失。其實不然，人是會有生死流轉的，爲什麼呢？因爲無明貪愛爲惑爲累的緣故。無明網蔽智照，情想便凝滯於外物；貪愛流失本性，四大便結聚而成形。無明貪愛不息，此身以後，仍得受於他身；此生以後，還有來生。以致生生不絕，永墮生死的輪迴。事實上，慧遠的識神不滅說，就是他的三世因果論的張本。慧遠既因俗人懷疑善惡的沒有現驗，於是作《三報論》。慧遠認爲業報有現報、生報、後報三種。而報受自心，感應由事。不過，應有遲有速；報也有先有後。這也正是爲什麼有人行善而罹禍，有人爲惡而致慶的緣故了，因爲現業未報而前行剛剛感應呀！吾人但以一生爲限，所以不能明白善惡報應的道理。而依慧遠明報應論的說法，所謂報應，其實純是心的感召。若無心而應物；那麼，雖有作爲而沒去感召，自能超過輪迴，不受報應了。據上所述，三世因果論是以識神不滅說爲本的。慧遠由於篤信這種說法，所以深懼沈溺生死輪轉的痛苦。他的弟子宗炳等人也害怕無常的威力。因此，都期望能往生淨土，永住常樂。所以廬山道場聚眾念佛的規儀，以及精猛求進的精神，自然形成了廬山學風的一大特色。

廬山的念佛法門，誠以往生極樂世界爲宗旨。但所謂往生極樂世界，若就現生來說，便是創造環境，開拓光明磊落的人生，完成人生的理想。因爲念佛純使心地光明，智慧開展，所以能達到這個目標。進一步地說，人生有了光明磊落的思想，創造的精神，以及爽朗的襟懷，那麼，生命的歸宿，自必趨入西方極樂世界了。

慧遠所創的蓮社，既以修念佛三昧爲主；而他所根據的是那部教典呢？蓮社成立在元興元年（四〇二年），時慧遠六十九歲，當時，除漢末支讖所譯《般舟三昧經》外，鳩摩羅什譯出《阿彌陀經》，《觀無量壽經》尚未譯出。慧遠既倡淨土，他對彌陀的信仰，是藉著專注西方阿彌陀佛以入禪定，定中以見佛，而往生淨土。入三昧，見佛，即是《般舟三昧經》所敘三昧見佛法。所以，慧遠的淨土思想，是以《般舟三昧經》爲主的。關於念佛三昧與定中見佛，慧遠並有專文論述；而對念佛三昧的闡述，見於〈念佛三昧詩集序〉中。依序文所說，三昧是專思寂想的意思。能夠思專想寂，心智凝一，自然氣虛神朗，發出鑒照的智慧，可以透徹幽微，而諸三昧中，念佛三昧最爲功高易進。因爲如來是窮玄極寂，體神合變，隨宜應物的。能入此三昧，自能昧然忘知，成就鑒智。質言之，只要一心專念，止寂他想，入得般舟念佛三昧中；自能顯現鑒照的智慧，而達到親見彌陀的境界了。

關於定中見佛的事，在慧遠與羅什的《大乘要義》中卷，二公對這問題曾有過精要的討論。慧遠根據《般舟三昧經》「引夢為喻」發問，認為定中所見的佛，若同於夢見的話，便屬主觀的想像而已，並不是真佛的顯現。若為客觀外來的佛，那麼，佛既是真實顯現的，就不得以夢為喻了。羅什針對所問，作很切要的回答說：藉三昧所見諸佛，並不是虛妄的。得到神通的大菩薩，到十方世界去見佛，面對佛陀，固然沒有問題。而一般的俗人，既不能修行禪定，又沒得到神通，豈能得見十萬億佛土以外的西方阿彌陀佛呢？因此，佛以夢為喻，原是為了破除一般俗人的疑惑。夢是自然形成的，不必借助他力，卻能見到很遠的事。同理，入般舟念佛三昧，也能遠見諸佛，就同夢中所見一樣。同時，吾人須知，佛身並沒有決定相，依經所說，諸佛的身都是從眾緣而生。凡是從眾緣而生的，都沒有真實自性，如夢如幻而畢竟空寂。所以，入三昧所見諸佛的身，是實在的。假若認為見佛是虛妄的，實是誤認佛身有他的決定相，而從憶想分別中來的。總之，若能持戒清靜，加上佛力以及三昧力，眾緣和合，便能見到佛。據遠什二公的問對，慧遠不僅確切的修般舟念佛三昧。而且，對於念佛三昧的內容，有很深刻的瞭解。

至於慧遠的念佛，是屬於觀想念佛。在阿彌陀像前，口唱佛名，心觀佛像佛德，以求想寂思專，心智凝一，得入念佛三昧的境界。這種念佛的法式，注重觀念，正與禪觀同趣。事實上，這時的禪觀，仍是般若觀照的工夫。本來佛教東傳，固以經典為橋樑。而在原始佛教中，所謂經典，就是禪。印度結集的三藏，經典稱為「經藏禪」，顧名思義，經就是禪的要道。這與達摩祖師初傳的禪法有密切的關係。達摩的禪法不僅直指傳心法要，且又授以《楞伽》四卷。自初祖達摩到六祖慧能仍然不出楞伽心法（超越唯識）。《楞伽經》主究「如來藏心」與染淨二法，且融通「般若畢竟空」理。所以，達摩禪法傳到第六代，顯然有般若空論的融貫。中國禪林的開創，始於廬山東林寺的別置禪林，而廬山這種念佛坐禪的風規，正是藉禪定來契合般舟念佛三昧；而在念佛中注重定心凝觀。依據記載，廬山的念佛，是定心別時，坐禪念佛；將晝夜分爲六時——晝三度、夜三度。在法堂坐禪，修念佛之昧。這種禪淨並重的法門，開啓了後世禪淨雙修的端緒。總之，念佛往生，須經由修定的功夫。慧遠以發願往生淨土，所以必行念佛三昧。而慧遠的念佛，即爲禪定，不僅凡夫的口宣佛號而已。

慧遠謙沖宏遠的風格，以及廬山幽邃自然的景相，造成廬山蓮社的特殊宗風。緬懷前修，令人景慕敬禮不已。際此人欲橫流，道德崩潰的時代，瞻前顧後，更期望人人能顯現佛性，莊嚴世界爲一大淨土。

三、對後世的影響

綜上所述，慧遠藉著禪、淨、律三者的修持，形成他的圓融無礙，莊嚴宏遠的風格，而這也正是廬山學風的最大特色。質而言之，由於慧遠行持淨土法門，攝養禪定功夫，嚴守戒行律儀。所以能深悟般若中道的妙諦，自然散發悲天憫人的菩薩精神。從而培養無畏無懼，中流砥柱的風範。不僅爲僧侶爭人格，爲教法作辯護；而且弘揚佛法，不遺餘力。因此，自從慧遠棲止廬阜而後，廬山成爲南方一大佛教中心。考究廬山學風影響後世最爲深遠的，約有四端。

第一，顯現般若真空的妙諦：自三國而後，佛教的般若思想，時與老莊思想相互混融，所以，格義學興起。而在有晉一代，約可分爲三個演變的階段：第一期爲竺法雅時代，竺法雅諸人，最先將般若與老莊並論，彼此依傍發明。這一時期，般若妙諦，並未正顯。第二期爲道安、鳩摩羅什時代，道安初期，襲於習俗，也用格義的方法。稍後，認爲格義方法常有違背佛理的地方，於是力言廢用格義。史稱道安所注《般若》、《道行》、《密迹》、《安般》諸經，都是尋比文句，來疏通滯文，解釋隱義的。所以說「經義的彰明，自安開始」。而羅什譯出《大智度論》，他的弟子僧肇著《般若無知論》和《物不遷論》等，已廢用格義的方法。般若真諦，經過道安，羅什的辯析，於是得以正顯。第三期爲慧遠時代，慧遠師承道安之學，闡明般若「真空妙有，諸法實相」的真諦，發揚涅槃常住義。因此，《法性論》撰出，羅什讚揚不已。此外，慧遠更藉著般若的徹悟，形成他的圓融風格與悲憫精神，所以能使天下僧俗靡然皈依，而爲吾國佛學開創一新的紀元。

第二，開創淨土念佛的宗門：廬山白蓮社的成立，立誓在無量壽佛前，祈望往生阿彌陀佛的極樂淨土，開創了我國淨土宗的法門。不過，廬山蓮社所求的往生，實與世人的但求未來的西方安樂迥異。慧遠對現生的操行及精神絕非消極的態度，他所重視的是現生的極樂，此土的西方。其後百餘年，北魏曇鸞法師出，注《往生論》二卷，爲此宗著述的巨擘。到隋道綽禪師著《安樂集》二卷。唐善導大師著《觀經疏》四卷，陳述淨土的要義；作法事讚等，定一宗所用的行儀，淨土宗於是燦然大盛於世。直到趙宋時代，有圓淨法師，欽慕廬山的宗風，隱遁西湖之濱，結蓮社，專修淨業，後易名爲淨行社。前後參預蓮社的，公卿文士凡一百二十三人，比丘千餘人，堪與慧遠的廬山蓮社媲美而無慚德。值得注意的是：廬山白蓮社的念佛，主「觀想念佛」和「觀像念佛」並重。所謂念佛，實即禪觀。而且，由於主修淨土，信仰特別堅定；形成堅貞精進的精神，允爲當世僧團的式範。

第三，揭啟禪淨兼修的端緒：廬山道場雖然主修淨土，以修念佛三昧，往生淨土爲宗旨。然而慧遠又在寺內別置禪林，於禪定中契合念佛三昧。這種念佛三昧與禪定法要的重修，也是廬山學風的另一特色。也只有慧遠的圓融無礙風格，始能兼容並重。等到唐末，有法眼宗的學者延壽出，大唱禪淨雙修。延壽初入靈隱山新寺，後遷到永明大道場，弘揚法化，聽眾常過二千。學者參問，以心為宗，以悟為則。日常自課一百八事；暮時，前往別峯，修行道念佛法。著有《萬善同歸集》。宋初，靈芝元照律師，兼弘教、律、禪；並以念佛法門，普勸道俗。這都是遠承盧山的遺風而來的。因此，慧遠雖然沒有正式提倡禪淨一致的理論，然而念佛與禪觀的並重，誠然開啓了後世禪淨兼修的引端。

第四，樹立佛門持律的風範：佛教傳到東晉時代，頗為興隆，帝王公卿，文人學士，崇拜正法的相當多。然而僧門流品蕪雜，漸漸失去軌儀。有的從事商業，與俗競利。有的徒託空談，坐食百姓。甚至有出入宮庭，干預朝政的。所以，後來桓玄的沙汰沙門，重建沙門盡敬王者的議論，都是有為而發的。這時候，盧山蓮社，名德雅士雲集，在慧遠圓融灑落，莊嚴宏遠的學風薰陶下，諸人都能息絕常慮，專心修道。這種恬淡苦修，戒律森嚴的風格，無形中促進僧侶人格的自覺，也為當代佛教界，保有一清淨土。同時，使得江東佛法藉以廣布，釋教賴以弘揚開來。

慧遠不僅主張念佛坐禪，以修靜定的功行；而且，獎勵阿毗曇，提倡一切有部之學。實為吾國禪淨並弘，空有兼施的始創者。至於他的注心念佛，訣用禪定，則是為了明淨觀照般若慧心。藉著般若的啓示，以促成人格的自覺，培養悲憫的菩薩精神。因此，慧遠在佛業上的建樹，承先啓後，開往繼來，厥功甚偉，堪與道安並駕齊驅。稱為我國南方釋教的開山大師，誰曰不宜。

參考書目

《高僧傳》　梁慧皎撰，臺灣印經處，民國六十二年九月二版，卷五、卷六。

《中國佛教史》　蔣維喬著，國史研究室，民國六十三年一月，臺影印二版。

《佛學研究十八篇》　梁啓超著，臺灣中華書局，民國六十年三月臺三版，第八、九篇。

《漢魏兩晉南北朝佛教史》　湯用彤著，臺灣商務印書館，民國五十七年六月臺三版，第四章至第十一章。

《中國佛教史略》　釋印順妙欽合編，善導寺佛經流通處，民國四十五年九月再版。

《佛法概論》　釋印順著，正聞出版社，民國五十五年五月五版。

《佛教各宗大意》　黃懺華著，焦山智光大師獎學金基金會，民國三十六年八月再版。

《中國佛教史》　黃懺華著，普門精舍，民國四十九年九月出版。

《中國哲學原論》　唐君毅著，九龍，新亞書院研究所，民國五十七年二月出版，第七章。

《魏晉思想與談風》　何啓民著，中國學術著作獎助委員會，民國五十六年三月初版，〈九、玄釋之交融〉。

《晉南北朝隋唐俗佛道爭論中之政治課題》　孫廣德著，臺灣中華書局，民國六十一年五月初版，第二、三章。
《廬山慧遠學述》 田博元著，文津出版社，民國六十三年三月出版。
陳統 〈慧遠大師年譜〉，《史學年報》第二卷第三期，一頁至一七頁，燕京大學歷史學會，民國二十六年十二月出版，學生書局印行。
演培 〈慧遠大師之生平及其念佛思想〉，《海潮音》第三十七卷十一月號，一六頁至一九頁，海潮音社，民國四十五年十月出版。

竺道生

藍吉富 著

目次

竺道生

一、傳略

四世紀時的中國，雖然在政治上是個紛紛擾擾的時代，但對佛教的傳播而言，卻不能不承認是個相當燦爛的時期。當時北方有佛圖澄，爲石勒所知遇。徒眾之多，行化之盛，皆爲前此所未有。其高足道安，尤其爲中國佛教奠定下堅實的基礎。而譯經大師鳩摩羅什又爲佛教翻譯事業，創下空前的偉績；爲佛教思想界，培育了相當多卓越的人材。而南方佛教界，名僧與名士合流，佛教對上層知識階級，曾有相當廣泛的影響。支道林便是清談名僧之翹楚。至於在佛教僧團中，盧山的慧遠是一時碩望，其所住地則是南方佛教的中心。佛教人材之輩出，弘法事業之推廣，都可以使人明白地看出，四世紀下半期是中國佛教第一次開花結果的時期。本文的主角竺道生，便是在這種時代背景下，所孕育出來的傑出佛教思想家。

竺道生，俗姓魏。原籍鉅鹿（河北晉縣）而寓居彭城（江蘇銅山）。其父曾任廣戚（江蘇沛縣）縣令，在鄉里間頗有善名。道生的出生，不知確在何年，然依各種現有史料判斷，大約是在四世紀中期。勉強可判定在西元三六〇年左右。如同其他某些高僧的傳記一樣，道生在幼時也「聰哲若神」，因此頗爲乃父所器重。

大約在道生十歲左右，他的父親帶他去見當時南方名僧竺法汰。道生遂依法汰出家。法汰是晉代高僧彌天釋道安的同學。東晉哀帝時，道安分張徒眾於南北，以推展佛法。當時法汰即爲南下弘法一系的領袖。東晉簡文帝時，法汰住京都（建康，即今之南京）瓦官寺。頗受帝王公卿之尊禮，爲當時建康的顯赫名僧。據梁《高僧傳．法汰本傳》所載，簡文帝曾請法汰在瓦官寺講《放光般若經》。開題大會之日，簡文帝且親往聽講。而且「王侯公卿，莫不畢集。」有這種殊勝的因緣，因此使他成爲京師佛教信徒景仰的僧寶。四方來請教、參禮者，達數千人。

道生由父親攜往法汰處出家，大約是在這時候。當時釋道安所提倡之以「釋」爲姓的風氣，還不盛行。因此道生仍然採取以師姓爲姓的規矩。在法號「道生」之上，加上「竺」字。在那種時代風氣之下，一個身居縣官地位的人肯將自己的兒子送去出家，並不值得驚奇。帝王公卿都如此崇奉佛法了，更何況是一個小小的地方官？而且，所皈依的法師又是受皇帝尊崇的一代名僧，自更易使皈依者覺得心安理得。

穎悟力強而向道心切的人，思想早熟是常有的事。道生在十五歲左右就已是法汰門下的「小」講師了。晉太元十二年（三八七年），法汰去世。道生雖然年紀還小，但其佛學基礎已大體奠定。到了受具足戒那年（二十歲），其學養及善於講演佛法的聲譽，即已傳遍遐邇。四方前來論難、問學的人士也相當多。《出三藏記集》本傳說他「風雅從容，善於接誘」，「故預在言對，莫不披心焉。」二十幾歲的年輕人能夠如此，可見其確具有大思想家的潛力。

由於道生以爲「入道之要，慧解爲本」，因此，深入經論義海以求獲得慧解，是他一生的主要目標。於是，大約在三十來歲時，道生離開建康，外出四處遊學。晉孝武帝太元末年（約三九〇至三九七年之間），他入廬山修學。當時的廬山爲高僧慧遠的所住地。是東晉南方佛教的中心。在慧遠的精舍裏，道生共計住了七年。慧遠是道安的弟子，而道生則爲法汰門人。由於法汰與道安有同學之誼。因此雖然慧遠年歲比道生約長二十餘歲，但論輩分則屬平輩，而且今存史料，都未曾有「道生爲慧遠弟子」的記載，因此道生在廬山慧遠處，只不過是寄居參學而已，並未拜慧遠爲師。陳觀勝先生，在其英文著作《佛教在中國》（*Buddhism in China*, 一一二頁）書中，謂道生爲慧遠之門人，此點恐非事實。至於後世相傳，慧遠與其他十七位時賢，共結蓮社念佛。謂道生也是其中之一。此事宋朝陳舜俞《廬山記》（卷三），志磐《佛祖統紀》（卷二十六）二書載之甚詳。按慧遠曾與劉遺民等人立誓往生西方淨土，此事確爲史實。然十八高賢之故事實爲中唐以後所起的傳說。內含許多附會，並非事實。道生倡法身無色、佛無淨土之說，更不可能參與淨土十八賢之列。此事湯用彤《漢魏兩晉南北朝佛教史》（十一章）辯之甚詳，讀者可以參考。

廬山七年，道生的最大收穫是得遇罽賓佛教學者僧伽提婆。提婆爲精研阿毗達摩佛教之學僧，尤善說一切有部的《阿毗曇心論》。曾應時人之請到洛陽研讀毗曇諸論，並矯正前此譯本之缺失。晉孝武帝太元年間，爲慧遠請來廬山，譯出《阿毗曇心論》及《三法度論》等書。道生對阿毗達摩佛教義理之素養，即在廬山從提婆所學而得。阿毗達摩諸論雖然繁瑣，且內容有拘泥於形式主義之弊病，但組織謹嚴，說理細密，閱讀此一類典籍，對於一個發心探索佛法義海的人而言，是相當好的訓練。尤其提婆所擅長的《心論》一書，是含攝說一切有部義理的重要綱要書。道生能親炙於提婆，對思想上的紮根工作及對說一切有部的了解，當有相當程度的助益。

慧皎《高僧傳》（卷七）說道生「常以入道之要，慧解爲本。故鑽仰羣經，斟酌新論。萬里隨法，不憚疲苦。」這幾句話，確實將道生的個性及爲學方式描寫得相當逼真。在佛教戒定慧三學之中，他把慧學視作根本。希望能求得義理的透徹了解，以爲學法的基本依據。因此訪求名師、親近善知識，對他來說，自是一件極重要的事。也由於他持這種態度，所以在廬山幽棲七年之後，道生又轉往北方。

大約在五世紀初，鳩摩羅什到長安。羅什爲屬於佛教般若（性空）思想系統的大師。其人日後在我國北方的譯經及僧教育事業，成就之大，無人能出其右。在國人對於佛法的理解尚未能自信的當時，羅什也成爲國內佛教界解析疑難的核心人物。道生之前往北方，就是受到羅什學養的吸引。他偕同幾位出家友人，一齊到長安投入羅什門下。

在長安，道生在佛學上致力的主要目標，當然是羅什所擅長的般若性空思想及其他大乘義理。除此之外，羅什門下人材之眾多，必亦曾給道生以相當程度的刺激與啓發。其中，有不少人在當時或稍後，都成爲佛學名家。如僧肇號稱解空第一，爲日後三論宗所追溯的遠祖。其所撰〈物不遷〉、〈不真空〉、〈般若無知〉諸論（收在今存之《肇論》一書中）爲中國佛教哲學論著之無上精品。僧導、僧嵩二人精研《成實論》。僧獻精於譯事，爲羅什譯場的重要助手。此外，道融擅《法華》及《大品般若》諸經，曇影精《中論》，凡此諸人，當時或稍後皆爲一時名匠。其與道生之相互論難與切磋，自是意料中事。而且羅什門下，原亦染有當時南方所流行的玄談風氣，因此，道生在長安的幾年中，其義學收穫是可以想見的。加上其本人數十年來的熱心鑽研，使他在佛法方面的領悟，比一般義學僧眾要高明甚多。因此《高僧傳》說「關中（指長安一帶）眾僧，咸謂（道生）神悟。」這實在是很自然的事。

晉安帝義熙五年（四〇九年），道生從長安經廬山回到建康。就在這一年，羅什譯出龍樹性空哲學的要典：《中論》與《十二門論》。過兩年，又譯出《成實論》。這些論證大小乘性空思想的要籍，道生都不曾親聆羅什講授。這事很難說是否係道生的損失。因爲他後來的主要思想方向並不屬於性空系統。回到建康之後，他住在青園寺（後改名爲龍光寺）。經過數十年的研學與參訪，道生考察了法汰、提婆，及羅什諸人的佛學精華，而有所去取。到這時候，其思想也可謂接近成熟。

從回到建康之時起，到東晉滅亡（四二〇年）這幾年，應該是道生爲其思想作一總整理的時期。道生爲法汰的及門弟子，而思想並不爲法汰所拘宥。在廬山從僧伽提婆研習有部之學，也不滯留在小乘阿毘達摩的義理領域中。長安受學於鳩摩羅什數年，道生對般若性空之學自必有所領會，但卻也未能使他對羅什的理論完全心服。他不是一個隨便盲從的佛教徒。他深深的瞭解翻譯佛典在文字上所具有的那種難以避免的缺陷。因此，對於經論文字，他絕不拘泥、盲從。他重視的是究竟的真理。所憑藉的是求真理的大無畏態度。他不相信任何權威偶像（依法不依人），也不像常人一樣看到任何佛經就完全信服。而是自有主見，自有選擇（依了義經，不依不了義經）。他期求獲得的是真理本身，而不是佛書上的文字（依義不依語）。所以他主張「象以盡義，得義別忘象」「忘筌取魚，則可與言道矣」。這種態度是大乘佛教的正確態度，也是道生其人的主要思想特徵。

西元四二〇年，劉裕篡晉，改國號爲宋。劉宋廢帝景平元年（四二三年）秋，罽賓沙門佛陀什到揚州。佛陀什爲屬於彌沙塞部（Mahīśāsahāh）的出家人。因此道生與當時佛教界人士共請佛陀什到建康龍光寺譯出該部的《五分律》。道生也參與譯事，與沙門慧嚴共爲譯場之「筆受」（記錄），並參與文字上的潤色工作。到次年始告譯成。此即今存《大正藏》內（第二十二册）之《彌沙塞部和醯五分律》（三十卷）。這部《五分律》，東晉法顯西行取經時，曾在師子國（錫蘭）求得胡本。惜回國後，未及譯出而法顯即去世。法顯此一願望，終在劉宋初，由道生與佛陀什等人完成。

這時候，道生的聲譽已經確立。宋文帝對他即深爲讚賞。王公大臣如王弘、范泰、謝靈運、顏延之等人，對他也相當推服。一般而言，以學問、思想爲主要生活內容的人，其生活型態總是較爲平靜而少波浪的。因此，從長安回來以後的二十年間，道生的事蹟甚少爲後代史家所記載。大約在這二十年間，其生活內容總不外乎研學、修持與著書立說吧？然而，有兩件並不是以道生爲主角的小事，頗可以看出其人的性向與風格。因此，值得在這兒稍加敘述。

第一件是建康祇洹寺的踞食之爭。宋武帝永初二年（四二〇年），車騎將軍范泰在京師建立祇洹寺。以名僧慧義經始其事。日後西域名僧來京師時，多投止該寺。因此，該寺乃成爲京師佛教界譯經與傳授禪法的中心。由於該寺住有外國沙門及中國僧眾，因此僧眾吃飯時的姿勢，有人用印度式的踞坐（或稱偏坐、踞食）；有人則採中國式的方坐。范泰既爲該寺的大護法，他認爲一寺之中，用餐時有兩種坐法，實在有違「和合僧團」之本意。因此乃建議該寺一律採用中國式的方坐。然而對於這一建議，該寺慧義以下的五十寺僧則並不贊成。並舉出僧祇律爲證，謂偏食踞坐之法自有所本。這事在當時朝野佛教信徒中，也算是一件熱門的話題。（《弘明集》卷十二收有有關此事的七篇文章）而且范泰還爲該事上書給文帝及滿朝公卿，以求公斷。當時名僧如慧觀、慧義等人都堅持踞食而不肯改。但道生本人則贊成改成方坐。

第二件事是有關「過午不食」的問題。過午不食是印度佛教徒相當重視的習慣。在道生當世，中國出家人也恪守此制。有一次，宋文帝設宴款待京師名僧。由於進食時間稍晚，因此，僧家頗爲超過時限而進食一事感到焦慮。因爲如果不吃，會得罪皇帝。而吃了，又怕違犯僧法。當時道生看到大眾猶疑不決，乃公開宣稱道：「白日麗天，天言始中，何得非中？」話說完，即率先取缽食用。於是當時僧眾，才敢放膽的跟著進食。

從這兩件事例，可以看出道生絕不是那種死守戒律、不知變通的保守者。很明顯的，他是一個重視精神更甚於形式的出家人。踞食是印度傳來的習慣，過午不食又是印度佛教極其重視的規矩，然而，卻與中國人的生活習慣不合。這便牽涉到外國傳來的佛教是否須要中國化的問題。慧義、慧觀以及那些過午而不敢就食的僧眾屬於保守派。他們認爲既然身爲佛教徒，就應該完全信守佛教的規矩。任何改革，都是對佛教之不虔誠的冒犯。至於道生，當然不是這種不知通權達變的迂執之徒。他知道外在形式與規矩只是隨時地而施設的方便法門。佛法的精髓絕不是一味的死守外在形式。如果不合佛陀教法的精神，則經論尚且可以不必全信，何況是持午與踞食？從這兩件事，大略可以看出道生的性格。不過，要觀察其人思想的真正精華，則必須注目在其一系列的新學說上，此即所謂「頓悟成佛」「善不受報」「佛性當有」「法身無色」「佛無淨土」等論。這些理論，在當時只要任揭一說，都足以名家，更何況兼容並蓄？而其中最引起時人側目、而終使道生遭受僧界排擯的理論，則是其所主張的「闡提亦有佛性」之說。

東晉義熙十四年（四一八年），印度禪師佛陀跋陀羅（覺賢）在建業道場寺譯出《大般泥洹經》六卷。此六卷本《泥洹經》原文爲東晉名僧法顯自印度所取回。約相當於稍後曇無讖所譯《大般涅槃經》的初分前五品。大乘涅槃諸經的內容，雖然也以釋迦牟尼涅槃一事爲主要情節，但其所含佛學思想，則以「佛性」觀念爲中心。依照我國現代高僧印順法師之分類，此經思想屬於印度大乘三系中的真常唯心系。這一系思想較接近印度教而卻最契合中國人的心態。但是該經所宣說的眾生具有佛性一事，依前後期之譯本而有不同。法顯所攜回的六卷本（《大正藏》第十二册），固然也在多處宣說一切眾生皆有佛性、將來都有成佛的可能。然而卻也認爲有一種貪欲極盛、斷絕善根的極惡眾生——一闡提（Icchantika）是例外。該經認爲一闡提輩眾生沒有成佛的菩提因，就像植物種子已被熬成乾焦狀態一樣；「雖復時雨百千萬劫，不能令生。一闡提輩，亦復如是。」即使以該經所宣說之大乘法門的極大效力，對此輩「永離菩提因緣功德」者也無法可施（見該經卷六〈問菩薩品〉）。

道生對六卷本《泥洹經》這種説法當然是不滿的。他是一個能「洞人幽微」「孤明先發」的大思想家。依照他對真常唯心系佛法的體悟，佛性思想必不至於有此缺失。大乘佛教的大悲（Mahākaruṇā）精神亦不至於排除闡提成佛的可能性。依循其所領悟的理境，他發現一闡提人必有佛性。久而久之，亦必能成佛。因爲經文既然明説「衆生皆有佛性」，則一闡提固然極惡，而仍亦是衆生，並非草木瓦石。因此其佛性只是爲惑惡諸業隱蔽得較一般衆生嚴重而已，久久劫後，實亦仍有成佛的可能。如果説這種衆生就不能成佛，這是不了義的説法。道生是一個具有「依法不依人，依了義不依不了義」之氣魄的沙門，當然他敢冒大不韙地與六卷本《泥洹經》唱反調。

從印度原始佛教初期以來，佛教教團即不時有相互對立的兩派思想存在。釋迦時期，保守苦行的大迦葉即與熱情、溫和的阿難不協調。小乘佛教時代，固然部派紛紜，達十餘種之多，然人別之，仍可分爲保守的上座系與開明的大衆系兩大派。而到後代演變成大小乘之分流，則儿爲顯例。道生當時的中國佛教界，也不例外。此從踞食與過午不食二事之爭，即可窺見端倪。就此二事爲例，道生可被視爲當時進步、開明一系的代表；而慧觀、慧義諸僧則屬保守派。

就思想型態言，保守佛徒較拘泥於有形的根據，一切思想行爲概以經文戒本與印度傳來的制度爲準繩。開明佛徒則較爲活潑而不拘執。他們注重的是佛法的真精神。以經典爲例，保守者是必定恪守經文所説，絕對不敢絲毫違背。而開明者則必視其是否究竟了義，然後決定其信仰的程度。本來，如果所有佛經確是佛陀說法的直接記錄，則對佛教聖典的信仰，當較不致發生問題。可惜，後人所讀的佛經並不如此單純。其發展流衍以至於譯爲中文佛典，是有一段曲折的歷史過程的。所以，後世中國人所讀的經典，完全合乎佛陀教法的固然相當多，但不了義經也不在少數。

導致如此的原因相當複雜，但粗略的說，有兩項原因是很明顯的。其一，佛陀在世時的說法，並沒有被任何弟子用文字記錄下來。當時聽法的佛徒都只是憑記憶加以背誦而已。並且也用背誦方式傳授給次一代弟子。即使佛陀去世後的結集（Samgīti），也並非如今日之編集成書。究其實，只不過是召開僧伽大會以審定各派所傳經律之正誤而已。既然沒有成文的標準，各人憑記憶而傳授，久而久之，當然與他派所傳會有出入。經文之可能有錯或不完全，是可以想見的。不了義經的產生這是其中原因之一。其二，在譯成中文時，有時是所據原本有問題，有時是由西域語文間接傳譯，因此同一本經書，文字上常有或大或小的出入。有時又爲了要遷就中文的行文習慣，以及遷就中國人的民族性、思考方式，或其他種種翻譯本身所產生的原因，都會造成經文的誤譯或不完全。這也是可能產生不了義經的原因。

在道生當時，能瞭解這種佛經之發展與傳譯原委的僧人並不多。加上當時中國佛教在思想上的基礎還未奠定，因此佛教界多的是泥執經文的「守文之徒」。很少人能像道生一樣以高深的智慧，及批判式態度去領會佛書。因此之故，佛教界的信仰風氣，往往隨著當時所傳譯的經典而轉移。由漢末以迄東晉末期，般若經典大量傳譯，於是佛學界乃有專研該系思想的六家七宗產生。等到小乘說一切有部大師僧伽提婆到中國傳譯小乘佛典時，有不少人又一竊蜂地相信該系經論，並進而詆毀般若系等大乘經書。在法顯攜回大乘《泥洹經》時，佛性及法身常住等涅槃系思想，又成爲一時顯學。對這種信仰態度，當時已有人深致不滿。《弘明集》（卷十二）載有范伯倫（泰）致生、觀二法師書，即評斥此等態度爲「無主於內，有聞輒變。譬之於射，後破奪先。」這種批評，真是一針見血之論。

在這種時代風氣之下，具有傑出自家見地的道生，當然很容易與一般保守信徒發生衝突。在他提出善不受報、頓悟成佛、法身無色、佛無淨土等新穎思想時，其顯露之鋒芒，已大遭時俗所忌。等到他明顯地反對六卷本《泥洹經》之所說而提出「闡提可以成佛」的論調時，終於使那些保守派僧徒忍不住而以衛道者的姿態羣起而攻。以名僧慧觀爲首的京師僧團，對道生採取了一項相當嚴厲的處罰：他們把道生排擯了。這事發生的時間，大約在元嘉五、六年（四二八—九年）間。

「擯」，是佛教僧團對惡比丘的處罰方式。隨情節不同，而有擯出、默擯、滅擯三種。道生所受的是「擯出」之罰。所謂「擯出」，是集合僧眾，舉行羯磨法，公開宣布某一比丘的罪行。然後將該比丘排出本處僧團。羯磨法是古代佛教僧團中的一種極具民主精神的處事方式。即對於僧團事務的處理，皆由僧眾召開會議來決定。對於一般性的事務，通常是召集僧眾，宣告事情的原委（白）之後，再陳述處理的方式，以徵求大眾的同意（羯摩），這叫做「白二羯磨」。至於對重要法務或僧事的決定，除了表白（一次）其事原委之外，必須三次徵詢大眾對該事的處理意見，這叫做「白四羯磨」。此猶如今日議會上對某一法案的「三讀通過」之程序。「擯出」之罰的決定，屬於重要僧事，必須舉行白四羯磨。道生就是在當時建康僧眾所舉行的羯磨法中，當眾被擯出當地僧團的。

從後代人的眼光看，慧觀等保守佛徒是迂腐而固陋的，是幼稚的。而道生的遭遇則極值同情。然而，在同情道生之餘，對於那些保守佛徒的護教熱忱，實在不能一筆抹殺。世界上的任何高級宗教，往往是由這種熱忱促使茁壯成長的。慧觀等人並沒有錯，勉強要追究「責任」的話，是他們沒有像道生那種超越時代的先覺智慧。六卷本《泥洹經》內明白記載著闡提無佛性的語句，而道生偏偏唱出異說。因此，身爲維持佛法的僧寶，自是不能讓這種忽視聖言量（佛經）的「珍怪之辭」向各地蔓延。他們之中當然沒有人能預料到在後來的大本《涅槃經》中，會有支持道生言論的語句。時代的先知先覺者，往往是無法獲得時俗的瞭解的。道生的言論被視爲「背經邪說」，而引起時眾的「譏憤」，終於被逐出僧團。這真是身爲超越時代的大思想家的悲哀。

在排擯道生的羯磨大會中，道生並沒有屈服。他在大眾中嚴肅地宣稱：「若我所說，反於經義者，請於現身即表厲疾。若與實相不相違背者，願捨壽之時，據獅子座。」這是中印佛教徒所常見的誓願，不必據此即斥其爲迷信。重要的是，從其所說的語氣中，可以看出他對其「闡提有佛性」的說法是多麼自信。其「依法不依人，依了義不依不了義」的氣魄是何等的難得。

在羯磨會後，道生立即離開建康。入住虎丘山（江蘇吳縣西北）。當時道生並不是完全沒有信眾。在虎丘山，「旬日之中，學徒數百。」可見崇拜「英雄」的人仍然很多。由於道生被擯一事，含有被寃屈的壯烈情節，因此後世生起了不少與他有關的傳說。道生離開建康那年，他原來所住的青園寺大殿曾遭雷震。當時有人看到龍昇天上的奇景。因此人們就聯想到「龍既已去，（道）生必行矣。」據說青園寺之改名爲龍光寺，就是因此而來的。還有，後世頗爲流行的「生公說法，頑石點頭」的故事，相傳即發生在他隱居虎丘山的時候。據說道生入該山後，曾「聚石爲徒，講《涅槃經》」。講到「闡提有佛性」時，曾問那些石頭這種思想是否合乎佛法，據說「羣石皆爲點頭」。這故事在《出三藏記集》、《高僧傳》及慧琳的〈竺道生法師誄〉文內都未記載，而宋朝志磐的《佛祖統紀》（卷三十六）則敘述其事，可見這是後起的傳說。

住虎丘山不久，於宋文帝元嘉七年（四三〇年），道生轉往廬山，住西林寺。在該地，道生也頗受到僧眾的敬服。不久，曇無讖所主譯的大本《涅槃經》傳到建康，並輾轉送入匡廬。該經內曾有闡提也有佛性、也可以成佛的明白記載。如卷五〈如來性品〉：「是人（闡提）若於佛正法中，心得淨信，爾時便滅一闡提。……於一闡提犯重禁者，滅此罪已，則得成佛。」卷二十二〈高貴德王菩薩品〉也明載「犯四重罪、謗方等經、作五逆罪及一闡提，悉有佛性。」這種晚來的經證，不惟給道生以適時的安慰，更予道生的追隨者以莫大的鼓舞。因此他們隨即請道生在廬山開講該經。

大本《涅槃經》的南傳，使道生洗刷了「背經邪說」的寃名。也使他的聲譽反而更爲響亮，而涅槃佛性的學說也因此而更爲時人所熱中。隱遁廬山的道生，即使有大本《涅槃》做弘法的依據，他卻沒有回到建康向排擯他的僧眾「雪恥」的意圖。這種風度，也是凡夫俗子所不及的。現在欠缺的只是能否完成他那「捨壽之時，據獅子座」的誓願了。元嘉十一年（四三四年），他應邀在廬山昇座講經，「神色開朗，德音俊發。論議數番，窮理盡妙。觀聽之眾，莫不悟悅。」在這種法喜充滿的情景下，誰也沒料到會猝然發生變故。在講經法會即將結束之時，他手上所拿的拂塵忽然掉下。就像入定一樣，他端坐在「獅子座」上圓寂了。信眾們把他的遺體埋葬在廬山上。

道生一生，雖然爲保守派佛徒所不喜，但當時有兩位名人則對他頗爲推崇。一位是與陶淵明、顏延之齊名的謝靈運。一位是被後世佛徒稱爲黑衣宰相的沙門慧琳。謝靈運是道生「頓悟說」最熱心的闡述者。其所撰〈辯宗論〉（《廣弘明集》卷十八）是現代人研究道生思想的重要史料。慧琳是宋文帝時名僧道淵的弟子。他是擁護「闡提成佛說」，而且對於道生的被擯相當同情的出家人。道生死時，慧琳曾撰誄文追悼（《廣弘明集》卷二十三）。這兩位同情道生的人，有幾個共同的特點：他們都信仰佛教，但後世佛教史籍對他們都未有佳評。尤其慧琳曾撰〈白黑論〉（又稱〈均善論〉）批評佛法，當時即被認爲是「叛教毀佛」，且幾乎遭到排擯。此外，他們又都是才華卓越、而恃才傲物的名士型人物。一個輕忽禮教，一個不守佛門規矩。雖然在思想境界與操守上，他們與道生所持有相當大的距離，但是在「才華橫溢」與「對傳統的反抗性」二點，與道生卻有幾分相似。這該就是他們對道生的遭遇及思想相當同情的原因吧？

道生去世後，有不少人對他的風範及思想相當懷念。宋文帝即曾下詔尋覓能講述道生頓悟學說的人。當時沙門法瑗被找來擔任此事。在宣講過後，朝臣何尚之曾感嘆道：「常謂生公歿後，微言永絕。今日復聞象外之談，可謂天未喪斯文也。」法瑗原是道生頓悟說的主要對手——道場寺慧觀的門人。慧觀雖然曾與道生同學於鳩摩羅什處，但卻是當時持漸悟論一派的代表，在各方面都與道生持相反的論調。想不到其弟子卻是道生學說的最佳闡述者。

道生的弟子傑出的並不多。知名者有道猷、僧瑾兩人。道猷在其師去世後，隱居於臨川郡山。當時《勝鬘經》譯本新出，道猷披閱過後，發覺該經經義，與其師道生昔所闡述者相同，遂爲該經作注。《勝鬘經》也是真常唯心系的要典，道生是我國真常唯心系思想的第一位法將，其思想與之暗合，自是不足爲怪。稍後，宋文帝曾延請道猷入京，以申說道生之頓悟思想。孝武帝時也對他頗爲敬重，曾敕住新安寺，爲鎮寺法主。當時道猷被認爲是最能繼承師門思想的人。孝武帝對他曾如此地讚美著：「生公孤清絕照，猷公直轡獨上。可謂克明師匠，無忝徽音。」

道生的另一知名弟子爲僧瑾，其人在佛學上的素養雖然不及道猷，但顯赫則過之。宋明帝時曾仕天下僧主，以掌理全國僧務，爲當時僧官之最受帝王禮遇者。

當時的佛教思想界，能闡述道生學說的人並不多，而且反對派的勢力也相當大。據《高僧傳》載宋文帝曾對僧眾宣說道生的頓悟大義，而遭到僧弼等人的駁難。當時文帝曾說：「若使逝者可興，豈爲諸君所屈？」以帝王之尊而提倡頓悟思想，一時居然無法找到反駁對方難破的人，可見其時漸悟說仍較頓悟說風行。依《高僧傳》所收，道生頓悟說的追隨者除了其弟子外，另有寶林、法寶師徒兩人，除此之外，則未見有其他名僧。超越時代太甚的人，往往難以獲得同時代的普遍共鳴，道生便是如此。

二、著述及學說

依據現存《出三藏記集》、《高僧傳》等書記載，道生除了曾助佛陀什譯《五分律》之外，另外還有不少著述。可惜的是，原著絕大部分都散佚了。今人雖然知道他所撰書、文的十餘種標題，卻只能讀到其中的一種原著，及其答友人問之書信一文。其餘諸書、文內容都只零散地分布在其他書中。有些是零星語句，有些則是他人所敘述的大義。

道生的著述，大體可分爲兩類。一類是佛經義疏，有《維摩經義疏》、《妙法蓮華經疏》、《泥洹經義疏》、《小品經義疏》等四部。其中僅：《妙法蓮華經疏》尚存（收在《卍續藏》一五〇册），其餘均佚。但是在今傳僧肇的《注維摩詰經》（《大正藏》三八册）及道掖的《淨名經集解關中疏》（敦煌本。現收在《大正藏》八五册）兩書中，散載著不少道生對該經的注疏。按道生對《維摩經》頗有新見。其注該經，事在僧肇之後，然道生「更發深旨，顯暢新異。講學之匠，咸共憲章」（《出三藏記集》卷十五），可見當時已頗爲時人所稱道。而且道生思想，受該經之啓發極大。因此，欲研究其人學說，則對其《維摩經注》之現存者，決不可忽略。近人李證剛先生撰《維摩詰經集注》，收輯古代七家注而加以排比。上述兩家皆包含在內。因此道生之《維摩經》注文，也可在此書中覓得。此外，今存之《大般涅槃經集解》（《大正藏》三七册）亦散載有道生對該經之注疏。亦甚重要。

道生著述的另一類是佛教哲學論文。此即〈善不受報論〉，〈佛無淨土論〉，〈應有緣論〉，〈頓悟成佛論〉，〈佛性當有論〉，〈法身無色論〉，〈二諦論〉等七部。（見《大唐内典錄》卷四）。這些佛學論文，迄今也無一倖存。此外，據《出三藏記集》所載，道生另有〈涅槃三十六問〉，〈釋八住初心欲取泥洹義〉，〈辯佛性義〉等三篇，今亦全佚。《廣弘明集》内載有竺道生〈答王（休之）問〉一短文，爲道生零篇著述之僅存者。

儘管道生的著作如此不完全，但今人仍可以從其現存的註疏文字、及他人著作的徵引與闡述中，得以窺見其主要學說大略。其本人著述之尚存者，已如前述。至於外人著作之徵引或闡述道生學說者，以晉．慧達《肇論疏》（卷上），劉宋．謝靈運《辨宗論》，南齊．劉虬〈無量義經序〉，梁．寶亮等人之《大般涅槃經集解》，隋．碩法師《三論遊意義》，唐．吉藏《大乘玄論》，唐．均正《四論玄義》等書（文）爲最重要。茲依照此上所述之諸資料，參以近人研究成果，略述道生之主要學說如次：

1 佛性思想與闡提有佛性之說

在印度大乘佛教經論中，有一系思想特別強調衆生生命中本來具有的真實常住之精神主體。這精神主體或稱如來藏，或稱常住真心，自性清淨心。這是衆生輪迴或解脫的根本依據。這一系思想，今人印順法師判之爲真常唯心系。此如《法鼓經》、《勝鬘夫人經》、《楞嚴經》、《涅槃經》、《起信論》等書的主要思想都是。這一系所強調之成凡成聖的心體，又稱爲佛性。這佛性思想在東晉以前傳譯的中文佛書中皆未提及。在當時的中國佛學界，也未見有人提倡此義。雖然相傳廬山慧遠有與此相類似的「法性不變」的思想，羅什似亦有佛性學說，但都闇昧不彰，並未成爲明朗的思潮。一直到道生提倡過後，才成爲一時顯學。

按原始及小乘佛教教義的主流，以「無我」爲要義。而流行於魏晉時期的般若系經典，只重視否定式的遮撥我法二執，都沒有明顯地說出眾生成凡成聖的生命主體。道生則爲此作進一步的闡揚。在其《維摩經》注中，即特別拈出「佛性我」的觀念來。他說，經文所說的「無我」，只是說「本無死生中我」，並不是說沒有佛性我。這「佛性我」是眾生所具的真正本性。是佛陀及眾生各具的「真我」。「真我」是本來具有，現現成成的。而眾生所以不悟此理而流轉生死，實在是由於爲封惑所限而迷執非法的緣故。如果能夠將迷執的垢障消除，則本來具有的「佛知見」（佛性的作用）自然顯現，而與佛完全平等。既然掃除垢障即將顯現佛性，可見這佛性並不是離開眾生的凡俗生命而另外存在。凡俗的流轉生死，與涅槃成聖是同一主體的。所以，要求悟道，不可離開本身生命而別有他求。道生《維摩經注》即云：「夫大乘之悟，本不近捨生死，遠更求之也。」這種說法，正是日後大乘佛教所常講的「煩惱即菩提」的道理。

一闡提有無佛性的問題，是道生遭受排擯的主要原因。在法顯所攜回的六卷本《泥洹經》裏，曾如此地主張，該經以爲眾生皆有佛性，皆能成佛。但是眾生中，一類貪欲、惡性最重大的闡提則無成佛的可能。關於道生對這一問題的態度，本文前已大略述及，茲再稍事推演如次：

道生論證的主要內容是這樣的：凡是有情識的生命體，都具有佛性。這佛性是涅槃成佛的「正因」。具有這「正因」的眾生，即使是在六道輪迴中流轉生死，也只是生命體暫時迷惑的結果，並不是永恆地沉淪。如果外緣具足，對生命的真理，有一透徹的開悟時，則迷惑自然能夠消除而告成佛。一闡提既然是眾生中的一類，是有情識的生命體，當然也具有涅槃的「正因」，不能有例外。否則就成爲草木瓦石而不是眾生了。因此，道生以爲六卷本《泥洹經》所說，當是傳翻不完全的不了義說法。

2 頓悟成佛

頓悟說是道生思想中極重要的一項，對後代的影響最大，在當時所引起的反響也最多。但嚴格地說，此一問題並非哲學問題。它是有關佛教修行時之證悟境界的討論，純粹是宗教內部的問題。如果以治西洋哲學的眼光來看，則對該一理論當全無置喙的餘地。

印度佛教曾爲修行者的階次，建構一套極其嚴密的系統。單以修行的果位而言，小乘即有四果。每一果都各有一定的境界與特色。譬如初果斷見惑，初入聖位。二果斷欲界修惑前六品。三果再斷修惑後三品。四果斷盡見思惑，而成阿羅漢，永入涅槃。由不同層次的證悟與修行而有不同的結果。至於大乘佛教更是複雜，進入聖位以前，有十住、十行、十迴向等長久而複雜的預備功夫。而已成法身菩薩的聖位，則又分爲十地。這十地的境界，也是依各地之不同而層層增高。依照傳統的講法，這大小乘的各個果位，當然有各個不同的證悟程度。阿羅漢之所以爲阿羅漢，就是他能徹底悟到四諦（苦集滅道）之理。同樣的，辟支佛也是因爲悟到十二因緣才成爲「獨覺」。而大乘十地，也因爲證悟層次之淺深不同，而有互異的成果。

在東晉時，《華嚴經》十地品的各種同本異譯陸續地出現，該品所說的主要內容，即有關大乘菩薩的十地問題。依該書所顯示，這十地之中，有三地特別重要。初地（歡喜地）爲進入聖位的開始。七位（遠行地）可證得無生法忍。十地（法雲地）得大法身。十地終了，即是成佛。

在道生以前，東晉清談名僧支道林曾提倡頓悟說。他以爲菩薩在進入第七地以後，對於無生無滅的真如理體既然已經徹底了悟（得無生法忍），因此其所悟的境界實與佛陀沒有差別。也就是說，他已經悟到了真如實相的全體真理。若單就這種認識上的般若智慧與所體悟的真理境界說，七地菩薩已經與佛陀完全相同。至於所以要再經歷三地始能成佛的原因，是由於修證功夫還未圓滿的緣故。因此，支道林主張修行者的頓悟，即在七地。東晉南北朝之間，與支道林這種看法相同的，另有道安、慧遠、僧肇等人。後人稱他們這種主張爲「小頓悟」。這名稱是相對於道生的「大頓悟」而起的。

道生的頓悟說，主要的針砭對象本是漸悟論者，而旁及支道林等小頓悟家。他以爲真如實相的理體，是一種渾全而不可分割的境界（理不可分）。而修行者的開悟，實即眾生本具之佛性的全幅展露。其境界就像明鏡之映照物體一般。就修行者的心態而言，已悟與未悟，猶如一物之正反面，永遠只有兩種可能性。如果不是已悟，則必是未悟。絕不能如漸悟論者所說的可以分成多數層次。至於小乘的四果，大乘的十地，都是修行者依照佛教經論循序漸進所作的修行過程。即使境界有高低的不同，也只是由信仰與修持得來的。並不是真正的開悟。道生把這種理解境界叫做「聞解」。聞解所得的境界，並非自我的徹悟。真正的自我證悟叫做「見解」。這兩種境界是絕對不同的。聞解只是漸修的過程，雖然修行者必須經歷這過程才有真正證悟的一天，但「過程」卻與「目的地」迥然有別。佛陀之所以要提出十地四果等階次，也不過是要修行者藉著這階次自強不息地做漸修功夫而已，並不是真把開悟的境界分成好多層次。開悟是眾生本具之佛性的顯露。這佛性一顯露就是全幅的顯露，絕不能分段或分期。因爲見性就是成佛，未成佛就是未見性。未見性時的各階次，都是漸修的階次，與成佛的境界完全不同。所以，就認識主體言，只有成佛時才能叫做「悟」。

既然道生以爲十地四果都只是佛陀所開示的方便法門，則支道林等小頓悟家所倡之「七地頓悟」的理論，他當然也不能同意。道生以爲從凡夫的流轉生死，一直到十地菩薩，都如大夢一般。都尚未證得無生法忍。所謂得無生法忍，便是「以不二之悟，符彼不分之理。」悟與理的冥合無間，是必須有修證功夫相與配合的。有極致的漸修，才能產生頓悟的「極慧」。頓悟之後，才是成佛。因此，即使是十地菩薩，也不過是漸修功夫的極致而已，並未頓悟。因爲這時修證的功夫與能證的道慧，並未能和合爲一。體與用是不能分離的，因此，小頓悟師以爲頓悟（七地）之後，還有三個階次的修行功夫才能成佛，這是把修證與道慧、體與用各分成兩截。這是道生所不能贊同的。

3 法身無色、佛無淨土、善不受報

道生的很多理論，往往是站在第一義諦上立言。因此，所説常與隨順世諦流布之方便權巧説法不太一樣。佛教的很多理論之所以貌似相互衝突，往往是由於立場或角度不同所致。以解脫者的眼光去説法、與以世俗人的立場去説法，其所説內容往往是不一致的。本節所述道生的思想，即係他依解脫者的眼光（即第一義諦）來衡量的結論。

「法身無色」是道生論述佛陀真身的理論。一般人常以人的相貌來揣度佛陀。實則歷史上示現的釋迦牟尼，固然也確具有與常人相同的肉身。但肉身並不是佛陀的真身。事實上，佛陀的真身，應是法身。法身固然也是一種生命主體，但卻是一種超越時空、不受現象界律則支配的法體。這種法體當然與由各種生理元素組成的肉體完全不同。所以，要認識真正的「佛」，不可以從「人身」上去認識。如果以爲釋迦的肉身即是真佛，那是棄佛陀的精華而取其糟粕。因爲即使是佛陀，其肉身仍然是色法（物質），仍然受因緣律則的支配。這肉身仍然逃不過生老病死的折磨。而佛陀的法身必不致如此。所以，就第一義諦立言，佛陀的身相，絕不是色法。

如果就般若（性空）系經典的思想體系來衡量，道生這種見解並不足爲奇。《金剛經》不是明白地説過嗎：「不可以身相得見如來。」「凡所有相皆是虛妄。若見諸相非相，即見如來。」而道生曾爲作注的《維摩詰經》也説：「（如來）非四大起，同於虛空。」（見〈阿閃佛品〉）。

然而，前面已經說過，道生的主要思想應該屬於與般若（性空）系相衝突的真常唯心系。真常系經典除了肯定「眾生皆有佛性」、「如來常住不變」等說外，對於佛身，是主張有色有相的。此一系經典如《法鼓經》等即常對如來（佛陀）法身的「相好莊嚴」加以形容。甚至於明說「解脫有色」、「妙色湛然住」（《大法鼓經》卷上）。因此，在「法身有色無色」一問題上，道生是與其所屬之真常系思想不合的。揆其所以如此，當係受鳩摩羅什影響之故。道生曾到長安師事羅什。並曾爲羅什所譯的《維摩詰經》作注。此外，《金剛經》之譯爲中文，也出自羅什之手。因此，道生「法身無色」的思想淵源，當與關中羅什師資頗有關係。

「佛無淨土」的說法，與「法身無色」思想有連鎖關係。也是就第一義諦立言。如前所述，就主體言，佛陀的法身不是色法，並不是經驗世界的存在。同理，就客體言，一切佛陀的化土也都是如此。以解脫者的心境來看，根本無任何有形的化土存在。至於經論中所常說的「佛有淨土」之句，是爲了接引眾生而設的方便法門，並不是第一義諦。而「善不受報」之說，也是徹究理體的勝義說法。大體是說，就第一義諦以觀，一切功德利益、報應等都是虛幻不實的。因此行善修禪者如果貪執福報，則不惟在實際上無報可受，而且也會墮入迷妄之惑業中。

關於道生的理論，所能敘述的大抵僅此而已。其他如「二諦論」等學說，不祇其本文已佚，即使後人間接引述的第二手資料，現在都難以覓得。縱有，也只是吉光片羽，少數幾句而已。很難據以論述其中大義。因此，此處從略。

三、風格及影響

湯用彤先生在其《漢魏兩晉南北朝佛教史》（第十六章）中曾謂：「竺道生者，其四依菩薩歟！」這種形容，可說甚爲恰當。「四依」是《維摩詰經》法供養品中所提出的四種觀念。這四種觀念最能凸顯大乘佛教的基本精神。對這四依法，道生在該經注中所加上的疏釋，也頗能顯現其人的奉佛態度。他注「依義不依語」句時云：「不復逐語取相，而昧其理也。」注「依了義經、不依不了義經」句時云：「辨理者爲了義經也。雖曰巧辭而無理者，爲不了義經也。」這些經注，正是他敢大膽地懷疑六卷本《泥洹經》的心理基礎。在注「依智不依識」句時，他說：「若識以著爲情，智以達理爲用。終不復從識乖智也。」注「依法不依人」句時又謂：「苟曰有法，不遺下賤（之人）。若無法者，雖復極貴（之人），亦不從之。」這種觀念，也正是他在遭受排擯時，能大無畏地不爲僧團所屈的心理背景。這真是思想與行爲能完全一致的標準處世態度。千餘年來，佛教徒何止千萬，而真能像道生這麼善學大乘法門的，卻又能有幾人？

道生學說的第一件大影響，是促使當時及稍後的南中國，造成研究《涅槃經》的風氣。大本《涅槃經》尚未南傳時，他的學說使他遭受排擯。而後來的經文又證實他的思想正確無訛。

這種戲劇性的情節，在佛學界自然就引起研究《涅槃經》的熱潮。加上其所撰《涅槃經疏》又是江南佛學界疏釋該經的濫觴。因此，稍後南中國的涅槃學界中，有一大系統即是直接或間接承受道生的影響而有的。譬如涅槃學者寶林、道猷、僧瑾、法瑗等人，即都是個中名匠。

道生思想對後世禪宗（南宗禪）的影響，每為治佛教史者所樂道。實則二者的關係相同處固多，而歧異處亦非完全沒有。實不能一味含混地附會。而且，從達摩以迄六祖慧能的禪宗師承中，我們也很難找出其與道生思想之顯明的連鎖。後代人之所以將道生與禪宗連綴在一起，恐怕是看了字同義不同的「頓悟成佛」四個字所起的聯想吧？茲將二家思想的同與異，釐清如次。

就相同處來說，道生與禪宗的思想基礎，都屬於真常唯心論，都強調眾生本具的佛性。而且，也都曾受般若系之性空、否定式思想（如《金剛經》）的洗禮。在思想立足點上，道生持論多就第一義諦立言，因此所說常與世俗佛徒所習知者不同。而禪宗在接引學人時，所用違反常情的方式，也常為教下諸宗佛徒所不滿。譬如其呵佛罵祖之態度，反對打坐的精神，公案、機鋒語所蘊含的內在用意等，都反映出其所以與他宗不同，實係立足於第一義諦的緣故。

此外，道生曾受《維摩詰經》之內容以相當大的影響。而禪宗宗風與該經之精神也極為相似。該經所顯現的幾項特殊風格，如不拘傳統佛教之形式、生活即菩提、及四依精神等，也都是禪宗的重要特徵。因此，我們也可以說，《維摩詰經》也是道生與禪宗的共同思想根源。

道生與禪宗思想的歧異處，也有頗值論述的。從型態上看，道生雖是個以修行為業的比丘，但重視慧解，畢生注意經論義理的研究，所顯現的「學者」成分相當濃厚。而禪宗標榜的是「不立文字，教外別傳。」最反對的便是不急求見性、而只一味研學的「知解宗徒」。所以，如果道生其人被後世禪宗祖師遇到，恐怕難逃棒喝的教訓，是絕不會被引爲同路人的。《景德傳燈錄》（卷二十八）中，即曾載汾州大達無業禪師批評道生等人的語句。他說：「若不會道及祖師來意，論什麼生、肇、融、叡。」又說：「如彼生公，何足爲羨？與道全遠。」這種批評，明顯的劃分出禪宗與道生在型態上的基本差異。

至於二家所持的「頓悟成佛」說，禪宗的看法，也與道生有相當重大的差別。如前所述，道生之此一理論，主旨在強調成佛時之境界，與頓悟之道慧必須冥合一致。亦即只有成佛時之悟，才是頓悟。七地菩薩及小乘四果的境界，都只是漸修的不同階次。並不是自我的真悟。道生之此一主張，絕無反對漸修的意思。他是主張成佛必須依靠信仰與漸修的。換句話說，他的主張是：先須漸修，最後始能頓悟成佛。而且，頓悟之時，一定是在成佛之時。

然而，禪宗固然最重頓悟，並以之爲見性成佛的必經之途。但是他們所說的悟，其實所強調是「見到了本具佛性」之一事而已。並不即真正自許爲已經成佛。此從慧能以下諸師的事例也可以推知。依禪宗史籍所載，慧能及其法子法孫中，曾開悟見性的人，爲數甚多。但是，包括禪宗的各位祖師在內，卻沒有人宣稱其本人已經成佛。因此，禪宗的頓悟，在道生心目中，也不過是漸修的一個過程而已。

因爲禪宗的悟，並不是真正成佛。所以，在「悟」過之後，仍然需要漸修。禪宗要典，《菩提達摩南宗定是非論》（敦煌本）一書中，曾明白指出：「夫學道者須頓見佛性，漸修因緣。」並且以爲「頓悟」就像母親頓然生下孩子一般，而「漸修」則如生下嬰兒之後的哺乳養育。這種「頓悟以後仍須漸修」的理論，顯然與道生所說完全相反。而且，後世禪宗又有透三關之說。以爲見性時，即是透初關。此後尚須透過兩關，才能伏滅煩惱、任運自如。這種將開悟分爲三個階段的「分段開悟」主張，也正是道生所要反對的。由此可見，二家的頓悟說，實在有截然不同的內容，是不可以輕率混同的。

至於我國佛教的其他宗派中，接受道生思想最多的，當是天台宗。天台宗曾將南朝的涅槃佛性學說融入本宗之理論體系內。而道生思想則是該一涅槃佛性思潮的主流。其相互關係，由此可以想見。道生倡眾生皆有佛性，以爲闡提可能成佛，並認爲小乘四果不在頓悟之列，凡此都爲天台宗接受爲理論基礎。此外，道生曾爲《法華經》撰注疏。而該經則爲天台宗立宗之根本。因此，天台宗雖然自有其嚴密繁雜的思想系統，但是道生的學說，卻不能不算是該宗教義的部分淵源。

平心而論，以道生的曠世卓見，其對歷史所予的大影響，實不應僅此而已。而其佛教哲學論述之原著，到現代居然無一倖存。這是一件頗值後人思索的事實。如前所述，道生的立論，多就第一義諦立言，理論雖然扼要，但意境卻甚爲深奧，常人當然是不容易領會的。這在弘法的效果上，就犯了雖契真理、卻不契根機的弊病。這就是其學說在當時被視爲「珍怪之辭」的原因。而且，理境深奧難懂，終必造成曲高和寡的現象，而無法廣泛地流傳。道生去世不久，宋文帝即不容易找到闡述其頓悟學說的人。此一事例，反映出道生思想本身所蘊含的局限性。在古代，具有這種特徵的學說，對社會或歷史所產生的影響力，自然不會與其價值平行。而在印刷工具未發達的當時，作品容易散失，自是不足爲奇。近人章太炎曾說佛學是貴族之學。意謂佛理艱深，不易爲大多數人所接受。道生的學說，也是如此。

然而，無論如何，道生都可算是中國思想史上有數的人物。如果說，僧肇是我國對印度佛學之第一個夠水準的詮釋者，則道生可說是第一位自成佛學思想體系的中國人。由於他的卓越創見，使中國佛教哲學的發展方向（真常論）於焉確立。印度傳來的大小乘經論，也在道生之時，才開始成爲中國的佛教哲學。

參考書目

《點頭頑石話生公》　印順撰，收在《佛教史地考論》一書中。作者自印本，六十二年四月。臺北，慧日講堂代售。

《漢魏兩晉南北朝佛教史》　湯用彤撰，臺北，史學出版社影印本，六十二年。本書第十六章爲竺道生之專篇研究，爲國人在同類著述中最權威、最完備者。

《中國哲學原論．原性》　唐君毅撰，香港，新亞研究所出版，五十七年，第八章第一節。

《出三藏記集》　梁僧祐撰，收在《大正藏》第五十五冊，臺北，新文豐公司影印本，六十四年。本書卷十五有〈道生法師傳〉。

《高僧傳》　梁慧皎撰，《大正藏》第五十冊（版本同上）。本書卷七有〈竺道生傳〉。

《廣弘明集》　唐道宣撰，收在《大正藏》第五十二冊（版本同上），本書卷二十三有慧琳撰〈龍光寺竺道生法師誄〉。

《大般涅槃經集解》　《大正藏》第三十七冊（版本同上）。本書署名爲梁．寶亮等集。內究實爲多家《涅槃經》注疏之匯編。道生注疏，亦散載在本書內。

《維摩詰經集注》　李翔灼（證剛）校輯，章嘉大師辦事處出版，四十九年。道生註亦散列在本書內。

《妙法蓮華經疏》　道生撰，收在《影印日本續藏經》（即《卍續藏》）第一五〇冊。香港影印續藏經委員會出版，六十年。

〈道生の頓悟と華嚴思想の變貌〉　鎌四茂雄《中國華嚴思想史の研究》其中一章。

澹思撰　〈頓悟與漸悟〉，五十六年四月，《菩提樹雜誌》一七三期。

三桐慈海撰　〈竺道生の思想〉，《大谷學報》第四十六卷第一號。

張曼濤撰　〈竺道生の涅槃思想〉，《印度學佛教學研究》第十五卷第二號。

古田和弘撰　〈竺道生の法身無色說〉，《印度學佛教學研究》第十七卷第二號。

橫超慧日撰　〈竺道生撰法華經疏の研究〉，《大谷大學研究年報》第五輯。

寇謙之

莊宏誼　著

目次

寇謙之

一、前言

天師道於東漢順帝（西元一三一—一四四年在位）時，爲其教祖張道陵（三四—一五六年）在今四川省成都所成立。張道陵自稱太上老君授予他「天師」的職位，由此世代相傳。至其孫張魯（？—二一六年），在巴蜀、漢中一帶（今四川省）建立了前後約三十年的政教合一的政權。到了東漢獻帝建安二十年（二一五年），曹操（一五五—二二〇年）率兵攻打漢中，張魯投降。曹操雖然優遇張魯，封他爲閬中侯，拜爲鎮南將軍，他的五個兒子也一一被分封爲侯。但爲了防止張氏家族造反，曹操命令張氏遷移到鄴城（河北省），天師道的信徒也跟著大量的北遷，教門勢力因此達到中原地區。張魯於次年（二一六年）死於鄴城，天師道失去了領導中心，但是天師道的幹部，也就是教內的祭酒，仍繼續吸收徒眾，使得天師道的發展由南至北，在整個中國蔓延擴散開來。

從西元二世紀中葉到五世紀中葉，共三百多年間，中國境內諸民族互相長期征戰，經歷西晉、東晉、五胡十六國以至南北朝初期，在政權不斷更替、社會動亂不安的時代，有些人假借天師道的名義發展自己的勢力，起兵反抗當時的政權；有些人並不懂得道法，卻因家族的關係擔任祭酒，授人符籙，詐取錢財，敗壞天師道本身的風氣。再加上在此時期佛教的高僧輩出和經典陸續傳入中國，吸收了大量的信徒，對中國本土的道教來說，造成了極大的威脅。無論是南方或北方的道教，已到了不得不改革其組織與教義以圖謀發展的階段。

這時，南方出現以陸修靜（四〇六—四七七年）、陶弘景（四五六—五三六年）爲中心，對道教的教義、組織及儀式加以改革和充實，使道教的內容更爲豐富。在南方道教改革的同時，受異族統治的北方道教，也因應時代的巨變，提出了種種改革。對北方道教進行改革的主要推動者是北魏嵩山道士寇謙之（三六五—四四八年）。

寇謙之是當時北方道教的領袖，爲了適應統治者鮮卑拓跋氏和漢人門閥士族的需要，他對漢代張道陵、張衡、張魯祖孫三代所創建的天師道的教義進行改革，清整教團組織，成立了新天師道。並且實現了道教與政權的結合，使道教第一次成爲國教，將道教的發展推到一高峯。他的道教改革活動略早於南方著名道士陸修靜，在道教發展史上占有重要的地位。

二、傳略

寇謙之（三六五—四四八年），原名謙，字輔真。他的祖籍爲上谷昌平（今屬北京），後遷居馮翊萬年（今陝西臨潼），是那時候北方的豪族大姓。他出生在中國四分五裂、社會動盪不安的時代。西元三一八年，琅邪王司馬睿（三一八—三二二年在位）在建康（今南京）成立東晉王朝，從此偏安江南近百年。當時北方則由來自塞外的匈奴、鮮卑、羯、氐、羌等遊牧民族割據占領，彼此相互混戰。《北史》卷二十七記載：寇謙之的父親寇脩之，字延期，曾任前秦苻堅統治下的東萊（今山東省）太守。他的兄長寇讚，字奉國。在後秦姚泓被滅後（四一七年），秦、雍（今陝西省）地方人士千餘家推寇讚爲領袖，歸降於北魏政權。魏明元帝（四一〇—四二三年在位）任命寇讚爲河南郡太守，後來秦、雍人士因戰亂流徙，南遷者達萬戶之多。明元帝不得不在洛陽僑設南雍州以安撫難民，升寇讚爲南雍州刺史。據現代學者陳寅恪〈天師道與濱海地域之關係〉及〈崔浩與寇謙之〉二篇論文的研究，寇氏爲秦雍大族，世奉天師道。寇謙之的修道，無疑地是受到家庭環境的影響。

關於寇謙之的身世、修道、遇神人授書及成道後輔佐北魏太武帝爲帝王之師的經歷，在正史《魏書》卷一一四〈釋老志〉中有一篇長達兩千六百餘言的完整描述。在道教方面，他的傳記則收於南宋陳葆光編《三洞羣仙錄》卷二，以及元代趙道一編《歷世真仙體道通鑑》卷二九之中。從上述這些書，我們可以見到：寇謙之從小就喜好仙道，有絕俗之志。他修習天師張魯所傳五斗米道的法術，並且服食餌藥，但似乎沒有得到很好的成果。他修道生涯的轉捩點，是在遇到仙人成公興以後。據記載，由於寇謙之潛心慕道，他的虔誠感動了天上的神，而命成公興下凡，引導他入山修煉。但是成公興爲了接引寇謙之入道，曾經歷了一段曲折的故事。成公興自天界下降人間後，先是在寇謙之的從母即姨媽家當長工。有一天，寇謙之拜訪他的姨媽，看見成公興身體強壯，工作效率很好，因此向姨媽要求把成公興讓給他。成公興到了寇家以後，寇謙之叫他開墾家裏南邊的田地。寇謙之經常在一棵樹下演算曆數，成公興時常跑來看他演算的情形。寇謙之不以爲然地告誡他，叫他專心耕作就好，不要過來觀看。但是每當寇謙之演算的時候，成公興還是忍不住放下工作，過來觀看。有一次寇謙之演算七曜（一種天文學上的推算方法），有些地方不了解，因而惘然若有所失。成公興問他爲什麼悶悶不樂？寇謙之回答說，他學習算術已有多年，最近推算《周髀》（也是演算天文曆數之書，今傳有《周髀算經》）不合，因此而感到慚愧。成公興於是叫寇謙之按照他的指示演算，一下子便推算出來了。從此以後，寇謙之對成公興刮目相看，希望能拜成公興爲師。

成公興利用寇謙之喜歡算術的機會，以解答算術難題的方式來接引寇謙之學道，實在是用心良苦。雖然寇謙之請求成公興收他爲徒弟，但是成公興卻堅持不肯，反而要求寇謙之收他爲弟子。從此以後，寇謙之與成公興便由主與僕，改變爲表面是師長實際是弟子的奇特關係。不久，成公興對寇謙之說：「先生有意學道，是不是能與公興隱遁？」寇謙之非常高興地答應了。於是成公興令寇謙之沐浴齋戒三天，一塊兒遁入華山。他令寇謙之居住在一石室內，自己出去採藥給與寇謙之。寇謙之吃了藥後，從此不再感到饑餓。不久，成公興就帶寇謙之進入嵩山修煉。山上有三重石室，寇謙之住在第二重。有一天，成公興告訴寇謙之說，他要外出，將會有人送藥過來，叫寇謙之拿到藥就吃下，不可懷疑。一會兒，果然有人送藥來，都是些毒蟲惡臭的東西。寇謙之看了非常噁心恐懼地逃走了。成公興回來問寇謙之有關送藥的事，當他知道寇謙之並沒有吃藥，嘆了一口氣說：「先生沒有得道成仙的緣分，只可以在政治上成爲帝王之師而已。」成公興服事寇謙之七年後尸解，寇謙之則繼續留在嵩山，專心誠意地修煉，不敢懈怠。

《魏書．釋老志》及道教傳記的記載，顯然添加了些神話誇誕的地方。仙人成公興是寇謙之修煉成道的關鍵人物。在他們的筆下成公興極爲神奇，他死的時候，有童子二人前來，一持法服，一持鉢及錫杖，成公興起立著衣，持鉢，執杖而離去。此外又說成公興因爲天上的館舍被火焚燬七間，因而坐罪，被貶謫至人間服事寇謙之七年，彌補其罪過後仙去。關於他的事蹟，清朝史學家錢大昕以爲即是《魏書》卷九一〈殷紹傳〉中出現的游遁大儒成公興。這位成公興曾教授殷紹九章算術，他的字爲廣明，是膠東（今山東省）人。陳寅恪認爲錢大昕的看法是合理的，並且補充說明成公興是佛教徒，擅長於印度的醫學和算學。寇謙之向成公興學道，乃是吸收外來文化以補充舊有道教的不足。寇謙之修道的華山、嵩山分別在今陝西和河南省境，都是道教的名山勝地，自西元二世紀的東漢魏晉以來即不斷有著名道士入山修道，例如前秦道士王嘉在淝水之戰以後曾移居嵩山。寇謙之早年入華山、嵩山修煉神仙方術，應是可信的事實。

寇謙之在嵩山苦修多年，自稱曾兩次得遇神仙並傳授他天書。第一次是在北魏明元帝神瑞二年（四一五年），寇謙之五十一歲時。太上老君親自降臨嵩山，告訴他說：「過去在辛亥年，嵩岳鎮靈集仙宮主上表天曹，說是自從天師張道陵去世以來，人間缺乏天師，有心修善的人沒有老師可以傳授他們。嵩岳道士上谷人寇謙之，立身正直合理，行爲合乎自然，才德能力符合規範，可以擔任天師的職位。所以我特地來看你，授給你天師的職位。賜予你《雲中音誦新科之誡》二十卷。」並且要他宣揚此經典，清整道教，除去三張僞法。此外，又命十二個人授他服氣、導引的口訣與方法。第二次是在泰常八年（四二三年），寇謙之五十九歲時，太上老君的玄孫牧土上師李譜文降臨嵩岳，賜給他太真太寶九州真師、治鬼師、治民師和繼天師四個官籙頭銜，又授《天中三真太文錄》，也號稱《籙圖真經》，共六十餘卷，用以劾召百神，傳授弟子。並命令他奉持此經，輔佐北方泰平真君。

關於《雲中音誦新科之誡》和《籙圖真經》兩種經書的由來，《隋書》卷三五〈經籍志〉也有類似的記載：嵩山道士寇謙之，自云嘗遇真人成公興，後遇太上老君，授其爲天師，並得賜《雲中音誦科誡》二十卷。之後，又遇神人李譜文，說是太上老君的玄孫，傳給他《籙圖真經》六十餘卷，用以劾召百神。然而這兩部書至今都已散失。現代學者湯一介在他的《魏晉南北朝時期的道教》的研究中，認爲《雲中音誦新科之誡》的成書，是寇謙之自己所編著，而假借太上老君的名義傳授給他的。當今流通的《正統道藏．洞神部．戒律類．力字帙》中有《太上老君戒經》、《老君音誦戒經》、《太上老君經律》、《太上經戒》等，應該是寇謙之的著作，而

《雲中音誦新科之誡》當原爲這些誡經的總名稱。我們從現存《正統道藏》各卷中的戒經殘缺不全的情況來看，有的僅存篇目，有的一篇散失大半，應當僅僅是寇謙之原書的一部分，文字錯落的地方也很多，甚至或許有部分是後人纂入的，但是大體上都還保存了原書的面目。由於這些經書不一定是一次就寫成的，所以有文體前後不一的情形。而且經文針對每次要解決的問題不同，其「戒文經要」的形式與內容也因而不盡相同。

雖然《魏書．釋老志》記載仙人成公興預言寇謙之沒有仙緣，只能當帝王師。然而這也可能就是寇謙之修道的志趣所在。在泰常八年（四二三年），寇謙之已具有天師的職位和神仙傳授的兩大部經典，並領有天命，要清整道教，教化人民，輔佐北方泰平真君。也就是說，在這時候在嵩山修煉了三十多年的寇謙之，已經做好傳道的準備工作，就要開始下山實現他成爲「帝王師」的天命了。

寇謙之心目中的泰平真君是北魏太武帝拓跋燾（四二三—四五二年在位）。寇謙之早有成爲帝王師的志願，但一直拖延到晚年五十九歲才出山，這是由於當時政治局勢的關係。正當寇謙之青壯年的時候，他所居住的關中（今陝西省）、嵩、洛一帶（今河南省）爲後秦政權統治。白後秦文桓帝姚興（三九三—四一六年在位）迎接佛教高僧鳩摩羅什進入關中以後，朝廷一直大力提倡佛教，對道教不感興趣。西元四一六年姚興死後，東晉劉裕（四二〇—四二二年在位）大舉北伐，很快就滅掉後秦，並在此後數年中控制著嵩、洛（今河南省）地區。劉裕本人是靠鎮壓南方五斗米道孫恩、盧循的造反而發跡的新軍閥，對道教心存疑懼，因而也不是寇謙之理想的輔佐對象。姚秦滅亡後，寇謙之的哥哥寇讚投奔在代北的拓跋魏政權，被重用爲河南郡太守，又升爲南雍州刺史。有可能是因爲哥哥這一層的關係，寇謙之選擇了拓跋氏統治者來實現他成爲帝王師的志願。

鮮卑拓跋氏原是來自塞外的遊牧民族，自從西元三八六年道武帝拓跋珪（三八六—四〇九年在位）於代北（今內蒙古自治區）建國後，魏初諸帝便籠絡十六國以來殘留在北方的漢人門閥士族，利用他們改革內政，平息漢人的反抗。同時也積極學習漢文化，加強漢化政策。儒家學說對於鮮卑統治者來說，是強化皇權，拉攏漢族地主士人不可缺少的工具，自然特別受到推崇。而佛、道二教是當時漢地流行的宗教，也一樣受到鮮卑統治者的重視。《魏書．釋老志》記載，北魏太祖道武帝好黃老，頗覽佛經。太宗明元帝遵太祖之業，亦好黃老，又學佛法。道教的服食仙丹之術，尤爲帝王所喜好。北魏天興中（三九八—四〇三年），因儀曹郎董謐獻給朝廷服食仙經數十篇，於是設置仙人博士、玄仙坊，煮煉百藥。道武帝寵信仙人博士張曜，爲之建造淨室於苑中。雖然方士所煉成的丹藥，服者多死，未見靈驗。但是在這種帝王相信道教服食丹藥可以長生的氣氛下，對企圖以道術求得魏主重用的寇謙之是有利的。

北魏泰常七年（四二二年），魏明元帝乘宋武帝劉裕新死，渡河南下，占領了嵩、洛一帶。泰常八年（四二三年），明元帝死，雄才大略的太武帝拓跋燾即位於平城（今山西省大同）。當時北魏國力日盛，北方門閥士族紛紛前往投靠。如前面所述，寇謙之在這年第二次得到神仙傳授天書，也就是太上老君的玄孫李譜文，授他《錄圖真經》並命令他輔佐北方泰平真君一事。在北方門閥士族紛紛投靠北魏太武帝拓跋燾的時候，居住嵩山的寇謙之也在始光初年（四二四年）出山，帶著神書前往平城欲實踐天命。才初即位的太武帝對寇謙之的理想並不感興趣，只讓他居住在仙人博士張曜的家，供給他食物而已。當時滿朝文武大臣眾說紛紜，對寇謙之的神仙降書之說抱著懷疑的態度。只有司徒崔浩（三八一—四五〇年）認爲寇謙之的言論異乎尋常，因而拜他爲師，學習法術，並且上疏向皇帝大力推薦他。寇謙之也因崔浩的關係開始受到太武帝的重視。

崔浩（二八一—四五〇年）字伯淵，《魏書》卷三五及《北史》卷二一都有他的傳記。崔浩之所以對寇謙之的法術特別感興趣，與他的家世及政治背景有關。陳寅恪的〈崔浩與寇謙之〉一文對此有詳細的研究。崔浩出身於清河（今河北省）崔氏，他的家族自漢末以來，歷代冠纓滿朝，是北方第一高門第。崔浩和他的父親崔宏又歷仕北魏初道武、明元、太武三帝，深受帝王的信任。崔浩出身儒學世家，從小喜愛文學，博覽經史，精研義理，對百家之說，無不涉獵。他以儒家正統自居，不喜好老莊之書，認爲這些書是矯誣之說，不近人情。對於佛教更是深惡痛絕。他的妻子郭氏敬信佛教，時常閱讀佛經。崔浩非常生氣，將妻子的佛書拿來燒燬，並且把灰燼丟到厠所裏。他喜好方術，以擅長於陰陽術數，深受明元帝信任。明元帝常命崔浩卜筮吉凶，參觀天文，考定疑惑，密謀軍國大事。但是他的政治理想爲提倡「整齊人倫，分明姓族。」也就是說，在選拔人才與講究士族門第方面卻遭到許多守舊的鮮卑貴族的反對。

太武帝即位之初，左右大臣忌諱崔浩正直，共同排擠毀謗他。太武帝雖然瞭解崔浩的能力，但是因剛即帝位，不願意違反眾意，令他回家休養，等國家有大事未能判決時，才召見詢問。寇謙之下山到平城遊說太武帝不如意，正是崔浩被迫在家賦閒的時候。崔浩個性敏銳通達，長於計謀，常自比漢代的張子良。這時卻因仕途上的挫折，困居家中，因而很想要修習服食養性之術。正巧寇謙之在向朝廷傳道失敗後，遊走崔浩家，兩人同病相憐，一拍即合。因寇謙之有《錄圖真經》等神仙所授的書，所以崔浩拜他爲師。而寇謙之也明白如要推展道教，仍然需要儒家的知識，因此也極謙卑地表示自己行道隱居，不營世務，必須兼修儒業，才能夠輔佐泰平真君。他向崔浩請教儒家學說，並且請崔浩爲他編撰教材。崔浩乃著書二十多篇，記述從上古太初到秦漢以來中國歷代政治變遷的事蹟。

北魏統治者以異族入主中原，內心深怕漢族起兵反抗，因此鮮卑皇室自稱是黃帝的後代。崔浩深切瞭解太武帝的心理，所以在上疏時，著重宣傳寇謙之得到神仙傳授《錄圖真經》，今入京宣道，乃是符合天命，象徵皇帝乃軒轅黃帝的後代，受命一統天下。太武帝看了疏文後，非常高興，於是派遣使者供奉玉、帛、牲牢，祭拜嵩山，迎接還留在山中的四十多位寇謙之的弟子到京城來。從此，寇謙之就展開了爲帝王師的抱負。

寇謙之除了在宗教上成爲一個宣告天命的使者；在政治上也是一個參與決策的謀士。始光四年（四二七年），太武帝將西伐赫連昌，在朝臣的反對聲浪下，太武帝請教寇謙之，他肯定地回答：「必定可戰勝。陛下神武應期，天經下治，必以兵定九州，後文先武，以成太平真君。」此事見《魏書．釋老志》。崔浩贊成討伐赫連昌事，亦見《魏書．崔浩傳》。顯示出寇謙之和崔浩在政治上的互通聲氣。

神武二年（四二九年），太武帝北征蠕蠕，也是在羣臣反對，而崔浩大力贊同下進行。

寇謙之問崔浩：「此行果然能克敵嗎？」崔浩回答：「天時形勢，必克無疑。但是恐怕諸將顧慮太多，不能乘勝深入。」北魏大勝蠕蠕時，寇謙之隨行於軍中，他以崔浩的話力勸太武帝乘勝追擊，卻未被採用。後來，太武帝得到情報，假如繼續追擊兩日，就可一舉殲滅蠕蠕首領等餘眾。（事見《魏書．崔浩傳》）

太平真君元年（四四〇年），寇謙之為太武帝祈福於中嶽，精誠感通天地，太上老君冥授太武帝以「太平真君」之號，及賜帝冠服並授予符籙。寇謙之將此事上奏，太武帝因而改年號為太平真君元年。

太平真君三年（四四二年），寇謙之又上奏說，皇帝以真君統治天下，興建靜輪天宮，這是自古以來所不曾有的盛事。應當登壇接受符書，以表彰聖德。太武帝接納了寇謙之的建議，於是親自到道壇，接受符籙，準備法駕，所用旗幟的顏色都是青色的，以符合道教傳統所尚的顏色。從此以後，北魏每一帝王即位都登壇受籙。

太平真君七年（四四六年），太武帝一項影響重大的宗教政策，即滅佛一事，乃出自崔浩的建議，而寇謙之則反對此舉。觸發此事的原因乃太武帝發現長安僧人私藏武器，與貴室女子淫亂而大為震怒。崔浩於是進言誅殺僧人，焚燬佛像。寇謙之為了此事，苦苦地向崔浩諍言，沒有結果。寇謙之於是預言性地對他說：「你因為此事將要在晚年受戮，誅滅門戶。」四年後（四五〇年）崔浩果然被誅，年七十。（事見《魏書．釋老志》）

寇謙之死於太平真君九年（四四八年），先崔浩兩年而卒，享壽八十三。他輔佐太武帝達二十四年，是新天師道最為昌盛的時期。隨著他的逝世，新天師道因缺乏有力的領袖而逐漸沒落。到了北魏政權一亡，寇謙之一手創建的新天師道教團也消散一空，南北朝以後，就不再存有寇謙之一派道士的活動記載。

三、寇謙之對道教的改革

東漢桓帝永壽二年（一五六年），道教五斗米道的創始人張道陵宣稱太上老君授予他「天師」之位。歷史上稱張道陵所傳的教派為「天師道」。經過二百六十年以後的北魏明元帝神瑞二年（四一五年），寇謙之也宣告太上老君授予他「天師」之職，以取代張道陵家族世代相傳的天師地位。

寇謙之在得到太上老君授予天師一職，傳授《雲中音誦新科之誡》，以及令他宣告這新的經誡，清整道教之後，歷史上稱他所改革的道教為「新天師道」，相對地，稱他自少年即修習的天師道張魯之術為「舊道教」。舊有的道教之所以需要改革，一方面是因教團流傳已久，本身產生了一些弊端，在教法及紀律上需要加以調整；另一方面則是張角、孫恩等人利用道教起兵，對原來的統治者不利。寇謙之為了穩固政權，實現他成為帝王師的理想，對於改革的內容除了清整舊道教不合理的現象外，也因應新統治者的需求而加以修訂。有關寇謙之改革道教的資料以《魏書．釋老志》較詳細，道藏中如《混元聖記》、《猶龍傳》也有記載，但內容乃多出自於《魏書》。因此，我們探討寇謙之對道教的改革內容，以《魏書．釋老志》、《老君音誦誡經》等為主要材料，並參考有關史書的記載。他改革舊道教以建立新道教的基本內容，可分成下列五點：

1 整頓教團組織

在天師道教團組織中，「天師」是天師道領袖的稱號。舊有天師道的天師一職，是創教主張道陵宣稱太上老君授予的，張道陵死後將天師一職由他的子子孫孫世代相傳。寇謙之也和張道陵一樣聲稱是由太上老君授予的繼天師職位，並且強調自從張道陵去世後，地上就缺乏天師。他之所以得授此職，乃是由於他本人立身直理，行爲合乎自然，才能足以勝任是職。換句話說，太上老君授予他天師一職，是擢用賢能，而不是父子相傳的。他反對天師世襲，他不承認張道陵的兒子張衡、孫子張魯的天師地位。這對他自己的天師地位的合理性，提出了有力的說明。

在天師道教團組織中，「祭酒」是天師道各級幹部的名號，本來是漢末張角黃巾起義和張魯政權所使用的名稱，張魯在漢中成立政權後，以祭酒代替州官來治理人民。舊天師道的祭酒也是世代相襲的。自從張魯去世以後，天師道雖然繼續在各地區發展，但缺乏強而有力的領導，致使教團組織渙散，科律廢弛。這種現象的發生固然有多種因素，其中祭酒制度的敗壞是重要的原因。寇謙之在《老君音誦誡經》中，大力攻擊這個制度。他認爲祭酒採世襲制度，難免愚闇相傳，甚至使一些不肖之徒也擔任要職。有些道官祭酒既不懂道法，卻又自署治籙符契。而這些祭酒所授署的治籙符契本身就不合道法，卻利用它們恐嚇或欺騙信眾，搜取財物。因此他認爲應當廢除祭酒世襲的制度，按照唯賢是授的原則來選拔人才。又規定道官祭酒的職責之一是進善舉賢，傳授弟子，授人職治、誡籙和符契。道官吸收一位賢善的弟子，可以消除十年的罪過，求仙速達；相反地，傳授一位佞惡的弟子，會因此而得罪十年，求仙求福終不可得。信眾要求成爲弟子者，道官應當觀察他的情性，加以考驗三年，確認他能精進善行，心志不退轉，才可授籙誡，納爲弟子。

在天師道教團組織中，「治」是張道陵、張衡、張魯在漢中（今四川省）傳教的據點。原先設有二十四治，以符合一年中的二十四節氣。後來因教團勢力的擴大，另增加四治，共爲二十八治，以應天上的二十八星宿。但習慣上仍稱二十四治。寇謙之也宣布廢除三張原來在巴蜀設置的二十四治，治的名號不再承用。不過後世仍見到用「治」稱天師道的傳教場所，可見寇謙之的命令並未能徹底執行。

2 廢除租米錢稅制度

東漢末年以來，許多人如：張角、李弘、盧循、孫恩等，皆利用道教來組織羣眾，反抗官府的統治。這些人之所以能起兵與政府相抗，得力於道教向教民收取租米錢稅。天師道規定信眾入道時，須繳納五斗米，教民請求治病也須繳些租米財物。教團擁有豐富的稅收，在經濟上自然不虞匱乏。然就統治者而言，徵收租稅本爲官府的特權。天師道向信徒收租米錢稅，乃是大逆不道的行爲，與他們的利益嚴重衝突。因此統治者當然反對教團向信徒收稅之事。六朝以來，佛道兩教的爭辯日益擴大，佛教人士也站在統治者的立場針對此事極力攻擊道教。當時名僧釋玄光撰寫〈辯惑論〉批評道教時，把向人民課稅列為道教的六種極惡之一。釋道安在〈二教論〉中，也以為向民課輸是「張氏妄說」。

張魯以後，不少不肖的祭酒利用職權向信徒濫求租稅，敗壞教團風氣。寇謙之在廢止祭酒世襲的同時，就宣布祭酒私自收租米錢稅是三張偽法，依照太上老君授給他的新經誡，必須除去。從此以後，道官祭酒傳授治籙符契，為信眾治病、消災祈福時，不可收取財帛。只須由信徒民戶每年捐獻紙三十張、筆一枝、墨一挺，以答謝道官為其治表章，求神救度的功德。如果有道官濁心不除，不遵從正教，仍向信徒濫收財物，那麼信眾就可以改而跟從新科正法的道官。寇謙之這種措施不僅是合乎統治者的立場，在實際上也能更正道官索財的不良風氣，減輕道民的經濟負擔，有助於教團正常的發展。

3 反對男女合氣之術

道教人士修習的男女合氣之術，又稱為「房中術」或「黃赤之道」，本是一種講求節制性欲、留下善人種子的優生法，也是有益於身體健康的養生法。早期道教的修煉方術中有偏重房中一派，並非三張的天師道所獨有。葛洪（二八三—三四三年）認為房中術有助於養生，但不能依此而成仙。他在《抱朴子．釋滯》中以修煉成仙的觀點批評有些道士，只知道男女交接之術，而不作金丹之大藥，是非常愚蠢的行為。寇謙之反對男女合氣之術的理由，則著重在社會風氣的維持。由於有些道士假借房中之名，將男女合氣的養生法變成淫穢之術，使房中術失去了節欲寶精的積極意義，而淪喪成傷風敗俗的東西。《老君音誦誡經》說：某些道官妄傳張道陵所授黃赤房中之術，授人夫妻，淫風大行，損辱道教。因此寇謙之決定廢除男女合氣之術，禁止男女官籙生修習黃赤之道，改修清異之法。關於清異之法的內容，誡經中並未詳細說明。

4 增訂戒律、提倡禮教

西元第三世紀，漢獻帝建安二十年（二一五年），曹操（一五五—二二〇年）親自統率大軍攻入漢中。張魯率其家族部眾投降，受到曹操寬厚的待遇。曹操令張氏遷居長安（今陝西省），人批的道民也相繼北遷到長安、洛陽（今河南省）等地。天師道的活動範圍也因而遷移北方。張魯去世後，教團失去了統一的領導，出現組織渙散、科戒廢弛的現象。曹魏末年，張魯的後代發布〈大道家令戒〉，企圖整頓這種散亂的情形，以恢復三張舊制，然而效果不彰。寇謙之清整道教，除了廢除上述所說不合理的世襲和租米錢稅制度，以及敗壞社會風氣的男女合氣之術外，也增加了新的戒律和齋儀，使信徒行事有所遵循。

寇謙之的新道教專以禮度為首，他為維護教團的紀律，吸收了許多儒家的禮法，主張父慈、子孝、臣忠。關於道官與道民應守的種種誡律，《老君音誦經》中有詳細的規定。其中值得注意的是，寇謙之以政治上官員間、官與民的禮儀來要求道官與道民。例如：一般道民對道師的尊奉要和老百姓事奉官一樣，對道師自稱道民、受治籙誡的弟子朝拜他的師長也要如生員拜見官員的禮法等。

在衆多的誡律中，寇謙之嚴厲反對以下犯上的作亂行動。他的所謂以下犯上的作亂，就是人民興起的反政府行動。兩晉以來，在全國各地區發生過無數次假借李弘、劉舉的名義領導起兵反抗政府的事件。寇謙之認爲這對太上老君是極大的褻瀆，是大逆不道的行爲。《老君音誦誡經》說：當今世人奸惡，只做壞事，修善的人少，互相詐僞，誣解道教經典，惑亂愚民。這些奸惡之人但說老君應當治理天下，李弘應該出現，使得天下不安，叛逆者日益增多。每年都有人稱名「李弘」出來作亂，自設官府國號，蟻聚人衆，壞亂土地。假稱「劉舉」的人很多，號稱爲「李弘」的也不少。因此，太上老君非常嗔怒。

此外，寇謙之譴責這些作亂者都是一羣誑詐萬端、惑亂萬民、不慈、不孝、不忠的愚人和惡人，與太上老君完全不相干。並且用鄙視的口氣罵他們是「下俗臭肉」，「奴狗魍魎」。可知寇謙之的戒律內容除了有宗教上的修行的準則外，也包含了符合統治者所要的尊君禮法。

5 改進宗教儀式

道教在西元二世紀成立的初期，已經有簡略的宗教儀式，例如：五斗米道的請禱之法：信徒有病或有過錯，就由祭酒把這個人的名字寫在紙上，並說明他的病狀或他已經認錯改過。共寫三份，把一份送到天上，即高山上；一份埋在地下；另外一份沉入水裏。也就是把書信傳達大、地、水三神祇：「三官」，以祈求免禍得福。這種儀式稱為「三官手書」，它的優點是簡單，方便於一般平民使用。西元四世紀的東晉以後，佛教的經典大量翻譯傳進中土，佛教的宗教儀式也跟著廣為流傳。與佛教儀式相比之下，道教的儀式顯然過於簡略。而且寇謙之傳道的對象是帝王，適用於平民的三官手書，不見得符合王公貴族的需要，因此寇謙之參考佛教的儀式，為道教增訂了一套較繁雜完備的齋醮儀範。

寇謙之非常重視齋醮儀範，他認為單是修鍊服餌、辟穀、導引等方術，只能夠有治療病痛、排除毒氣、避免瘟疫的傷害得到善終的功效，但是不能獲得長生。要得長生，必須誦經禮拜。《老君音誦誡經》說：諸位想要修學長生的人，要好好地共同在誦誡下功夫，建立齋功香火，等齋功練成後，感動天地，便可以長生。又說：男女道官努力在誦誡修建齋功香火，離仙道就不遠了。

針對誦經、守誡與修建齋功香火，寇謙之訂定了一系列的齋醮儀式，如道官授籙的齋儀、道官道民求願的齋儀、道民犯律解度的齋儀、為人治病的齋儀、為亡人超度的齋儀、舉行三會的儀式等。茲整理列舉其中數項敘述如下：

・道官授籙的儀式

《老君音誦誡經》說：無論男女，如果看了《音誦誡經》，而覺悟到應該信奉道教，便可以向已經入道的人請他們向道官祭酒說明自己願意按照戒律的要求受戒奉道。在舉行受戒的儀式時，首先向《老君音誦誡經》行八拜之禮，然後站在誡經前面。接著由參加儀式的師友，捧著誡經用一種特別的稱爲「八胤樂」的音調朗誦。然後由受道者伏在地上朗誦誡經的內容，誦完之後再行八拜之禮，就算完成了入道儀式。如果不會用八胤樂朗誦的話，也可以直接朗讀經文。

•求願所舉行的儀式

一般而言，信徒求願的儀式可分爲二種，一是廚會求願，一是燒香求願。

所謂「廚會求願」就是舉行一種齋會來祈求消災降福。廚會分成上、中、下三種，上齋舉行齋會七日，中齋三日，下齋一夜一日。廚會的具體方式是，不吃五辛、生菜、肉類等葷食，而素飯菜，一天食米三升。斷絕房事，勤修善行。廚會開始時，首先向香火行八拜之禮，其次說明求願的內容以及舉行這次廚會的目的等等。然後請德高望重的人坐在首位，把做好的飯菜送上，一般共有三道菜飯，第一道小菜，供下酒用，第二道是酒，第三道是飯。這種求願的齋會通常是在求願者的家裏舉行。

所謂「燒香求願」是信徒個人在家中靖舍舉行的求願儀式。靖舍又叫靖室。道教徒在家修道，常設置一清淨的房間，作爲修煉場所。南朝著名道士陸修靜（四〇六—四七七年）的《道門科略》對靖舍的設置方法有詳細的說明：在信奉道教的家庭中，靖室是作爲誠心修煉的場所。靖室要獨立，不可和其他房子連接。屋裏的擺設以清虛爲主，不可放置雜物。開閉門戶時要小心謹慎，不可唐突。隨時將靖室打掃乾淨，就當作好像有神居住在裏面似的。室內只擺設香爐、香燈、章案、書四種東西。

燒香求願者到靖舍內，首先站在東面向上天懇切地燒上三柱香，行八拜禮，脫帽叩頭九次，打自己臉頰三次。其次，把自己祈求的事情加以說明，請求罪過得除，長生延年。然後上香求願使自己的三宗、五祖、七世父母以及死去的親人，可以脫離苦難，得在安樂之處。接著再上香求願全家大小平安幸福。祈求一願便上一次香。在這燒香求願日，要於六個不同的時辰上香。

‧道民犯律的解度儀式

道民因不謹慎而犯法或其他過錯時，先要計算應當罰多少錢，將這些錢給受害人，以作爲補償。然後舉行廚會，由道官上呈表章於天庭，請求神明免除他的罪過。舉行法會時，先由犯罪者在眾人面前向香火八拜，叩頭九次，打自己臉頰三十六下，這樣拜、叩頭、打臉頰共三遍；接著再拜，並用手捻香放入香爐中，同時說明自己因無知而犯過錯，請求赦免，並願出錢作廚會，請眾人證明，以後不敢再犯。

‧為人治病的儀式

道民家中有人生病，可以請道官到家裏來。道官先讓道民在靖舍中點燃香火，道民在靖舍外面西向散髮叩頭，將病者所犯的過錯全部寫在章奏上，向神懺悔，不可隱藏任何罪過。之後，把病情寫在紙上，求神寬恕，使所患的疾病痊癒。道官也上章奏，替道民請求神的寬赦。如果病情沒有好轉，則需再按照一定的程序舉行懺悔和廚會。

•為亡人舉行超度的儀式

道官或道民死亡時，須在七天之內辦完喪事。家人要爲死者散布他生前的財物而舉行齋會，供人吃食。參加的人數可多可少，不是道民也可以參加。設齋會燒香時，道官一人在靖壇的正東向，司儀和喪事主人也東向，各行八拜、九叩頭、以及打臉頰九下，共三遍而止。如果參加的人很多的話，也可以坐著，等行禮時再起來叩頭。喪事主人口中稱本人的官號姓字，向天上的大神無極大道稟啟，以手捻香插入香爐，同時嘴裏發願爲死者解罪免過。其他客人也依次上香。當一切儀式舉行完畢後，靖舍主人要上章奏爲喪事主人求願祈福。客人離去時向靖舍八拜。

•舉行三會的儀式

道教傳統上一年有三元會，即上元、中元和下元三會。在這三會節日裏教徒要舉行上章言功、受度法籙等活動。在南朝陸修靜（四〇六—四七七年）《道門科略》記載，三會的日期是正月七日、七月七日、十月五日。但到了唐朝以後，則以正月十五、七月十五、十月十五日爲三元日。

寇謙之《老君音誦誡經》中規定，在三會日道民要到他們所屬的「治」，即教區，舉行集體的齋會。大家在道官的靖舍前面，各就各位，排好隊伍，正立在南面，面向北方，送上祈禱詞時，並且八拜、九叩頭、打九次自己的臉頰，然後伏地再拜，送祈禱詞的儀式便告完成，於是大家向道官祝賀。

四、寇謙之所建立的新天師道教義

寇謙之改革的新天師道除了上述的措施外，在教義上也有新的創建。他對教義的更新觀念主要載於牧土上師李譜文所授的《錄圖真經》六十卷，可惜今天已經完全散佚。只能根據《魏書．釋老志》所轉述的內容分析如下：

1　神仙譜系

在原來三張的五斗米道所崇奉的最高神爲「太清玄元無上三天無極大道」，同時也祭拜天、地、水三官等天官鬼神，具有原始宗教多神信仰的特點。在信奉的諸位神鬼中，彼此之間並沒有明確的等級和從屬關係。對諸神所居住的上天世界的描述也比較簡單。而《錄圖真經》對所信仰的對象——神仙則有較詳細的敘述。它明確的指出上界有三十六重天，每一重天各有一宮，宮中都有一神主持，這些神的地位以「無極至尊」爲最高，其次是「大至真尊」、次是「天覆地載陰陽真尊」；再次爲「洪正真尊」，他姓趙名道隱，在西元前十八世紀到十二世紀的殷商時代得道，是牧土上師李譜文的老師。牧土上師李譜文之後有赤松子、王喬及韓終、張安世、劉根、張陵（即張道陵）等修煉成仙者。

再者，寇謙之也把佛教的祖師釋迦牟尼拉入道教三十六天的諸神譜系中。《魏書．釋老志》載，經云：佛者，是從前在西胡得道的人，住在第三十二天爲延真宮主。他修煉苦行非常勇猛，所以他的弟子都剃光頭髮，穿著染色的衣服，斷絕男女之欲。在介紹新天師道所信奉的諸神時，寇謙之並沒有遺漏了他自己。他說牧土上師認他爲義子，命令他遷入牧土大宮的內宮與羣仙結交爲友，他領有太真太寶九州真師、治鬼師、治民師和繼天師四銜，並得授《天中三真太文錄》，又稱《錄圖真經》，可用來劾召百神、傳授弟子。《文錄》中他的神仙弟子有五個等級，第一是陰陽太官，第二是正府真官，第三是正房真官，第四是宿宮散官，第五爲並進錄土。換句話說，寇謙之本人已名列仙班，可以劾召百神，成爲一輔佐帝王、教化萬民的活神仙。

寇謙之提出的神仙譜系和五斗米道的信仰完全不同，諸天尊、神仙間的等級和從屬關係更加明確。他所信奉的神仙也和南方的葛洪、及稍後的陶弘景（四五六—五三六年）的《洞玄靈寶真靈位業圖》中提及的神仙不一樣。這説明當時道教各派各有自己的信仰，個人信奉個人的神仙，互不干涉。各教派所信奉的神仙彼此間的關係尚未統合，這種現象固然是由於道教還在發展階段，各派不斷有新的神仙出現。但這也是地上的政權分裂，中國處於諸國割據的反映。

寇謙之把歷史上的隱修者也列爲神仙，使道教神仙的來源擴大，數量大爲增加。這和陶弘景把許多歷史人物搬入他的《真靈位業圖》一樣，有異曲同工之妙。《真靈位業圖》把神仙分成七個等級，寇謙之也將神仙劃分階級，同時指明了天宮神仙地位的高下。這顯然是受了當時門第觀念社會劃分階級的影響。《錄圖真經》對信徒如何祭拜諸神的壇位、禮拜、衣冠、儀式等等作了各有差異的規定，但這些規定今已經無法詳知，僅僅知道是與世禮相仿的。

2 成仙之道

「長生不死，肉體飛昇」是道教的重要理念。早期的道教不講靈魂不死，更沒有輪迴的觀念。原本道教和佛教對人的生命看法是不同的，也因此而產生了關於形、神問題的論辯。在南北朝時期「形神論」是佛、道兩教重要的辯論主題。佛教認爲人的生命是痛苦的，而痛苦的根源在於「有生」，人有生則有形和神，即精神和肉體是結合在一起的。佛教徒主張人的死亡是形與神分離，形會死但精神卻是不滅的，隨著又與新的形相結合，又成爲一新生命。生命就是這樣不斷地輪迴。人要脫離苦海，只有神與形分離，不再輪迴，精神永歸寂滅，修成菩薩、佛，才能真正的解脫。

道教徒追求永生，主張帶著肉體成仙；也就是說人的精神和肉體永遠結合在一起的長生不死。修煉到精神和肉體不死，則精神可永居肉體而長生。形、神相合的時候是人是仙，如果形神分離，則是靈是鬼。

佛、道二教皆主張人必須自我修行才能成佛、成仙。但由於在人的生死問題上，佛、道兩教的看法不同，因而在修煉的方法上也就有了差異。佛教認爲涅槃寂靜才是人的根本解脫，所以追求寂滅，超脫輪迴。在修煉上講究見性，強調自覺、覺他、覺行圓滿爲達到涅槃境界的方法。道教主張肉體飛昇，名列仙班，所以追求永生。在修煉上重視煉形，強調生理的鍛鍊，珍惜人體的精、氣、神，以求返老還童，及身登入仙境。

寇謙之把道教的養生成仙的思想和佛教的輪迴觀念結合在一起，提出了新天師道的成仙之路。道教主張煉形，本來注重今世的修煉，但寇謙之把輪迴觀念引入道教，認爲人的前世所作所爲對今世的修煉頗有影響。如《太上老君戒經》說：「本得無失，謂前身過去已得此戒，故於今身而無失也。」也就是說，人在上輩子已經受過戒，這輩子雖然沒有受戒，但因上輩子的關係，不會失去此戒。寇謙之的主張使信徒對修道成仙多了一分希望，即這輩子的修煉即使成不了仙，但功夫不會白費，可以累積到下輩子。使道教由今世成仙，增多了累世成仙的理想。

成仙是道教徒重要的目標，對於如何成仙，各門各派有不同的方法。在《莊子》一書中提到的方法有注重導引的，有注重呼吸吐納的，有注重服食的，有注重辟穀的……從莊子到寇謙之經歷了約七百多年，這七百多年間追求長生不死的大有人在，對於成仙的方法更是衆說紛紜。寇謙之並不反對傳統的方法，但是他以爲單修服餌、辟穀、導引，只可以得到攘卻毒氣，瘟疫所不能中傷，祛除疾病，壽終正寢的效果，而不能長生。要得長生，必須誦經禮拜。他認爲長生之道主要是靠奉道守戒，齋功禮拜。在《老君音誦誡經》裏，他告訴信徒說：諸位想要修學長生的人，應當共同研讀「誦誡」，建立齋會，上香禮拜，等到齋功煉成，感動神明之後，便可以長生。他特別強調信徒需要常常誦經和遵守戒律。誦經萬遍，可以白日登仙。成仙主要靠自己，不待外求，證得大智慧，持上品大戒，也可以成仙。

五、結語

寇謙之憑藉著北魏拓跋氏政權的力量，改革張道陵所創立的天師道，使道教的發展達到了一高峯，帝王登道壇受籙，以象徵其即位之符合天命，道教成爲國教。這是寇謙之在傳教上的成就。然而，「新天師道」隨著他的死亡，也跟著沒落。他生前向太武帝奏建的靜輪天宮，太子拓跋晃（四二八—四五一年）曾表示工程浩大，所費財力不貲，力勸太武帝停止此宮的修建或移建於東山上。太武帝也知道興建靜輪宮，耗損財力過鉅，但因崔浩及寇謙之的關係，仍同意繼續興建。

《魏書．釋老志》記載太平真君九年（四四八年）寇謙之將死之前，已經預先告知弟子，在他死後他們將不再受帝王的重用，而且靜輪天宮也不克完成。果然，道教每況愈下，其壇祠在孝文帝太和十五年（四九一年）受詔命遷出京師至南郊，給五十戶，以供齋祀之用。祠名稱崇虛寺，召選諸州隱士名額九十人守之。此制沿襲到東魏孝靜帝武定六年（五四八年）被廢除。相對地，佛教在北魏文成帝即位的興定元年（四五二年）得以恢復。此後七、八十年間扶搖直上，計僧尼人數增加到二百萬，寺三萬多座。

寇謙之所創的教團在他死後沒落消散，但是他對道教的組織與教義內容的改革卻影響深遠。他不僅廢除了舊有道教不合理的現象，豐富了道教的齋醮科儀，規範新的誡律。並且結合了佛教因果輪迴的說法與道教長生不死的理念，提出了更寬廣的成仙之道，鼓勵信徒即使今生不能得道升天，仍可以累積功德到來生繼續修煉成仙。此一時期，變革後的道教不僅能適合一般的平民的需要，同時也吸引了士大夫階層，使道教的信仰層面更加擴大，這是寇謙之在道教史上最大的貢獻。

參考書目

《老君音誦誡經》《正統道藏》第三十冊〈洞神部．戒律類．力字號〉，臺北，新文豐出版公司。
《太上老君戒經》《正統道藏》第三十冊〈洞神部．戒律類．力字號〉。
《正一法文天師教戒科經》《正統道藏》第三十冊〈洞神部．戒律類．力字號〉。
《女青鬼律》《正統道藏》第三十冊〈洞神部．戒律類．力字號〉。
《混元聖記》《正統道藏》第三十冊〈洞神部．譜籙類．與字號〉。
《猶龍傳》《正統道藏》第三十冊〈洞神部．譜籙類．敬字號〉。
《抱朴子》內篇　葛洪，《正統道藏》第五十四冊〈太清部．疲、守字號〉。
《雲笈七籤》　張君房編，《正統道藏》第三十七、三十八冊〈太玄部．學—棠字號〉。
《歷世真仙體道通鑑》　趙道一，《正統道藏》第八冊〈洞真部．記傳類．淡字號〉。
《北史》　臺北，鼎文書局，一九八五年。
《隋書》　臺北，鼎文書局，一九八三年。
《後漢書》　臺北，鼎文書局，一九八五年。

《三國志》　臺北，鼎文書局，一九八四年。
《宋書》　臺北，鼎文書局，一九八四年。
《魏書》　臺北，鼎文書局，一九八三年。
《弘明集》　僧祐，《大藏經》第五十二冊〈史傳部〉，臺北，新文豐出版公司影印大正原版。
《廣弘明集》　道宣，《大藏經》第五十二冊〈史傳部〉，臺北，新文豐出版公司影印大正原版。
《高道傳》　賈善翔、嚴一萍輯《道教研究資料》，臺北，藝文印書館，一九七四年。
《漢魏兩晉南北朝佛教史》　湯錫予，臺北，鼎文書局，一九八五年。
〈老君音誦經校釋〉　楊聯陞，中央研究院《歷史語言研究所集刊》，第二十八本（一九五八），頁一七—五四。
〈崔浩與寇謙之〉　陳寅恪，《嶺南學報》第十一卷第一期，一九六一年十二月，頁一一一—一三四。
《中國道教史》　任繼愈編，上海，人民出版社，一九九〇年。
《中國道教史》第一卷　卿希泰編，四川，人民出版社，一九八八年。
《中國道教史》　劉精誠，臺北，文津出版社，一九九三年。

嵇康・王弼・葛洪・郭象・道安・慧遠・竺道生
・寇謙之 / 何啓民等著. --更新版. --臺
北市：臺灣商務, 1999[民88]
面； 公分.--(中國歷代思想家：6)
含參考書目
ISBN 957-05-1572-4(平裝)

1. 哲學-中國-傳記

120.99　　88002828

中國歷代思想家(六)

嵇康 王弼 葛洪 郭象 道安 慧遠 竺道生 寇謙之

定價新臺幣 280 元

主編者　中華文化復興運動總會
王　壽　南

著作者　何啓民 林麗真 尤信雄 黃錦鋐
藍吉富 田博元 莊宏誼

責任編輯　雷成敏

封面設計　張士勇

內頁繪圖　黃碧珍

校對者　許素華　陳寶鳳　羅名珍

出版者
印刷所　臺灣商務印書館股份有限公司
臺北市 10036 重慶南路 1 段 37 號
電話：(02)23116118 ・ 23115538
傳眞：(02)23710274 ・ 23701091
讀者服務專線：080056196
E-mail：cptw@ms12.hinet.net
郵政劃撥：0000165 - 1 號
出版事業登記證：局版北市業字第 993 號

- 1978 年 6 月初版第一次印刷
- 1999 年 4 月更新版第一次印刷
- 2000 年 8 月更新版第二次印刷

ISBN 957-05-1572-4 (平裝)　　20114010

讀者回函卡

感謝您對本館的支持，為加強對您的服務，請填妥此卡，免付郵資寄回，可隨時收到本館最新出版訊息，及享受各種優惠。

姓名：________________ 性別：□男 □女

出生日期：____年____月____日

職業：□學生 □公務（含軍警） □家管 □服務 □金融 □製造
□資訊 □大眾傳播 □自由業 □農漁牧 □退休 □其他

學歷：□高中以下（含高中） □大專 □研究所（含以上）

地址：□□□________________________________

____

電話：（H）________________（O）________________

購買書名：________________________________

您從何處得知本書？

□書店 □報紙廣告 □報紙專欄 □雜誌廣告 □DM廣告
□傳單 □親友介紹 □電視廣播 □其他

您對本書的意見？（A/滿意 B/尚可 C/需改進）

內容______ 編輯______ 校對______ 翻譯______
封面設計______ 價格______ 其他 ________________

您的建議：________________________________

____

____

臺灣商務印書館

台北市重慶南路一段三十七號 電話：（02）23116118．23115538
讀者服務專線：080056196 傳真：（02）23710274
郵撥：0000165-1號 E-mail：cptw@ms12.hinet.net